本书是国家社科基金一般项目"知识产权交易基本理论与运行机制研究"
（17BFX116）的最终研究成果

知识产权交易基本理论

杨 明 著

知识产权出版社
全国百佳图书出版单位
—北 京—

图书在版编目（CIP）数据

知识产权交易基本理论/杨明著. —北京：知识产权出版社，2024.3
ISBN 978 - 7 - 5130 - 9096 - 4

I.①知… II.①杨… III.①知识产权—产权转让—研究—中国 IV.①D923.404

中国国家版本馆 CIP 数据核字（2024）第 004965 号

本书以市场为视角，从行为选择理论出发，探讨知识产权交易基本理论和运行机制，旨在透过制度运行的外在形式，深入理解知识产权具体制度与规则如何运行或适用。本书紧密围绕"制度实施"与"行为选择"之间的耦合关系，顺着知识产权交易的逻辑脉络，对具体交易形式背后的制度机理进行考察和效益分析，借此从理论和实践两方面深刻解读知识产权制度之经济机制的本质。

责任编辑：王祝兰 周 也　　　　　责任校对：潘凤越
封面设计：智兴设计室·任 姗　　　　责任印制：孙婷婷

知识产权交易基本理论

杨 明 著

出版发行：	知识产权出版社 有限责任公司	网　址：	http：//www.ipph.cn
社　址：	北京市海淀区气象路 50 号院	邮　编：	100081
责编电话：	010 - 82000860 转 8555	责编邮箱：	wzl_ipph@163.com
发行电话：	010 - 82000860 转 8101/8102	发行传真：	010 - 82000893/82005070/82000270
印　刷：	三河市国英印务有限公司	经　销：	新华书店、各大网上书店及相关专业书店
开　本：	720mm×1000mm　1/16	印　张：	16
版　次：	2024 年 3 月第 1 版	印　次：	2024 年 3 月第 1 次印刷
字　数：	252 千字	定　价：	99.00 元

ISBN 978 - 7 - 5130 - 9096 - 4

目　录

导　论

从诞生至今，私法意义的知识产权制度已有将近四百年的历史。❶ 对该制度的认知和解读，国内外的既有研究可谓是汗牛充栋、百花齐放，这其中不仅包括从自然法、实在法、哲学、经济学乃至公共政策等角度对知识产权正当性的解读，以及为知识产权具体规范的制度设计与变革构筑理论基础，另外还有诸多针对具体知识产权制度或规则之适用的教义学研究及实证研究。尽管如此，通过观察多年的知识产权司法实践与理论研究，我们发现知识产权法领域能够达成的共识似乎越来越少——这在中国的知识产权界表现得尤为突出，似乎知识产权法中的每一个概念、制度、规则都充满了不确定性，充斥着争议。❷ 可能很多人会不以为意，认为那些不确定性和分歧不过是科技和经济的发展所带来的冲击，而不会认为这些现象与知识产权法的研究范式及方法论缺陷有关。

在笔者看来，前述缺陷不容忽视。针对知识产权基本概念、具体制度设计及其适用的争议，固然与知识产权客体的非物质属性所导致的权利边界弹性有关，但这并不能成为我们"心安理得"地认为"观点无所谓对错、只要逻辑自洽即可"的理由——这种观念对于立法修法、法律适用以及学术研究都是非常不利的。如果进行制度溯源的话，我们当然可以发现

---

❶ 尽管存在一些争议，但英国 1624 年的《垄断法案》(Statute of Monopolies) 通常被视为最早的私法意义上的知识产权立法。有关"《垄断法案》是否为现代专利法的起源和制定基础"的相关讨论，请参见：SHERMAN B, BENTLY L. The Making of Modern Intellectual Property Law：The British Experience 1706 – 1911 [M]. Cambridge, Eng.：Cambridge University Press，1999：206 – 212.

❷ 我国于 2019 ~ 2020 年相继完成了《商标法》《著作权法》《专利法》的修正，然而，通过历次修改草案征求意见的过程可以看到，几乎每一个条文都存在分歧，围绕重点条款（例如《著作权法》中的权利内容条款、《专利法》中的职务发明条款等）的争论尤其激烈。

科技与经济的发展是知识产权制度不断演进的根本动力，但若不深入到行为选择的层面来研究制度设计问题，即探究科技与经济对人的行为选择的影响以及如何通过制度安排来引导人的行为选择，所谓的制度配置将是非常表面化的，常常陷入"头痛医头、脚痛医脚"的错误循环或是结果导向的主观主义陷阱。行为主义的研究是为了揭示制度配置背后的"社会（人和物质的有机整体）—经济（物质的静态和动态关系总和）—技术（改造物质的条件）—政治（上层建筑）"架构，否则我们无法回答"为什么需要这项制度"（即制度本旨的明确）以及"如何进行制度安排才能使得制度本旨与特定的社会架构相契合"。

一、关于知识产权法理论与实务现状的三个反思

尽管一些知识产权法教材对"知识产权法"这一概念给出了定义或予以描述，例如："知识产权法是调整因知识产权而产生的各种社会关系的法律规范的总和，它是国际上通行的确认、保护和利用著作权、工业产权以及其他智力成果专有权利的一种专门法律制度"[1]；"知识产权法在各种各样的事物中创造了专有权，还规定了适用于商品和服务的各种标志的权利"[2]；等等。不难看出，这些定义本质上无甚差异，但更为重要的是，它们对于揭示知识产权法的本质是一项经济机制（利益分配机制）其实并没有太大的帮助，也无助于人们透过制度演进（主要表现为扩张）的表象而触及制度配置背后起决定作用的不断转型的社会结构。

知识产权在私权体系中占有一席之地，说明在特定客体上赋权有其必要性和特殊性，而赋权的意义在于划定非权利人的行为边界。[3] 因此，从应然的角度而言，知识产权法就是围绕"赋权条件"（权利的产生）、"拒

---

[1] 吴汉东. 知识产权法［M］. 北京：法律出版社，2021：46.

[2] BENTLY L, SHERMAN B, GANGJEE D, et al. Intellectual Property Law［M］. 5th ed. Oxford：Oxford University Press, 2018：1.

[3] 关于对行为边界的划定，产权究竟是在划定权利人的还是非权利人的行为边界，可能存在争议。可能很多人认为是前者，其实不然，因为那并没有什么意义，而只有是对非权利人的行为进行约束，才是真正实现产权的排他性所需要的，因为排他性的本质其实是对强制交易的拒绝权。马克·莱姆利（Mark Lemley）在其讨论商业秘密的赋权模式的文章中，曾就如何认识产权模式的排他性进行过讨论。参见：LEMLEY M. The Surprising Virtues of Treating Trade Secrets as IP Rights［J］. Stanford Law Review, 2008, 61 (2)：324 –326.

绝权的范围"（权利内容与限制，即非权利人被禁止的以及可得实施的行为）、"权利救济"（对被禁止行为的制止）这一完整权利链条来设计具体规则、形成所谓的行为规范集合，而不应只是简单地被理解为有关知识财产的权利义务关系的总和。基于这样的认知，笔者认为，对于我国长期以来的知识产权法教义及与之相应的知识体系（无论立法、司法抑或理论研究），以下三个方面的问题值得反思。

其一，对市场原则的忽视。市场原则是知识产权制度设计与适用的理论基石，其在具体制度构建及司法适用过程中的缺位将导致有关知识产权法核心问题——包括"为何赋权""产权的边界""产权为何应当受到限制""私权救济方式"等——的理解偏离制度原旨，往往陷入所谓的哲学层面的思辨。知识产权法所要调整的知识财产问题本质上是围绕交易和竞争而展开的。诚如彼得·德霍斯（Peter Drahos）所言，"知识产权与市场是紧密相连的"[1]，因此，搭建知识产权法律基础框架的逻辑脉络应为"知识生产—知识财产—交易—市场"，有市场才有基于知识财产交易所生之利益的分配问题，我们也因此才能深刻体会知识产权法本质上为何是一项经济机制。然而，很多知识产权界的学者和实务工作者都忽略了市场原则在知识产权法中的重要性，结果导致人们在争论为什么需要一项制度、某项制度该如何配置的根源问题时，常常陷于立场导向的解释论之争。尽管知识产权制度的经济和技术支撑在不断地发展变化，但只要从市场原则出发，就能在具体规则的解释及适用问题上实现社会现实与制度本旨之间的契合。专利法上的"多主体实施方法专利的侵权判定"[2]、著作权法上的"私人复制补偿金制度的创设"[3] 都是很好的反思这一问题的例子。

其二，缺乏行为主义的研究视角和方法。稍加梳理我们不难发现，大陆法系和英美法系在知识产权法的起源问题上其实存在着根本性的差别。

---

[1]　DRAHOS P. A Philosophy of Intellectual Property ［M］. Aldershot：Dartmouth Publishing Company Limited，1996：74-75.

[2]　例如可参考"深圳市吉祥腾达科技有限公司、深圳敦骏科技有限公司侵害发明专利权纠纷案"，最高人民法院（2019）最高法知民终 147 号民事判决书。

[3]　例如可参见：杨明. 私人复制的著作权法制度应对：从机械复制到云服务 ［J］. 中国法学，2021（1）：189-209.

尽管近代私法意义上的知识产权制度（指版权制度和专利制度）起源于英国，但对于我国私法体系下的知识产权制度的诞生和演进，两大法系的基本理论认知均产生了重要影响，结果造成了许多理论体系和制度体系上的不协调甚至是"拧巴"之处。❶众所周知，英美法系用激励机制来解释知识产权制度的本旨——"创新者应当基于其投资成果而享有财产权，这一认知能够激励个人和企业投资于研发活动"❷，而《美国宪法》第1条第8款第8项也常常被奉为激励理论显见于立法层面之圭臬，产生了广泛且深远的影响。根据该理论，设立知识产权制度是为了知识财产被源源不断地创造出来，从而促进社会整体福利的增长。因此，英美法系将知识产权法的根本问题归结为"激励"（incentive）与"接触"（access）之间的交换。❸尽管笔者对将"激励机制"作为制度本旨的观点存在一些不同看法，但仍然非常认同该学说的一个基本点，即：知识产权制度是指引知识财产创造者和利用者如何进行行为选择的利益分配机制。只有从行为主义的动态思维出发，才能更加深刻地体会具体规则如何发挥实际作用以及是否契合制度设计的初衷，进而我们就不至于轻言创设新制度（规则）或是变更现有制度（规则）。与之相对照的是，大陆法系构筑的知识产权法立论依据完全不同，其立法思想与激励无关，而是以自然权利论为思想基础。❹显而易见的是，自然法的权利理论"专注于"解释知识产权的正当性，是一种静态思维地、对创造成果应予制度化的价值宣示。其缺陷在于无法借此来解释知识财产生产行为是如何展开的、创造者会追求怎样的权利形态和结构，以及各方主体如何选择转让、许可的交易安排来追求自身效用的最大化。实际上，司法实践中很多争论的产生正是缘于静态思维下适用具体制度（规则），结果反而偏离了制度设计的初衷。因此，无论是立法

---

❶　例如关于权利产生、利用及变动的制度安排，我国专利法、著作权法上的相关制度安排就典型地体现了两大法系杂糅之下的逻辑不自洽。

❷　参见：HOLYOAK J, TORREMANS P. Intellectual Property Law［M］. London：Butterworths，1995：13 - 14.

❸　参见：POSNER R. Intellectual Property：The Law and Economics Approach［J］. The Journal of Economic Perspectives，2005，19（2）：57.

❹　我们可以从法国1791年的专利法清楚地看到自然权利思想。参见：汤宗舜. 专利法教程［M］. 北京：法律出版社，2003：9.

（包括修法）、释法还是法律适用，行为主义的动态思维方式是非常重要的，这样才有利于制度价值在不断变化的社会状况之中被具象化，从而使得利益分配机制实现最佳效果。行为主义的研究不仅能揭示人们为什么会选择从事特定的行为，还能帮助人们对行为后果产生理性的预期。

其三，无论是对知识产权法的基本理论抑或具体制度，既有研究的体系化程度皆不够高。当然，该问题与上述两个方面是密切联系在一起的。从近年来的司法实践和学术研究不难发现，我国知识产权法领域的问题意识日益增强，但同时对问题的研究也越来越微观。不重视体系化思维的后果就是人们对基本概念、基本理论、基本制度缺少一般性理解，因而同样的规则在运用于不同的个案时经常会出现内涵不一致、适用范围不一致的情形。举个例子：我国知识产权界对"商标使用"的概念就存在认识不清的问题，因而在商标法不同制度的适用中，如商标授权确权、商标侵权判定、"撤三"制度，对"商标使用"的解读并不统一。[1] 与孙宪忠教授所分析的"我国法学在民法体系化科学思维上的短板"类似[2]，碎片化的观点给知识产权部门法的贯彻实施带来了极大的困扰。笔者认为任何一项法律制度从来都不是孤立存在的，"法律的三个最重要的特点分别是它的强制性、体系性和规范性"[3]，运用体系化的思维来理解不同制度中具体规范的类属性正是我们常常要进行的定性分析所不可或缺的。体系化是实现"形式理性""从一般到具体"所须依赖的法律技术，也是防范任意立法、改法或司法的科学手段；不仅是大陆法系的法典化体现了对体系化思维的一贯追求，英美法系实际上也高度重视体系化的研究和适用法律的方法，在知识产权法领域尤其如此。有鉴于此，笔者认为，为了正确理解与适用知识产权法，应当以"制度""市场""行为"之间的内生性关系作为体系化的逻辑脉络，全方位地贯彻体系化思维方式、追求体系化效应。

---

[1] 关于"商标使用"概念的统一理解，请参见：王太平. 商标法上商标使用概念的统一及其制度完善［J］. 中外法学，2021（4）：1027 – 1047.

[2] 关于该研究，请参见：孙宪忠. 民法体系化科学思维的问题研究［J］. 法律科学（西北政法大学学报），2022（1）：36 – 38.

[3] 拉兹. 法律体系的概念［M］. 吴玉章，译. 北京：中国法制出版社，2003：201.

二、为什么要将"知识产权交易"作为研究对象

为什么要有产权？按照德姆塞茨的说法，"产权就是一种社会工具，其重要性就在于它能帮助人们在与他人进行交易时产生合理预期"[1]。所以我们才会说产权实际上并不是对人与物之间关系的安排，而是指由于物的存在以及对物的利用所引发的人与人之间的关系，人们都必须尊重彼此之间的相互关系，或是承担不遵守这种关系而产生的后果（成本）。无论是所有权这种典型的以有体物为客体的产权，抑或是知识产权这种以非物质产品为客体的产权，赋权、确权的意义就在于满足财产流转的需要。产权的制度安排确定了权利人与非权利人的行为边界——更确切地说是非权利人的行为规范，循此，人们即能以特定的、可预期的方式决定资源的配置、利用与重组，而交易正是实现这些目的最主要的方式。交易之所以会发生，是因为相关主体相信他们之间能够借此实现产权组合的效用更优化，人们都有追求自身利益最大化的内在激励。因而不难看出，交易就是将这种内生性需求予以外在化的社会活动。

产权的经济实质表明，作为具有排他性的权利，其同时也是可转让的才有意义。可转让性[2]其实是非常重要的权利属性，因为它确保了产权客体能够为对之估值最高的主体所利用。我们知道，为了促进财产流转、保障交易安全，民法上构建了诸多复杂而精细的机制。基于知识产权在民事权利体系中的定位，这些制度规范当然可适用于知识产权交易，因此，知识产权部门立法无须重复设置有关交易的一般性、基础性制度。但是，知识产权客体的非物质属性、更强的公共物品属性以及可能错误的知识产权授权，又使得知识产权交易相较于民法上的一般性财产流转问题更加复杂，为此需要在知识产权专门立法中确立相应规则。由此可见，与知识产权交易有关的法律规则分为两类，一是在知识产权领域适用的民法上的一般性原理、规范，二是针对知识产权特性而设计的专门性规则。就我国知

---

[1]　参见：DEMSETZ H. Toward a Theory of Property Rights [J]. The American Economic Review，1967，57（2）：347.

[2]　这里的可转让性指的是财产的可流转性，具体是通过许可使用、转让、资本化运作等方式体现，而并非仅指民法中的财产权转让。

识产权法理论研究和司法实务的现状来看，关于这两类知识产权交易规则的认知水平和运用效果均不理想，不仅存在诸多违背民法体系逻辑的情形，导致一些本身并不复杂的问题变成了争论不休的疑难问题，同时一些专门性规则的创设却又明显缺乏理论支撑、似是而非。

以知识产权交易为研究对象并不只是简单地、分散地研究不同类型的知识产权交易如何进行。为了保障交易安全和保护交易各方当事人乃至善意第三方的合法权益，实质上，本书是以"知识产权交易"为逻辑脉络和分析抓手，旨在研究"知识产权交易、相关制度与市场主体行为"三者之间的耦合关系。笔者将通过分析知识产权交易中的主体行为选择，审视知识产权法基本制度和具体规则的运行状况及其效应。如果对知识产权各单行法的具体规范进行类型化的梳理，不难发现所谓的制度配置可分为三个层次——知识财产的生产（权利产生）、知识产权的利用（许可、转让）、知识产权的救济（侵权判定、救济方法、法律责任）。而"知识产权交易"能够贯穿这三个层次，从行为选择的研究视角入手，通过揭示市场中具体的知识产权交易是如何发生的，能够让人们明白知识产权授权确权、权利边界的划定、权利救济等具体制度究竟是如何发挥作用的。因此，将"知识产权交易"作为本书的逻辑脉络并匹配行为主义的研究方法，有助于我们明确知识产权制度形成了怎样的市场经济环境，继而如何影响着市场主体的行为选择，同时也有益于我们反思现行制度的合理性，为提出制度变革的有益建议或是推动法律适用的方法论提升奠定坚实的基础。

一如上文在论及知识产权与市场之间的关系时所言，知识产权法所要解决的是知识产权在相关市场中实施将面临的各种问题。众所周知，知识产权人利用其知识财产以获取收益的途径无外乎有二，一是自己利用，二是许可他人实施：于前者，产权赋予（授权确权）最为重要的法律意义是，除非属于法定的权利限制之情形，权利人有权拒绝交易，而且，不被强制交易的法律地位是在知识产权交易中充分贯彻意思自治原则的保障；于后者，交易能否顺利达成，信息成本有着至关重要的影响，而知识产权法构建的包含赋权（权利的产生、效力及权利边界）、权利利用、权利救济的制度体系，在降低交易的信息成本（正所谓提高交易双方"知己知彼"的能力）的问题上发挥着根本性的作用。

因此，知识产权法进行的全面制度构建，虽表现为完整权利链条上不同节点的内容，但实际上它们均是为了满足知识产权在市场中实施之所需。更为具体地说，就是当市场失灵时，各方当事人应当遵循怎样的行为规范来处理他们之间的纠纷，因为意思自治无法解决纠纷时才需要规则的约束。所以，本书所称之"知识产权交易"，并非仅指传统民法上以合同的形式来完成的利益交换，它其实是对知识产权在市场中的运行或实施这一综合性问题的提炼。以知识产权交易为视角展开研究，有利于我们厘清"制度运行"与"市场行为"之间的互动关系，从而对由权利产生、权利变动、权利限制、权利救济所构成的完整知识产权制度体系进行反思，比如现行制度是否合理、是否需要制度改进。衡量现行制度与规则之合理性的标准，即是根据它们完成的利益分配能够实现社会效用最大化的结果。关于这一点，也只有放在知识产权交易的框架和体系之中来理解，才是最为顺畅的路径。

三、本书的研究思路与内容安排

总体而言，本书是以市场为视角、从行为选择理论出发，探讨知识产权交易基本理论和运行机制，旨在透过制度运行的外在形式，深入理解知识产权具体制度与规则是如何运行或适用的。本书紧密围绕"制度实施"与"行为选择"之间的耦合关系，顺着知识产权交易的逻辑脉络，对具体交易形式背后的制度机理进行考察和效益分析，借此从理论和实践两方面深刻解读知识产权制度之经济机制的本质。

针对这一研究目标，本书将按照如下之逻辑脉络展开：首先，探讨知识产权交易的始点性问题，即用产权规则保护知识财产的理论基础。试图分析现行制度所形成的市场环境，从知识产权的赋权原理入手，尝试揭示权利产生、权利边界与权利属性的制度蕴含。其次，通过分析"应当如何理解知识产权交易"的问题，梳理知识产权现行制度与知识产权市场运行之间的匹配性，从而明确知识产权法对知识财产价值实现的制度供给不足具体有哪些体现。再次，考虑到知识产权交易本质上是个合同问题，本书选择经济学上的"不完全合同理论"和"价格理论"作为知识产权交易的理论支撑，通过分析市场环境与主体行为选择之间的关联性，力图厘清

"制度"、"市场"与"行为"之间的内在逻辑。最后，立足于制度运行与市场行为之间的相互影响，本书将对知识产权的转让、许可、资本化运作进行分别讨论，并探讨知识产权交易中权利人限制、排除竞争的问题，旨在揭示现行制度、规则如何作用于知识产权具体交易，科技的飞速发展和商业实践的不断演进又对现行法提出了哪些挑战，并最终回答我们如何拿出应对之策。

根据上述之研究思路，本书各章的内容安排具体如下。

第一章——知识财产创造与累积性创新：行为主义的产权研究。一项知识产权的价值能否得到充分实现，权利的有效性及权利边界是始点和根基。在此前提下，知识产权交易才得以顺利展开。对赋权问题的研究，不仅可以帮助交易相对方降低信息成本，也得借此限制知识产权人制度寻租的空间。虽然人们自发的、不以市场为目的的知识财产创造同样也能得到知识产权法的保护，但是，非功利主义的创作动机并不妨碍权利人依靠知识产权法来控制市场、追逐利益最大化。而那些本身就以市场为目标的知识财产生产者，在作出行为选择时就更加注重根据现行法的制度安排进行决策，更是力图在横向乃至纵向竞争关系中获得优势地位。知识产权法实际上是因后者才产生的，即从本质上看，知识产权法其实就是一项经济机制。而明白了为什么需要对知识财产进行赋权，我们就能理解知识产权交易为什么会发生。

第二章——知识产权交易的行为主义解析与法律制度供给状况。表面上看，知识产权交易是所涉各方当事人追求自身效用的经济行为，当然同时也是一种法律形式；但深层次地看，知识产权交易的顺利实施是对市场中知识产品供给的保障，尤其是保障创新产品的持续供给。正是从知识产权交易的视角出发，我们才能深刻理解知识产权法就是一个试图在动态效率和静态效率之间找到最优平衡点的机制。❶ 无论是自己使用还是授权他人使用，知识产权保护的效率既体现在知识财产生产者的投资能够获得充分回报，也体现为对知识扩散的促进，从而激励累积性创新，推动知识财

❶ 参见：BELLEFLAMME P, PEITZ M. Industrial Organization：Markets and Strategies［M］. Cambridge, Eng.：Cambridge University Press, 2010：508.

产创造的不断升级。但是，知识产权交易运行和发展的实践表明，作为支撑的法律制度，其供给往往是不充分的，一是因为法律制度本身可能存在的漏洞，二是法律适用的方法论不足。因此，从行为主义视角探索知识产权交易内涵，从而借此厘清知识产权法律制度的供给不足，对完善立法和促进产业发展均有显著意义。

第三章——知识产权交易中的合同理论。简单讲，为了实现利益交换，特定当事人之间经过磋商达成由多种条件组合而成的合意，借此来约束所有当事人为或不为一定的行为，这就是合同。作为合同内容的交易条件，是各方当事人在其所掌握的交易标的信息的基础之上达成的，基于交易的复杂性以及当事人之间的能力（包括技术能力、资本能力等）差异和信息不对称等因素，合同在很多方面都是不完全的，其可能产生激励或交易成本问题。因此，运用合同理论来分析交易条件的达成、合同将会被如何履行，能够帮助我们更加深刻地理解以"制度与行为之间的交互性"为基础的交易，尤其是不确定性问题，对于知识财产这种非物质属性的交易标的，有着更强的因应性。基于经济学上的合同理论来观察我国知识产权法的相关制度及司法裁判，可以丰富分析制度构建和运行是否存在缺陷的方法论，从而增强制度改进的理论厚度与说服力。

第四章——知识产权交易中的价格理论。如果说交易是引导资源有效配置的经济机制，那么价格就是决定这一有效配置得以实现的工具，因为"价格本身就能引导有效率的经济决策"❶。一直以来，我国知识产权法学界对价格理论的关注极少，少有的研究也主要体现为抽象的"对价"层面的探讨，对于更具现实意义的价格如何引导决策（行为选择），则基本未涉及。而且，知识产权法中的一些重要制度和实践热点，例如强制（法定）许可、标准必要专利的许可费确定、是否针对侵权行为颁发禁令、侵权损害赔偿的计算等，其核心都是定价问题。因此，本章通过梳理价格理论的发展与体系，并探寻其如何在知识产权交易中发挥作用，旨在检视知识产权现行制度是否存在漏洞或者规则设计是否有不合理之处，从而进一

---

❶ 米尔格罗姆. 价格的发现：复杂约束市场中的拍卖设计［M］. 韩朝华，译. 北京：中信出版集团，2020：37.

步提升对制度与行为之间交互性的认知。

第五章——知识产权交易具体类型中的理论体现。本章将回到传统法律制度的视角，区分不同类型的交易模式，具体分析知识产权交易如何进行。众所周知，所谓的知识产权交易，包括转让、许可使用、资本化运作这三种形式，针对不同类型的知识产权交易，立法上分别设计了相应的规则，但非常粗糙，不仅在强调知识财产的特殊属性与运用民法基本原理之间的协调问题上常常显现出逻辑混乱，而且也无法满足产业发展的实际需要。有鉴于此，本章希望通过对各类型之知识产权交易的具体展开，探讨现行制度的有效性及缺漏，并在此基础上提出制度改进方案。

第六章——知识产权交易中的反垄断问题。交易的目标和结果是资源分配，与市场竞争紧密相关。知识产权交易既可能与横向竞争有关，也有可能影响纵向竞争。无论是哪个方面，如果知识产权人拥有足够强的议价能力，其都有动机滥用自己的市场地位，通过交易安排来实现在相关市场中排除或限制竞争。因此，研究知识产权交易是不应当忽视竞争法问题的。本章首先是在传统分析框架下对知识产权交易中可能出现的垄断行为进行分析，进而反思产业发展和反垄断实践中产生的争议，最后结合反垄断分析的最新理论和方法发展，探讨新经济时代与知识产权交易有关的反垄断规制应当有哪些方面的突破和创新。

第一章
知识财产创造与累积性创新：
行为主义的产权研究

    长期以来，我国知识产权法领域的理论研究与有关制度设计及其具体适用的研究，基本都是静态的。当然这与我国的私法传统密切相关，从我国大量关于知识产权正当性的讨论深受自然主义、先验主义哲学思想的影响也可以看得非常清楚。● 必须承认，静态思维的研究模式对于有着大陆法系传统的我国"从无到有"地进行知识产权制度创建，其意义是不容抹杀的。但是，完全沉浸于哲学层次的思辨，容易使我们忽略知识产权法的经济机制之本质，疏于从制度与行为选择的交互性出发展开研究，常常导致在形成裁判思路或制度修改方案时，要么是结果导向的、缺乏逻辑合理性的，要么只是简单地照搬国际条约或是参照他国判例。虽然很多时候理论界和实务界存在激烈争论，但实际上其不过是因为研究路径的缺陷所致。所以，在笔者看来，知识产权法领域最为重要的是对方法论的强调，而不是追求所谓的发现和研究"新"问题；只要有科学的、丰富的方法论支撑，我们就可以从容应对伴随科技和产业飞速发展而来的法律纠纷，同时也更容易在制度变革时取得一致、设计合理方案。

    ● 彼得·德霍斯教授对知识产权正当性的哲学理论基础进行了详细梳理，从其综述的内容可以看出，自然主义、先验主义哲学思想是学术界论证知识产权正当性的重要理论抓手。参见：DRAHOS P. A Philosophy of Intellectual Property［M］. Aldershot：Dartmouth Publishing Company Limited，1996：41-69，73-91.

一、知识财产创造与产权诉求

财产的可流转性是其价值实现的基本属性，而要使流转得以顺利进行，在交易成本无法避免的情况下，对财产的初始界权就是非常重要的。❶实际上，产权的明确界定，以及与之相应的法律制度之构建和实施，都是以降低交易成本为目标的，旨在促进市场交易的顺利进行。正如以罗纳德·科斯（Ronald H. Coase）、肯尼斯·阿罗（Kenneth J. Arrow）、奥利弗·威廉森（Oliver E. Williamson）为代表的交易成本经济学派所认为的，交易自由度的大小和交易成本的高低，是决定市场运行与资源配置能否有效进行的关键要素。❷尤其是对于知识财产这种非物质属性的客体来说，界权问题的重要性更为突出。因此，是否能够获得产权以及权利边界是否清晰，对于人们选择是否从事财产创造活动有着至关重要的影响。产权其实就是要解决一个问题——什么样的物品可以被私人拥有，此即意味着产权人享有这样的法律地位：他有权利用特定物品且同时有权禁止任何其他人利用该物品。❸所以，对于市场主体来说，从事知识财产创造活动以获取相关知识产权，是其决定市场策略、参与市场竞争的重要内容，而且是非常关键的起点和基石。

众所周知，知识财产的创造活动源于两种不同层次的需求，一是经济层面的物质需求，另一是精神层面的实现自我需求。人类社会文学艺术创作和科技发明创造的历史源远流长，但为知识财产创造活动配置产权制度只是工业革命之后的事情。这说明纯粹精神追求的创造活动完全受内在激励的驱动，与外部条件无关；而追求经济利益的创造活动则对外部激励有着很高的需求，工业化程度越高、社会结构越复杂，就越需要实现内在需求与外部激励之间的最优平衡。如果对知识产权法的制度史加以梳理，我们就不难明白这一点。当然，无论人们从事知识财产创造行为的动机为何，在其利用创造成果来获取收益方面，并无差别。因此，知识产权制度

---

❶ 该表述与科斯定理并不相矛盾，其是在交易成本不为零的前提下而言的。

❷ 关于交易成本经济学基本观点的介绍，请参见：WILLIAMSON O. Transaction Cost Economics：The Natural Progression [J]. The American Economic Review，2010，100（3）：675.

❸ 参见：SHAVELL S. Foundations of Economic Analysis of Law [M]. Cambridge，MA：The Belknap Press of Harvard University Press，2004：9.

对人们行为选择的影响可分为两种类型：其一，选择是否开展某项具体的知识财产创造活动，以及，就创造成果选择获取哪类知识产权的保护；其二，知识产权人在自己运营抑或授权他人运营其知识财产这两者之间如何决策。前者是本章将要探讨的内容，后者则留待下一章讨论。以下，笔者将区分不同情形，分别探讨市场主体如何选择与具体的知识财产创造行为相匹配的产权诉求。

（一）是否投入研发

"众多的技术集合在一起，创造了一种我们称之为'经济'的东西，经济是技术的一种表达，并随这些技术的进化而进化。"[1] 由此我们不难理解，技术研发能力为何已成为现代市场竞争中决定成败的关键因素，而知识产权是体现研发能力的典型制度形式，当下已是最重要的获取市场竞争优势的工具。对于技术研发型企业来说，为了在竞争中获得有利地位，如何选择从事研发活动的时机、方向（技术领域）和目标市场是至关重要的。简单地讲，企业是否投资于某项技术研发活动，取决于"成本 - 收益"分析的结果，在这个分析之中，企业需要考察以下几个方面的问题。

其一，了解相关技术领域的研发水平，即对现有技术（prior art）的把握，尤其是当企业准备进入一个新市场时。当然，从纯粹科研的角度来看，这通常并不是一个疑难问题，只是对于企业而言，了解技术前沿水平是为了衡量研发成本，故企业研发预期达到的技术高度（某种意义上讲也是预期可能达到的产业高度）对成本分析会有直接影响。

其二，分析横向和纵向的市场结构，厘清相关市场中的竞争状况。很显然，市场结构与竞争状况的分析是非常复杂的，其不仅因研发者是在位企业还是拟新进企业而有所不同，还会因竞争者具有同质性抑或异质性、技术成果未来应用是否会加大产品差异化等诸多影响因素而呈现出不同情况。不过，可以肯定的是，相关市场的竞争越激烈，技术研发的投资者对

---

[1] 阿瑟. 技术的本质：技术是什么，它是如何进化的 [M]. 曹东溟，王健，译. 杭州：浙江人民出版社，2018：214.

技术成果的净价值就期望越高，❶ 对投资就会越谨慎。

其三，对潜在市场需求的判断。该问题对于估量技术成果的价值十分重要，但其也非常复杂。人类历史上具有划时代意义的发明——电话、汽车、飞机，都曾被嘲笑是没用的，这说明科学技术与其具体应用（成果转化）之间还存在一定的距离，技术的价值很多时候未必在发明刚刚完成时即能得到充分的认知。更何况技术及产品之间可能存在交互作用，并通过使用而产生网络效应，❷ 这使得针对某项发明创造的市场需求判断相较于传统工业产品更加困难。

（二）专利还是商业秘密

是否从事特定的技术研发活动只是企业市场策略实施的第一步，当成功获取研发成果之后，企业紧接着就要面临选择"走"哪条知识产权道路的问题了。当然，很多时候企业对于是否投入研发以及对预期成果寻求何种权利保护会一并进行决策。与技术研发成果相关的知识产权保护模式，主要是指专利制度和商业秘密保护制度。研发者如何在专利权和商业秘密之间进行选择，首先需要清楚两种模式的区别。❸ 笔者认为，二者之间的区别可归纳为以下几个方面。

第一，专利制度的特点就是公开换保护，而获取商业秘密保护的一个重要前提是技术方案的秘密性。因此，专利保护的方式是"事先对世公开、推定未经授权的实施方存在过错"❹，商业秘密的保护方式则为"事后

---

❶　如果相关市场中的竞争者数量为 N，产业平均成本为 C，那么，只有当技术成果的净价值大于 $C \times N$ 时，企业才有投资于技术研发的激励。其原理在于：如果数量为 N 的竞争者同质，任何一家投资成功的概率就是 $1/N$，那么，在考虑机会成本的前提下，净价值必须大于 $C \times N$ 才会令竞争者作出投资的决定。当然，如果竞争者之间并非同质，那么，生产效率越高的竞争者对技术成果净价值的估计就可以越低于 $C \times N$，因为其研发成功的概率在 $[1/N, 1]$ 这个区间内更靠近 1。

❷　关于产品的交互作用与网络效应之间的关系，请参见：BELLEFLAMME P, PEITZ M. Industrial Organization：Markets and Strategies [M]. Cambridge, Eng.：Cambridge University Press, 2010：531.

❸　当然，本书此处分析的前提是，某项研发活动的成果既满足申请专利的条件，同时也可以选择用商业秘密来保护该成果。如果不满足这一前提，研发企业也不会面临选择问题。

❹　根据侵权法原理，损害赔偿之债的归责原则为过错原则，即侵权人承担赔偿责任的条件中包含了"侵权人具有过错"这一要件。在个案中具体适用法律时，由于专利的公开性（对世性），一旦法官认定侵权行为成立，则推定行为人具有主观过错。

界权、原告要提供被告存在过错的初步证据"❶。

第二，要取得专利权的发明创造需满足新颖性、创造性；而技术方案获得商业秘密保护并不需要进行这两个方面的审查，仅需审查其是否满足秘密性（不能从公开渠道获得）。

第三，商业秘密所有者获得保护须满足"采取了合理的保密措施"的要求；而若选择专利保护的路径，则没有保密措施的要求。对商业秘密所有者提出"须采取保密措施"的要求，与前述有关秘密性的要求是联系在一起的。

第四，就专利保护而言，只要被诉侵权行为涉及的技术方案落入专利权利要求的范围，侵权即告成立，与被诉侵权行为人是否"有意为之"无关；而对于商业秘密保护来说，即使被诉侵权行为涉及的技术方案与商业秘密的内容实质相同，如果被诉侵权行为人能够证明其所使用的技术方案系自己独立开发或是通过反向工程获取，则并不构成对商业秘密的侵犯。

正是因为存在上述差异，实践中常有人误解商业秘密法必然保护的都是一些低水平的技术创造，只有在无法获得专利权的情况下研发者才会退而寻求商业秘密法的保护。❷ 这种认识显然是不正确的。当存在以下情形时，研发企业其实会倾向于选择用商业秘密来保护自己的技术成果：一是产品公开销售之后容易被他人通过反向工程来掌握技术方案；二是技术方案无法满足专利实质要件，特别是创造性；三是技术成果遥遥领先于竞争对手，且不易被反向工程所破解。具体来说，研发企业在专利模式和商业模式之间选择时，通常需要考量以下因素：不同模式下获得保护的成本、不同模式的保护力度、侵权救济的成本。这些因素并不是一成不变的，它们与研发成果的价值之间存在因应关系，而且还不是单线性的。

第一种情况，研发成果的价值较低。简单地说，即该项技术的边际收益会很快降为零。此时，申请专利的成本明显高于以商业秘密模式保护的成本，专利的保护力度也大于商业秘密模式。虽然在侵权救济的成本方

---

❶ 此处所谓事后界权，是指只有当商业秘密所有者提起侵权之诉时，才会对诉请保护的商业秘密进行范围界定和权利人界定。

❷ 参见：LANDES W，POSNER R. The Economic Structure of Intellectual Property Law ［M］. Cambridge，MA：Harvard University Press，2003：357.

面，专利也是高于商业秘密的，但综合起来，技术成果的价值越低，研发企业越应当选择以商业秘密模式来保护其成果。

第二种情况，研发成果的价值非常高，客观描述的话，比如其技术优势能够维系的期间比发明专利的保护期还要长。此时，在取得权利方面，商业秘密模式的成本会大大提高，因为这与采取合理的保密措施有关，技术越复杂、价值越大，保密措施的成本就增加得越多；而技术成果价值的变化对专利模式的成本影响不大。❶ 在保护力度方面，如前所述，商业秘密保护并不能排斥独立开发以及反向工程，所以专利权给研发企业带来的市场控制力要强于商业秘密保护，因此，通常认为专利保护的力度更大；但是，当技术优势足够大，以至于竞争对手的独立开发、反向工程并不能实现，则两种模式的保护力度并无明显差异。至于侵权救济的成本方面，由于研发成果的价值非常高，说明技术很复杂，因而商业秘密的界权成本会较高，但正如我们前面提及的讨论前提所假定——研发者的技术优势极大，这其实在一定程度上是会约束界权成本的增长的；与此同时我们也应当看到，极高的技术复杂程度也会影响专利权保护范围的界定，因为专利侵权判定采用的是等同原则、专利权保护范围的依据是权利要求，技术越复杂，等同判断和权利要求的解释所导致的界权成本越高。综合起来看，当技术优势足够大的时候，由于专利的价值受保护期限的约束，因而以商业秘密保护的研发成果能够为权利人带来更多的收益，那么，只要取得权利的成本与权利救济时的界权成本增加部分之和小于增加的收益部分，采取商业秘密保护模式就更为可取。

第三种情况，当研发成果的价值介于上述两种极端情况之间时，技术优势能够维系的时间并不足够长，此时，两种模式下技术成果所能产生的收益是相同的。专利模式下，取得权利的成本和权利救济时的救济成本都不受成果价值大小的影响；而商业秘密模式下，技术成果价值越大，前述两项成本都会越高。因此，以"收益减去两项成本"来衡量，通常情况下

---

❶ 需说明的是，在中国专利制度下，技术成果越简单，研发者越倾向于申请实用新型专利；而技术水平越高，研发者就越倾向于申请发明专利。从实用新型专利转向发明专利，专利审查程序发生变化，最主要的影响是专利申请的审查时间更长。如果不考虑机会成本的话，专利申请的成本实际上并没有太大增加。

采取专利模式对于研发企业是更为合理的。不过，研发成果的价值存在一个特定的值点，这时研发者采用两种保护模式中的任何一种是没有什么差别的。另外，即使我们讨论的前提是研发成果满足专利实质要件，专利申请文件的撰写质量也是应当考虑的因素。如果其质量不高，就会令专利权额外面临失权的风险。所以，研发企业在进行保护模式的选择时，必须在选择专利模式时能够排除专利权被宣告无效的风险。

（三）著作权❶还是专利权

作品与技术方案有着非常明显的差别，虽然二者同为知识产权体系之下受保护的创造"物"（以一定形式存在的知识产品），但它们真正被保护的"东西"是不一样的。❷ 无论是科学技术创造，还是文学艺术创作，想要对知识财产进行赋权，这些创造"物"都需要借助一定的载体（物质形式）为外部所知，正如黑格尔所言："在抽象法中，精神技能和科学知识等，仅以法律上认为可占有者为限，才在被考察之列。"❸ 而在某些情况下，发明创造与文学艺术作品有相同的外部定在，此时知识财产生产者就面临一个选择，即对于这样的载体，如何在著作权和专利权之间进行选择，以保护"凝结"在该载体上的知识财产。❹ 那么，这里所说的"某些情况"究竟包括哪些呢？我们知道，专利权的客体包括产品和方法，其中可能与作品有相同的物质表达的有两类，一是计算机软件，另一是外观设计，以下分述论之。

---

❶ 本书以下探讨涉及有关英美法系国家的表述时，本应使用它们所采用的"版权"概念，但因我国立法、司法和绝大多数学术中均使用"著作权"的概念，为了表述上的统一，本书均使用"著作权"。

❷ 专利权和著作权的客体都是一种创造"物"的表达，但二者保护的对象是表达的不同属性的一面：专利权保护的是"技术思想"，指向技术方案所要实现的功能；著作权保护的就是表达本身，不延及思想。

❸ 黑格尔. 法哲学原理［M］. 范扬，张企泰，译. 北京：商务印书馆，1961：52.

❹ 包括中国在内的很多国家的著作权立法和专利立法，并不排除对某些客体可以进行双轨制的保护。只不过笔者想强调的是，虽然某些客体可以同时获得著作权和专利权的保护，但如上文所述，两种权利所保护的对象实际上是不一样的，而且，同时寻求两种权利救济对研发企业来说未必是最优的状态。所以，研发者通常是根据技术发展水平、产业结构和市场需求，选择最有利于其自身的权利保护模式。

1. 计算机软件

计算机软件是由"程序＋文本"组合而成，其当然可以获得著作权的保护。传统上，软件也是由著作权来进行保护的，尤其是在欧洲，1973 年的慕尼黑法案将软件排除出专利客体的范围。❶ 但是，随着传统工业产品的数字化程度不断提升，以及数字技术催生出来的商业模式在人们的日常生活中越来越占据主流地位，专利保护被越来越多地应用到软件之上，尽管形式上还是趋于保守。限于本章的研究目标，笔者无意于探讨计算机软件的可专利性问题，既有研究其实已足够丰富，但关于该问题的分歧依然巨大，没有达成任何多数意见。❷ 虽然在当下数字技术主宰世界的时代，世界各国对于计算机软件的专利审查已在逐渐放松，但软件还是不能被独立授予专利权。在这一背景下，本书只是意在讨论，对于计算机软件这种既可用著作权亦可用专利权予以保护的知识财产，创造者如何选择对自己最有利的径路。

尽管计算机软件的可专利性问题存在争议，但分歧主要是针对"发明须利用自然规律"的看法，即是否坚持"机械关系标准或物质转化标准"是可专利性主题的唯一标准，❸ 而并不是在纯粹技术层面上——是否可以解决技术问题、采用技术手段并取得技术效果——否定计算机软件乃至整个商业方法是可专利性的主题。在此前提下我们再来讨论是选择著作权还是专利权来保护软件。

首先，基于赋权原理可知，著作权制度的本旨在于赋予作者（包括事实作者和拟制作者）对于作品传播市场的控制权——机械复制时代围绕"复制权＋发行权"进行制度构建，数字传播时代则是围绕"有线＋无线传播"而展开，但无论怎样发展，著作权制度的物质基础始终都是作品市场。那么相应地，要绕开著作权人的市场控制也很明确，必须在程序和文

---

❶　参见：BELLEFLAMME P，PEITZ M. Industrial Organization：Markets and Strategies ［M］. Cambridge，Eng. : Cambridge University Press，2010：510. 该书作者提及的 1973 年"慕尼黑法案"即《欧洲专利公约》，当时的公约第 52 条明确规定"用于计算机的程序"不具有可专利性。

❷　例如在著名的"CLS Bank v. Alice 案"［Fed. Cir. 2013（en banc）］中，全体法官之间就存在 5∶5 的分歧。学术探讨中，关于"计算机软件的可专利性"也是争论不休。

❸　例如"Bilski 案"中，美国联邦最高法院就坚持该标准，判定 Bilski 的专利申请属于抽象概念、不具有可专利性。参见：In Re Bilski，545 F. 3d 943（Fed. Cir. 2008）。

本上采取实质不同的表达。专利权的赋权原理则不同，它是赋予发明人在特定技术市场上的垄断地位，技术市场与技术方案（technical solution）对应，由"问题—方案—效果"构成，故专利权指向的是软件功能，即使非权利人复制了该软件的程序或文本，只要未实施专利法意义上的使用、生产、销售或许诺销售行为，均不构成专利侵权；但是，即使非权利人没有照搬专利权人的程序（本质上就是代码）或文本，如果能够判定行为人所使用的软件与专利权人的软件属于"基本相同的方式、得到基本相同的功能、产生基本相同的效果"❶之情形，则专利侵权成立。有鉴于此，如果研发企业想要获得的保护是在技术市场上针对某个技术问题取得某种功能与技术效果的垄断地位，那么选择专利权方案才是恰当的；而若其旨在获得对软件载体（包括数字形式的载体）发行市场的控制，则应选择著作权路径。

其次，我们需要理解为何在过去相当长的时间里，主流观点（尤其以欧洲为代表）主张应以著作权来保护计算机软件。对于这个问题，如果只是把视野局限在知识产权制度本身，是难以得到合理解释的。实际上，我们从工业样态和模式的发展过程之中可以找到答案。软件产业在过去相当长的时间内，复制件（我们所熟知的光盘）的发行是主要业态，因此，著作权保护对软件业最为重要，对开发者来说也已足够。可是，随着商业方法（模式）越来越多地以软件形式呈现、产品功能通过软件运行来实现，软件业不再仅仅依靠软件分发的形式，数字技术与传统工业（制造业）的结合成为软件产业的重点发展方向。与之相应，软件的可专利性主张日益兴盛。尤其是到了近些年，通过软件来驱动的工业产品（服务）在产业结构中的比重不断提升，智能制造（工业 4.0 时代）❷已经上升为国家战略。顺理成章地，将专利保护应用到软件上是许多研发者对新业态、新模式发展的呼声。不过，与积极主张软件专利保护相伴随的，反对的声音也从未中断过。例如，欧盟于 2002 年曾推出了一个旨在推行软件专利的计划，结

---

❶ 即所谓"方式、功能、效果"三一致的内容，这是专利侵权判定标准——等同侵权的基本含义。

❷ 《中华人民共和国国民经济和社会发展第十四个五年规划和 2035 年远景目标纲要》第三篇第八章第三节"推动制造业优化升级"对什么是智能制造进行了基本描述。

果该计划很快就成为政策冲突的竞技场。❶ 不难想象，支持者主要是软件开发的巨头，而反对者主要是开源软件的倡导者、学术界、中小企业，以及一个重要的群体——软件分发市场上的销售商。尽管争论的背后其实是利益分配问题，但表面上，反对软件专利保护的一项重要理由是，考虑到软件开发固有的累积性——序列性（sequentiality）和互补性（complementarity），软件专利也许对产业发展是有所裨益的，但其产生的净效益却是阻碍创新、降低竞争。❷

由上可知，对软件采用著作权保护还是专利权保护，这是一个异常复杂的问题，兼具技术性和公共政策选择。所以每当一个改变规则的经典案例出现（例如美国的"State Street Bank 案""Bilski 案""Alice 案"），抑或一部蕴含新的公共政策导向的法律文件出台甚至是拟出台（例如欧盟委员会 2005 年起草了《计算机软件可专利性指令》，后被欧洲议会否决），其实质就是相关产业博弈的集成和凝结。在一定时期内，软件专利权保护究竟会扼杀创新还是促进创新，有待事后的实证分析来验证。❸ 而对于身处其中的各个企业来说，它们只能是基于当时的规则及政策，立足于自己在产业结构中的地位与目标定位，作出有利于实现自身效用最大化的行为选择。

2. 外观设计

《专利法》❹ 第 2 条第 4 款规定："外观设计，是指对产品的整体或者局部的形状、图案或者其结合以及色彩与形状、图案的结合所作出的富有美感并适于工业应用的新设计。"可见，外观设计既是产品外形构造，同时又呈现为具有一定艺术性的作品，于是就产生了对外观设计的交叉保护

---

❶ 参见：BELLEFLAMME P，PEITZ M. Industrial Organization：Markets and Strategies ［M］. Cambridge，Eng.：Cambridge University Press，2010：510.

❷ 参见：BELLEFLAMME P，PEITZ M. Industrial Organization：Markets and Strategies ［M］. Cambridge，Eng.：Cambridge University Press，2010：511.

❸ 例如詹姆斯·贝森（James Bessen）和罗伯特·亨特（Robert Hunt）就曾作过一项实证研究，分析规则改变对美国软件专利权的影响。参见：BESSEN J，HUNT R. An Empirical Look at Software Patents ［J］. Journal of Economics & Management Strategy，2007，16（1）：157 – 189.

❹ 为了表述方便，本书中使用我国法律、行政法规名称时，省略其中的"中华人民共和国"字样。例如，以《专利法》指代《中华人民共和国专利法》，以此类推。

问题。❶ 外观设计若同时获得著作权和专利权，是真正的重叠保护，而不像计算机软件——两种权利所保护的实质对象其实是不同的。外观设计双重保护问题产生的根源就在于，这种特定形式的表达同时具有"富有美感"和"适于工业应用"的特性，只不过权利人是否打算以工业方法来生产：若是，其行为即属于专利法意义上的"制造"（《专利法》第 11条）；❷ 若否，权利人则是有权控制著作权法意义上的制作复制件（《著作权法》第 10 条）的行为。在此基础上，我们需要思考的是，如果一国之立法允许双重保护（多数国家的确如此），❸ 那么，设计者还存在什么行为选择的问题吗？他们会在任何情况下都希望同时获得两种权利的保护吗？

要回答上述问题，也许我们应当回溯外观设计保护的制度起源来寻找思路。外观设计制度起源于为工业品设计提供法律保护，自然与工业革命是密不可分的，更具体地讲是因纺织工业的飞速发展而于 18 世纪开始在英国受到重视并得以发展。❹ 为了提高工业产品的审美品质，英国议会于1839 年颁布 "Design Registration Act"，引入设计登记制度，其规定："如果申请人提交有关工业产品的全新和原创性设计的注册申请，该设计可以获得不超过 3 年的垄断权。"❺ 很明显，该项制度虽然采用了一种独立保护的模式，但是实际上其对设计的保护与我国专利法上对外观设计的专利保护基本是一样的（除了保护期限以外）。随着保护设计的观念越来越深入人心，英国对设计的保护之后从独立模式的垄断权向著作权延伸了，赋权

---

❶ 这里所说的交叉保护，本书是想讨论"著作权 + 专利权"对外观设计的双重保护，但也有一些国家，例如英国、日本，是排除双重保护的。

❷ 以"工业生产"为保护工业设计的经济基础，有些国家采用单独立法的模式来保护工业设计，有些国家则将之纳入专利法予以保护，但实际上单独保护模式的原理和具体权利内容实际上与专利权无异。

❸ 有学者根据《伯尔尼公约》第 2 条第 7 款提出："不构成作品（包括实用艺术作品）的工业产品的原型，并不具备艺术性，其唯一用途在于生产、制造工业产品，对此我国《著作权法》不应当提供保护。"参见：王迁. "模型作品"定义重构 [J]. 华东政法大学学报，2011（3）：22. 但需注意的是，无论是否同意这一观点，该结论并不妨碍《专利法》为实用艺术作品提供外观设计专利权的保护，所以双重保护还是一种常态，只要一国之著作权法不明确将"实用艺术作品"排除出保护范围。

❹ 相关介绍请参见：朱楠. 英国工业品外观设计保护制度的变迁及评价 [J]. 上海政法学院学报，2016（3）：110 - 112.

❺ BENTLY L, SHERMAN B, GANGJEE D, et al. Intellectual Property Law [M]. 5th ed. Oxford：Oxford University Press，2018：720 - 721.

观念扩张至更大范围的实用性设计、装饰性设计，尤其是伴随着传统手工艺复兴而产生的工艺美术运动，❶ 推动了对实用性设计、装饰性设计的著作权保护。有意思的是，相较于设计登记制度，英国的工艺美术运动对美国和大陆法系国家的影响更大，美国、法国、德国更强调区分著作权保护和工业品设计保护。❷

在外观设计保护的问题上，无论一国最终按照"平行"还是"衔接"结构来处理两种模式之间的关系，均涉及两个至关重要的概念——"工业生产""艺术性"。这两个概念是否能够被清晰地界定（对于企业来说即意味着界权成本和机会成本的高低），会对企业的决策产生决定性的影响。对于什么是工业生产，其实并无规范性定义，在外观设计保护起源的英国，界定是否属于"工业应用"（applied industrially）的标准是"超过 50 件工业复制品且不构成一套产品，或者，从长度和部件来看不是手工产品"❸。"不是手工产品"以及"50 这个数量"固然是客观的标准，从 1920 年规定下来一直沿用至今，但很难说两个标准的背后有何科学依据，只能说，它们其实不过就是公共政策选择的结果。

相较于"工业生产"，"艺术性"的判断就更加抽象了。尽管在司法实践中，很多判决对案涉标的"是否具有艺术性"所给出的结论并不会引起争议，例如"深圳市侨凯实业发展有限公司诉深圳市赛克得智能技术有限公司案"中的"外币验钞机外壳"❹、"Pivot Point v. Charlene Prods 案"中的模型头像"Mara"❺、"Hart v. Dan Chase Taxidermy Supply 案"中的动物模型❻，应该说这些案件中的客体比较容易获得共识，就像"乐高案"的判决所说的"一般公众足以将其看作艺术品"❼。但是，若像黑格尔那样定

---

❶　朱楠. 英国工业品外观设计保护制度的变迁及评价［J］. 上海政法学院学报，2016（3）：113.

❷　因此，美国和大陆法系国家对外观设计的保护才是真正意义上的双重保护模式，而英国实际上是将著作权与设计登记安排成一种衔接模式，衔接点即是"是否从事工业生产"。

❸　UK Paliament，The Registered Designs Rules（as amended 2006）of UK，Schedule 2 Part 2 Para. 12（a）＆（b）［EB/OL］.［2022 - 07 - 30］. https：//www. legislation. gov. uk/uksi/2006/1975/schedule/2/paragraph/12.

❹　参见广东省高级人民法院（2005）粤高法民三终字第 378 号民事判决书。

❺　参见：372F. 3d913. at932（7thCir，2004）。

❻　参见：884F. Supp. 71，at74（NDNY，1995）。

❼　参见北京市高级人民法院（2002）高民终字第 279 号民事判决书。

义"艺术":"艺术的内容就是理念,艺术的形式就是诉诸感官的形象。艺术要把这两方面调和成为一种自由的统一的整体"❶,我们其实很难清晰地表达"一般公众足以"究竟是个怎样的艺术水准。

有鉴于此,对于设计者而言,获得专利权或专门权利的保护是相对容易的,而要获得著作权的保护则难度更大。两相比较,著作权保护的优势在于无需注册或审查的前置条件且保护期限要长得多,但其劣势在于界权成本模糊、存在失权的风险。结合我国相关法律规定和司法实践来看,由于著作权法提供保护的外观设计可以同时去申请专利权,但若只是纯粹的工业品外观设计,则并不能获得著作权的保护,因此,设计者预期的目标市场就对其如何选择保护路径有着至关重要的影响:如果设计者的定位是大规模的工业化生产,就不必寻求著作权的保护了;反之,如果设计者的目标是艺术品市场及其衍生市场,则著作权就对其非常重要。但若要寻求双重保护的话,设计者切不可在申请专利权之前先行将其作品投入生产并在市场中进行产品销售,因为这样就无法满足专利申请的新颖性要求了。另外,值得注意的是,某项外观设计具有艺术性并不意味着必定能满足著作权保护的实质要件"独创性",特别是当该设计在一般公众眼里不被认为是艺术时。所以,如果设计者判断自己的"作品"属于十分抽象、另类或先锋的艺术,难以为一般公众所接受,就应当重视对其申请外观设计专利权,以免在保护上两头"落空"。

(四)如何选择商标注册的策略

企业通过使用商标而不断积累商誉,本质上也是一种知识财产的生产行为。与技术研发、文学艺术作品创作不同,商标必然与市场有关,不可能存在纯粹精神追求层面的与商标有关的行为。在现代商业活动中,商标已经是企业不可或缺、绝不能忽视的市场竞争要素。❷ 对于一个企业来说,

---

❶ 黑格尔. 美学:第一卷 [M]. 朱光潜,译. 北京:商务印书馆,1996:87.
❷ 与企业名称(商号)不同,企业理论上可以不使用商标,注册、使用商标并不是企业的法律义务。而且,在过去经济还不发达的时期,由于人口密度、地域分布等因素的影响,商业活动还远远达不到密集的程度,市场中提供同质的或相互竞争的商品与服务的主体并不多,因而商标的意义并不突出。

其进入市场时如何选择商标？道路无非有二：一是使用他人的已有商标，二是注册自己的商标。就前者而言，即经授权取得许可使用权，具体表现形式包括通常的商业许可（例如加多宝公司的前身与王老吉公司之间的商标许可使用）以及特许经营。如果是注册自己的商标，企业又有不同的选择，其既可以臆造一个新的标识去申请注册（比如我们熟悉的"施乐"商标），也可以利用已有元素来注册商标（例如使用"共用名称"❶ 依据第二含义理论获得注册，例如"小肥羊"商标；或者，使用尽可能与产品或服务产生关联的符号，典型的例子就是"微软"商标）。

　　使用他人商标，优点是被许可人可以很容易进入相关市场，❷ 缺点是难以积累起自己的商誉，而且，基于许可方式的不同（存在普通、排他、独占许可之分），授权期限届满之后的商誉分配也可能引起不必要的纷争。❸ 当然，商标许可的双方当事人毕竟在法律人格上是彼此独立的，被许可人通常会有自己的商号、商品或服务的装饰装潢、特殊标志等，因而即使在许可使用他人商标的情况下，也有动力培养、积累自己的商誉，只是在培养成本方面，为了与商标权人区分开来，肯定会更高一些。而特许经营则不一样，它是许可人将其包括商标、企业标志等经营资源在内的无形资产一揽子授权给被许可人的法律形式，❹ 从市场竞争的角度看，被许可人相当于就是许可人的一个分支机构（尽管在法律人格上，双方仍然是彼此独立的主体）。就像美国伊利诺伊州的《特许经营信息义务告知法》所界定的那样，特许经营人是被授权"从事商品和服务的分销，……是根

---

❶　本书所称"共用名称"是对《商标法》第 11 条第 1 款所规定之标识的统称。

❷　如果通过商业许可的方式使用他人商标，一定是具有较高知名度的商标（至少是特定区域内），从激励的角度看，企业对毫无知名度的（对于相关公众而言完全是陌生的）商标不可能有获得许可的意愿。

❸　王老吉公司与加多宝公司之间发生的系列诉讼可以说是这一问题最典型的例证，例如双方因广告语"全国销量领先的红罐凉茶改名加多宝"而发生的侵权之诉。参见最高人民法院（2017）最高法民再 152 号民事判决书。

❹　参见《商业特许经营管理条例》（2007 年 5 月 1 日起施行）第 3 条对"商业特许经营"所下之定义。

据特许权人的经营计划或体制来进行的"❶。通过这种方式，被许可人比较容易进入相关市场，但其也只能是利用许可人的经营资源来获取收益，而不可能积累起自己的商誉。综前所述，如果经营者选择以使用他人商标的方式进入相关市场，具体在一般的商业许可和特许经营之间如何抉择，是以经营者有清晰的市场定位为前提的，考量的因素包括：相关市场中的竞争者数量及市场结构，商标权人在横向竞争中的市场势力以及对上下游市场的影响，拟进入者的经营规模、地域范围与竞争目标，等等。

　　注册自己的商标又是完全不同的策略。一般认为，经营者自行设计商标标识进而完成申请注册是顺理成章的，也是理所当然的。然而在实操层面，情况并非如此。商标审查的不确定性是绝不能忽视的，申请人在花费了一定的商标检索及分析的成本之后，仍然有可能无法通过审查而未能成功获得注册商标，即使后续还有商标评审程序的救济，可能获得反转，但必定费尽周章、成本不低。❷ 当然，如果经营者能确信自己设计出来的是臆造商标，成功获得注册并不困难。但臆造商标对于经营者积累商誉没有任何优势：因缺乏知名度，商标权人宣传商标、积累商誉的成本较高。❸商标的作用在于降低消费者的搜寻成本。❹ 而所谓搜寻，其实就是价格匹配的过程，价格在所有市场中［即使是同质商品（服务）市场中］均是离

---

❶　参见：Illinois General Assembly. Illinois Franchise Disclosure Act of 1987, Sec. 3 (1) (a) & (b) [EB/OL]. [2022 - 07 - 30]. https：//law. justia. com/codes/illinois/2021/chapter - 815/act - 815 - ilcs - 705.

❷　陕西小肥羊与西安小肥羊之间就"小肥羊 LITTLE SHEEP 及图"所展开的商标争夺大战即可充分说明这一点。参见"陕西小肥羊实业有限公司与国家工商行政管理总局商标评审委员会商标行政纠纷上诉案"（北京市高级人民法院 2006 高行终字第 92 号行政判决书）以及"西安小肥羊烤肉馆与国家工商行政管理总局商标评审委员会商标行政纠纷上诉案"（北京市高级人民法院 2006 高行终字第 94 号行政判决书）。

❸　如果更细致地分析，当然不能简单地说因为是臆造商标，所以培育知名度的成本就一定较高，其中涉及的因素还有很多，最重要的即企业的知名度，也即是说，企业的商誉对其自身的一切商业行为（当然包括使用一个新商标）都是有辐射效应的。对于一个知名企业来说，即使其新注册一个臆造商标，要使该商标在相关公众中获得知名度，宣传成本也会较低。所以，臆造商标的宣传成本高主要是针对市场新进入者而言的。

❹　参见：LANDES W, POSNER R. Trademark Law：An Economic Perspective [J]. Journal of Law and Economics, 1987, 30 (2)：265 - 309, 269.

散的，因为价格离散是一种市场无知的表现，❶ 商标即是可用来克服市场无知的工具。从商品品质与销售条件（需注意的是，生产者这个主体本身其实也是销售条件的组成部分）的对应性出发可知，没有任何两个商品（服务）是绝对同质的，而商标可以修正单纯价格指引所可能存在的信息偏差。由于价格离散的程度与市场竞争状况是密切相关的，因此市场越大、竞争越激烈，价格离散程度就越高。所谓商标是克服市场无知的工具，即是指商标是为市场中的潜在消费者提供信息的手段（介质），但如果是臆造商标，在商标权人经营的早期阶段，其所能提供的信息是非常有限的，商标权人还需付出额外的宣传成本（广告），此即前述"缺乏成本优势"的含义。

相较于臆造商标，依据第二含义理论来注册商标对于经营者而言更难以掌控得当。需要基于第二含义理论才能获得注册的标识符号（"共用名称"）具有一定的"公地"属性，但很多人对"共用名称"存在误解，认为此类标识在未被使用（用作商标）之前是不具有显著性的，因而不能注册。实际上，"公地"属性并不意味着标识本身不具有任何的显著性（或者说来源识别的能力），任何符号在商业活动中都具有一定的可识别性。但是，对于不同符号的特定使用方式（将该符号使用于特定的商品或服务之上）进行产权赋权，由此导致的结果不同：对具有固有显著性的标识进行赋权，非权利人受到的影响极小，但给商标权人带来的收益显著，因而即使在这类符号未被使用时即赋权，社会整体效用也是增长的；❷ 然而，如果是"共用名称"，在其未被使用或刚开始使用时即赋权，相同或相似商品（服务）的同行竞争者为了规避侵权风险就必须付出较大的成本，采取标识其商品（服务）的其他方式。❸ 此时，我们就需要在赋权"给权利人带来的收益增加"与"给同行竞争者带来的规避成本增加"之间进行比

❶ 参见：STIGLER G. The Economics of Information［J］. Journal of Political Economy，1961，69（3）：213 –214.

❷ 参见：LANDES W，POSNER R. Trademark Law：An Economic Perspective［J］. Journal of Law and Economics，1987，30（2）：287 –288.

❸ 参见：LANDES W，POSNER R. Trademark Law：An Economic Perspective［J］. Journal of Law and Economics，1987，30（2）：291 –292.

较，看何者的绝对值更大。实际上，这个判断并不难得出结论：在被使用的初期阶段，"共用名称"之上的"公地"属性远大于其指向特定经营者的能力，因而即使可以注册，其能给权利人带来的增益非常有限；但与此同时，同行竞争者被迫需使用其他符号来描述自己的商品或服务，显而易见，要避开"共用名称"，其成本必然是不低的。综前所述，在使用"共用名称"伊始及较短时期内，若对之进行商标专用权赋权，显然是一种降低社会整体福利的错误授权。

不赋权并不意味着不可以使用。随着使用时间逐渐增加，对"共用名称"产权赋权的态度是否应发生转变呢？笔者认为，回答是肯定的。使用时长的日积月累，使得"共用名称"降低消费者搜寻成本的能力不断增强，从而为使用者带来收益。在商业价值的吸引之下，同行竞争者有动力加入该"共用名称"的使用者之列，以期分享收益。于是，一方面使用行为促使"共用名称"的价值上升，但另一方面更多的使用者加入进来（当然以不构成不正当竞争为前提）导致"共用名称"的租值耗散。此即边际收益递减的原理，投入到"共用名称"的使用中来的同行竞争者越多，租值耗散的速度就越快，直至边际收益与边际成本相等，此时被使用的标识的净价值为零。很显然，边际收益与边际成本相等的时间点是对"共用名称"进行产权赋权的最佳时机：如果太早赋权，非权利人的规避成本过大，则会导致社会整体福利的净损失；而如果赋权过晚，不仅仅有规避成本的问题，标识本身降低搜寻成本的净价值亦开始为负。另外，虽然"共用名称"使用一段时间（即《商标法》第11条第2款所谓获得显著性）之后对其赋权是有效率的，但也应当是独占而非共有。如果赋权给两个或两个以上的使用者共同共有商标专用权，任何一个权利人就都有动机投入成本来尽可能为自己攫取更多的商标净价值；若共有人不能协商处理好成本投入与收益分配关系，结果反而会令商标净价值低于对"共用名称"进行独占赋权时的状况。❶

至于使用尽可能与产品或服务产生关联的符号作为商标，该策略固然

---

❶ 关于以独占或共有的方式对"共用名称"进行赋权的效率比较，请参见：杨明，张巍. "共用名称"之上产权争夺的经济学和法学分析 [J]. 清华法学，2010（4）：68 - 69.

有利于经营者培养自己的商标，虽有"微软""Caterpillar"❶"来一桶"这样的成功例子，但对于经营者来说，机会成本还是非常高的，一旦把握不好，就容易被认定违反了《商标法》第 11 条第 1 款之规定；与此同时，这样的商标想要打击市场上实施类似策略的经营者时往往也非常困难，例如："来一桶"的商标权人曾对青岛啤酒（扬州）有限公司申请注册的"中丹来一桶"商标提出异议，但最终未能成功。❷ 总而言之，经营者使用很容易令消费者将标识符号与其产品或服务联系起来的商标不失为一个可行之策，但经营者必须明白该策略实际上是在挑战商标审查机构、评审机构及法官对《商标法》第 11 条第 1 款的理解和适用。因而，不同的经营者需要分析自身的市场定位、所处市场的竞争状况和产业特点、对商誉的期待等诸多因素，才能作出适合自己的行为选择。

二、知识产权保护与促进累积性创新

任何人都可以自由利用自己所创造出来的东西，无论是物质的还是非物质的财产，利用上的自由与这些财产之上是否有法定赋权无关。产权赋权的根本意义在于产权人享有拒绝权，非权利人在未取得产权人同意的情况下不得擅自利用产权的客体，即产权人享有不被强制交易的自由。经济学上将所有权称为剩余控制权就很好地概括了前述特点，人们通过交易取得资产（asset）的所有权本质上就是为了取得剩余控制权。❸ 明确产权人享有拒绝强制交易的法律上的控制力对于知识产权来说尤为重要。因为知识财产的非物质属性使得其在利用上呈现出典型的公共物品的特性，即非排他性和非竞争性，所以，知识产权赋予权利人的拒绝强制交易的自由，实质上就是使其拥有一定的市场控制力。但是，由于知识财产又具有一定的公共性，权利人享有的控制力应当受到一定的限制，因此赋权之时必须

❶ Caterpillar 本意是毛毛虫，后被卡特彼勒公司用作履带车的商标，毛毛虫与履带在形象上容易联想到一起。如今，"卡特彼勒"已成为世界驰名品牌。

❷ 参见原国家工商行政管理总局商标评审委员会 2007 商标异字第 02187 号裁定书。特此说明的是，2018 年国务院机构改革时，商标评审委员会被整合至国家知识产权局商标局，不再保留。

❸ 参见：GROSSMAN S，HART O. The Costs and Benefits of Ownership：A Theory of Vertical and Lateral Integration [J]. Journal of Political Economy，1986，94（4）：692，716.

为社会公众留下适当的接触该知识财产的"自由渠道"（free access）。换言之，知识产权赋权需要在权利人的自由利用与社会公众的接触渠道之间寻求平衡。对于这种平衡的描述可以从外在、内在两个维度进行：前者是指经济学上有关知识产权保护的长度与宽度❶的探讨，后者是指知识产权法所构建的权利限制制度。本章的探讨围绕长度和宽度问题而展开。

（一）知识产权保护的长度对累积性创新的影响

所谓知识产权保护的长度，是指各国知识产权立法所规定的权利的保护期限。在各类知识产权中，商标权的保护其实较为特殊，虽然每隔特定年限权利人就需要申请续展，待得到批准之后其商标才能再次获得一个保护期，但理论上，商标权是可以获得永久保护的。所以，保护期限的长短以及不同国家的规定并不一致主要是针对著作权和专利权而言的。对于专利权的保护期限，世界各国的立法规定基本一致，但在著作权保护期限的问题上则存有一定差异。虽然《与贸易有关的知识产权协定》（TRIPS）努力建立统一的国际规则，但也只是规定各成员须提供的最低保护期限。那么，这里其实有一个很有意思的问题：为何不同国家能够在专利权的保护期限上取得一致，却对著作权的保护期限作出不同规定？笔者认为，一个可能的原因是发明创造（技术方案）和文学艺术创作（作品）对累积性创新的影响不同，而对于工业化程度更高的专利领域来说，在选择一定长度的专利保护以控制对累积性创新的影响这一问题上，不同国家更容易达成一致。

如前所述，基于知识产权赋权，权利人获得的是一种市场上的控制力，当有在先的知识产权存在时，其必然会成为之后的累积性创新活动的制约，在后的创作者或是想办法绕开权利阻碍，或是取得权利人的授权。无论选择哪条路都有相应的成本，而著作权和专利权在这一问题上存在明显不同——在先著作权的制约作用远小于在先专利权的影响，这是因为尽

---

❶　知识产权保护的宽度并非法律概念，宽度在法律意义上指的是知识产权的边界，而经济学上通常用"宽度"来描述知识产权对横向竞争的影响（技术方案之间的替代性）以及知识财产迭代更新的难易度。

管科学技术创新与文学作品创新对"现有技术/现有作品"的依赖程度不同，后进入市场者在作品市场上提供替代产品的自由空间比科技产品市场更大。以下分述论之。

1. 著作权保护与累积性创新

人类社会第一部私法意义的著作权法——英国 1710 年的《安妮女王法令》颁布之后，曾经发生了一场历史性的大论战。人们争论的议题是：著作权应为永久财产权还是有期限的财产权？值得注意的是，这场争论发生一百多年后，学者们基于德国先验主义哲学，立足于"人格利益观"，探讨什么是作者、什么是著作权的本质，也涉及了著作权是否应受永久保护的问题。但两次大论战的意义差别很大，前者才是更触及著作权之产权本质的探讨。笔者认为，正如马克·罗斯（Mark Rose）所指出的那样，"有关著作权问题不过是一场法律和商业的斗争"❶，所以，著作权赋权决定了后续商业活动利用在先作品的成本大小，而先验哲学的作者观探讨对于累积性创新所受之影响无法提供分析框架。

赞成和反对著作权为永久财产权的观点分别反映了对待累积性创新的不同态度：赞成者认为这是对作者的激励，而反对者则认为永久保护对于文学发展是有害的。反对派代表性人物卡姆登勋爵曾用颇有浪漫主义色彩的文字来表达这一观点："作者就是天才，他们分享神的光辉，是充满着上帝之光的伟大神明，天意之眷顾促使天才们怀揣高尚的动机向全世界传播他们发现的真理和事实。"❷ 当然，如今来说，著作财产权仅在一定期限内享受排他性保护已是各国通例和常识。更为重要的问题是：著作权保护期限届满之前与之后有何区别？在笔者看来，区别的关键点就是利用"天才们"的作品进行再创作的成本，进而不难理解著作权保护期限的长短变化会对文创产业造成深刻影响。

著作财产权的保护期限分为一般性规定和特别规定，很多国家对于前者都规定的是"作者生前及死后 50 年"，而后者则是针对特定类型的作品

---

❶　ROSE M. Authors and Owners：The Invention of Copyright [M]. Cambridge, Mass.：Harvard University Press，1993：104.

❷　ROSE M. Authors and Owners：The Invention of Copyright [M]. Cambridge, Mass.：Harvard University Press，1993：105.

（例如电影作品、计算机软件等）的专门性规定。在世界主要国家之中，美国和德国规定了更长的著作权保护一般期限——"作者生前及死后70年"。这为我们分析著作权保护对累积性创新的影响提供了非常好的样本。美国是在1998年颁布的《版权保护期延长法案》（Copyright Term Extension Act，CTEA），因为该法案的通过，迪士尼公司所享有的米老鼠系列作品之上的著作权本应在2003年保护期届满，相关作品届时将进入公共领域，结果保护期得以延长，迪士尼公司多获得了20年的排他性地位。所以，CTEA又被人们戏称为"米老鼠法案"。❶虽然该法案尚未通过之前，诺贝尔奖得主阿克洛夫（Akerlof）、阿罗以及很多著名经济学家就极力反对并积极采取行动——他们认为延长著作权保护期除了维持著作权人的市场控制力之外，对作者没有任何激励作用，但很显然，经济学家们的行动未能取得成效。CTEA通过后没多久，美国就发生了著名的"Eldred v. Ashcroft案"❷（后被人们戏称为"米老鼠诉讼"），官司一直打到美国联邦最高法院，但原告最终还是败诉了。虽说该案的诉由是CETA侵犯了《美国宪法》规定的言论自由权，但实际上其反映了著作权保护对作品市场的影响。具言之，这一影响是通过价格起作用的，即著作权保护期越长，使用作品的价格就越高。已有经济学家针对"著作权提升价格"展开了卓有成效的实证研究。❸虽然与美国一样也采用"70年标准"，德国延长著作权保护期限的出发点却不同，其给出的理由为："人类平均预期寿命的延长，作者的近亲属在其去世50年后通常还在世，无法从作者的作品获益。"❹

无论是从自然人作者的立场出发，❺还是从法人作者的立场出发，著作权保护期限延长的后果是一样的，即非权利人利用作品进行再创作需要

---

❶　参见：SCHWARTZ P，TREANOR W. Eldred and Lochner：Copyright Term Extension and Intellectual Property as Constitutional Property［J］. The Yale Law Journal，2003，112（8）：2333.

❷　537 U. S. 186（2003）。

❸　LI X，MACGARVIE M，MOSER P. Dead Poets' Property：How Does Copyright Influence Price？［J］. RAND Journal of Economics，2018，49（1）：181 – 205. 该文被认为是关于著作权保护会提升价格的第一篇充分的实证研究。

❹　Schriftlicher Bericht zu BT – Drucks. IV/3401，S. 12，转引自：喻玲. 著作权保护期限标准的审视与重构［J］. 法学家，2020（3）：159.

❺　实际上不管是哪个标准，与作者本人的关系不大，获益的是作者的子孙后代。"给予作者后代经济照顾"源自《伯尔尼公约》，可是，公约并没有解释给予这样的经济照顾其正当性何在。

在更长的时间内支付许可费。这种成本支出虽然换取的是原作品的生产者剩余的增加，但更值得立法者深入思考的是保护期延长是否会造成文创产业的市场供给（即衍生作品）减少？这才是阿克洛夫、阿罗他们真正关心的问题。也许有人认为即使衍生作品市场受到保护期延长的显著影响，但原创作品的创作并未受到冲击，不愿意继续支付许可费的创作者可以转到原创作品市场上去。但是，衍生作品与原创作品之间的界限远非人们想象的那样清晰，例如"琼瑶诉于正等侵害著作权案"❶ 和"金庸诉江南著作权侵权及不正当竞争纠纷案"❷，前者侵权成立、后者侵权不成立（只成立不正当竞争），很好地说明了人们对"衍生"与"原创"的认知及二者的区分其实是有极强的主观色彩的：一旦发生纠纷，创作者的观点未必能被法官接受；而即使已有在先判例，之后的纠纷也未必就容易达成一致看法。因此，在著作权保护期延长导致累积性创新的成本提升的情况下，一定时期内衍生作品市场的供给会下降，同时，原创作品市场却并不必然会变得更加活跃，人们反而会投入更多的侵权风险预防成本，故社会整体福利会减少。

《著作权法》在 2020 年第三次修正时没有涉及权利保护期限，笔者认为是正确的选择：从延长保护期对作品市场产生的影响来看，包括原创作品的生产者剩余、衍生作品的生产者剩余、消费者剩余随保护期延长而产生的变化，至少没有证据表明社会整体福利会有所增长。❸ 但我们也应当看到，我国著作权法上关于特殊情况下的著作权保护期限的规定偏少［仅有《著作权法》（2020 年修正）第 23 条第 2 款和第 3 款之规定］，换言之，绝大多数情况下著作权保护期限都适用"作者生前及死后 50 年标准"。这会导致权利人的自由利用与社会公众的接触渠道之间在很多时候并不是处于最优的平衡状态，例如摄影作品、计算机软件、图形作品、网络游戏等。为此，笔者建议：在不改变著作权保护一般期限的前提下，可以增加更多的专门性规定，或者针对特定类型的作品或特定产业，对它们

---

❶ 参见北京市高级人民法院（2015）高民（知）终字第 1039 号民事判决书。
❷ 参见广州市天河区人民法院（2016）粤 0106 民初 12068 号民事判决书。
❸ 上文 Xing Li、Megan MacGarvie 和 Petra Moser 所作的实证研究给了我们很好的参考。

设定长短不一的著作权保护期限，从而在具体作品市场上发挥更为细致的调节作用，使得著作权人的控制力与非权利人的使用空间之间的关系达到最优状态，既不过多影响原创作品著作权人的生产者剩余，同时还可以激励累积性创新，促使衍生作品市场的供给得以增加。

2. 专利保护与累积性创新

正如苏珊娜·斯科奇姆（Suzanne Scotchmer）教授所言："大多数创新者都是站在巨人的肩膀上的，在当前的高科技发展中更是如此，几乎所有的技术进步都建立在早期创新者提供的基础上。"❶ 这个描述显然是从广义上来讲的、无所不包。无论横向竞争还是纵向竞争，所有人都是在前人的基础上继续推动科技的进步。而若分析专利保护的长度对累积性创新的影响，则指的是狭义的"站在巨人的肩膀上"，即在先的专利权对于后续的研发活动具有控制力。也就是说，新的研发活动涉及对在先专利技术的利用，使用者需要向专利权人支付一定的对价。现实经济活动中，狭义的累积性创新才是更常见的情形，包括提升产品质量、改进工艺、新的应用、降低成本等。而如前所述，相较于文学艺术领域，技术领域的累积性创新对于整个市场的影响更大，尤其是在通信、电子、软件等领域。因此，专利保护的长度需要更为精细的制度设计，或者就现行规定对累积性创新的影响进行实证检验。

如何确定专利保护的长度是立法者面临的系统性难题：一方面，专利技术需要得到一定的社会回报，以作为发明者投入研发、推动技术进步的奖励（激励理论的体现），尤其是专利技术无法被绕过的情况说明了该项发明的技术领先性以及相关产业对专利技术的依赖性，从研发的角度来说，发明人的确值得奖励；但另一方面，人类社会的进步依赖于连续不断的创新，需要不断地有新的研发者投入到创新活动中来，鉴于专利权保护是使发明人免于受到竞争，❷ 因而对在先专利的保护不能以阻断序贯创新为代价，专利保护的长度应当以促使该项创新最大可能地实现社会回报最

---

❶ SCOTCHMER S. Standing on the Shoulders of Giants: Cumulative Research and the Patent Law [J]. The Journal of Economic Perspectives, 1991, 5 (1): 29.

❷ 参见：LANDES W, POSNER R. The Economic Structure of Intellectual Property Law [M]. Cambridge, MA: Harvard University Press, 2003: 297.

大化为目标。创新的社会回报由三部分构成，分别为创新者的垄断利润、产业利润❶和消费者剩余。如果对专利保护期限进行长短不同的设计，这三者之间的量化关系也会相应地有所不同，最终计算出不同的社会回报。因此，探寻最优的专利保护长度就是对动态收益与静态损失的权衡。

众所周知，专利制度诞生之初，权利保护期限并不像现行法规定的这么长。❷如今，世界主要国家对发明专利的保护期限均规定为自申请之日起 20 年。那么，为什么是 20 年？这个保护期限合适吗？不同产业中，专利保护的长度对累积性创新的影响是一致的吗？要回答这些问题，我们必须从序贯竞争的产业实际出发。也即是说，在现实的市场竞争中，绝大多数情况下市场主体都是序贯进入的，为了与在位企业展开竞争，后进入者会基于相关市场的产业结构及其中的专利分布、现有技术水平、竞争者之间的同质性或异质性，对自己的行为选择作出决策。由于专利信息完全处于公开状态，因此后进入者必须做好现有技术的检索与分析，进而分析在先的发明专利是否可以绕开，以及如果选择许可使用的话交易成本和许可费将会是多少。所谓绕开在先专利之权利障碍，是指发明专利具有可替代性，后进入者不必利用专利技术即可在相关市场提供替代技术或产品。根据是否可以绕开专利的不同情况，供后进入者选择的可能道路有三：其一，在先专利绕不开，后进入者必须与专利权人进行交易；其二，在先专利可以绕开，后进入者仍然选择与专利权人进行交易；其三，在先专利可以绕开，后进入者自行进行研发。

下文，我们以发明专利为对象，分别探讨上述三种情况之下创新的社会回报如何受到专利保护长度的影响。

首先看第一种情况。所谓专利绕不开，包括技术层面的不能和成本过高导致的不能这两种情况。换言之，对于后进入者来说，以获得专利许可为条件进入市场是最优的选择。简单来讲，在申请发明专利时技术的创造性越高，后进入者绕开该专利的可能性就越低，例如在实践中，越是在专

---

❶ 这里产业利润中的"产业"是指使用专利技术的相关产业。

❷ 英国 1624 年的《垄断法案》规定的专利保护期限是 14 年。参见：BENTLY L, SHERMAN B, GANGJEE D, et al. Intellectual Property Law ［M］. 5th ed. Oxford：Oxford University Press, 2018：395.

利密集型的产业，因为竞争非常激烈、充分，所以发明专利的可替代性就越强；❶ 反之，研发成本和产业固定成本投入均非常高的领域更可能存在专利技术无法绕过的情况。专利保护期限的长短反映了不同的专利结构，由于已经假定专利技术无法绕过，因此在特定的专利结构之下，市场进入者（即竞争者）的数量和市场价格（指技术市场的价格，即许可费）之间可以形成特定的量化关系；如果将专利保护期延长，专利权人垄断利润则会增加；同时，通过专利许可的方式进入市场的实施者会增加，但技术的市场价格（许可费）并不会降低，因而整个产业的平均利润会减少；而且，对比原有的保护期，延长后的专利保护期将使得产业利润和消费者剩余减少得更多。因此总体上，第一种情况下保护期延长的专利结构更有利于技术优势明显的企业，而不利于专利权人的同行竞争者和消费者，立法上如何选择取决于是否要采取鼓励对特定产业投资的公共政策。

接下来看第二种情况。虽然此时在先专利在技术层面上领先的程度并不高，但是后进入者研发替代技术的成本与"专利许可的交易成本＋许可费"相比还是会更高一些，或者选择专利许可路径的成本至少不比自行研发的更高，再考虑到研发成败的风险问题，后进入者还是会选择以专利许可的方式解决市场准入的障碍问题。此种情况多发生在固定成本高但并非技术密集型的产业，而且对于市场中的竞争者来说，相关信息充分且对称，专利实施的双方讨价还价的余地不大，因为在这样的产业中，固定成本的限制使得后进入者选择自行研发的概率较小，同时，交易成本较低使得专利许可不会遇到什么障碍。设想在这样的专利结构之下，如果将专利保护期延长，虽然专利权人收取许可费的周期变长，使其获得的垄断利润增加，但由于专利本身是可以绕过的，保护期的延长会促使专利权人的竞争者从事研发，那么在竞争者完成研发的这段时间里，产业利润和消费者剩余都是减少的，因而社会回报总体上是呈净损失的状态。如果我们将这一思想实验的时间点前移，在进行专利保护的长度设计时，对于固定成本高、技术密集度低的产业来说，专利保护期是不宜太长的，否则产业升级

---

❶ 当然，除了技术上的领先程度，实践中往往还存在这样的情形：虽然技术上已无优势可言，但由于政策性排斥、市场分割等原因，专利技术在事实上仍然无法绕过。

将非常缓慢。

最后来看第三种情况。我们知道，发明创造要申请专利是需要充分公开的，信息的外溢性决定了专利技术只能被不完全地专有。● 如果在先专利是较为容易绕开的（技术领先的程度不高），即专利权人的同质竞争者研发出替代技术方案的成本比"专利许可的交易成本 + 许可费"还要低，那么此时专利技术对相关市场的竞争基本没有制约能力，技术市场上的竞争比较充分，替代技术并不难获得。进而可知，在先专利的存在对相关产业中的成本结构并没有实质影响，只是可以用来抵御和打击那些纯粹的技术"盗版者"。无论将专利保护期延长还是缩短，创新的社会回报中的三个构成部分都不会因此而受到影响，因而对于第三种情况下的产业来说——例如那些固定成本不高但属于技术密集型的产业，改变专利保护的长度并没有效率，或者说如何设计专利保护的长度都不重要，唯一需要考量的是专利权人能够获得的竞争性收益足以保障其收回研发成本。

综上分析可知：对于不同的产业来说，发明专利的保护长度对累积性创新所带来的影响不同，从而影响产业发展的效率及创新的社会回报。因此，最有效率的制度设计应当是不对专利保护期限作"一刀切"的安排。不妨借鉴著作权法的立法模式，在进行一般性规定的同时，针对特定情形增加一些特殊规定（通常是更短的专利保护期限）。从这一点来说，我国专利法上一直都将实用新型专利和外观设计专利的保护期限规定为短于发明专利的保护期限，其实是合理且效率更优的制度安排。● 结合实践来看，那些应用实用新型和外观设计较多的产业，其特点基本即为上文第二、第三两种情况，较短的专利保护长度才有利于这些技术领域的创新与有效竞争。不过，仅仅有发明、实用新型、外观设计在专利保护期限上的区别仍然不够，更为理想的状态是有更多的特别制度设计，甚至是针对实用新型和外观设计也可以进一步加以细分，以适应当今时代产业发展的需要。

我们还应当看到，专利法上对发明专利保护期限所作的"一刀切"的

● 参见：LANDES W，POSNER R. The Economic Structure of Intellectual Property Law ［M］. Cambridge，Mass.：Harvard University Press，2003：299.

● 实际上，学界对于实用新型和外观设计的专利保护模式的争论，确实与其较短的保护期限无关，主要是针对专利申请审查和保护力度。

规定，催生出了实践中很多我们非常熟悉的市场策略，例如交叉许可、专利许可协议中的不质疑条款（no - challenge clause）和回授条款（grant - back clause）、药品专利反向支付协议，等等。这些从具体产业中孕育而生的、通过合同机制实现的市场安排，其实可以看作当事人对现行法下刚性的专利保护长度所进行的调整。但很显然，这其中有些策略是为了促进累积性创新，有些却是以阻却累积性创新、排斥竞争为目标。所以，专利保护长度的多样化制度安排也有利于抑制采取产生消极效应的市场策略的动机。

此外，考虑到变革专利保护期限之规定的难度极大，上文有关专利保护长度与累积性创新之间关系的讨论同样也有积极意义，这就是有关该问题的分析可用于个案中裁量是否颁发禁令来作为专利侵权的救济手段。我们以新近引起广泛热议的《德国专利法》修改为例，德国于 2021 年 8 月完成对其专利法的修改，备受关注的一项重要内容即是明确在专利侵权禁令救济中适用比例原则。该法第 139 条新增规定：专利侵权的禁令救济应当考量诸多因素，其中"禁令的经济影响""复杂产品"❶ 即与累积性创新有关。也就是说，在专利侵权案件中，如果禁令会导致特定产业中创新投入受到抑制或者竞争被削弱等后果，那么就不应当采用禁令这一救济手段。显而易见，这里有关创新和竞争的考量本就是经济学上针对专利保护长度所分析的内容。

（二）知识产权保护的宽度对累积性创新的影响

所谓知识产权保护的宽度，也就是知识产权的权利边界问题。与长度问题相比，宽度对累积性创新的影响要相对容易一些——如前所述，其主要涉及横向竞争和知识财产的迭代更新。长度和宽度都是防止赋予知识产权过强的垄断地位、对累积性创新造成消极影响的公共政策工具，但由于知识产权的保护长度在世界各国的立法上基本均表现为固定数（著作权法

---

❶ 参见：B M J. Diskussionsentwurf des Bundesministeriums Justiz und für Verbraucherschutz, Entwurf eines Zweiten Gesetzes zur Vereinfachung und Modernisierung des Patentrechts, S. 61 ［EB/OL］. ［2022 - 07 - 24］. https：//www. bmj. de/SharedDocs/Gesetzgebungsverfahren/Dokumente/DiskE_2_Pat-MoG. pdf?_blob = publicationFile&v = 1.

可以说是有些许的多样性）❶，所以"宽度"就成为现行立法下调节知识产权保护与促进累积性创新之间关系的最为重要的工具。

知识产权立法虽然明确宣示了知识产权的赋权模式——产权模式，但知识产权的权利边界并不是由法律来直接定义的，其实际是个解释的问题。从著作权侵权的判断标准——实质相似，以及专利权的保护范围以权利要求书为依据，我们即可明白这一点。知识产权的宽度属于公共政策层面的问题，自然是与权利客体的非物质属性密不可分，所以赋权实质上就是对知识财产的外溢性的校正；但另外，知识又具有公共物品的性质，因而不能以赋权的方式将外溢性予以全部消除，必须给社会公众留下一定接触知识财产的自由渠道。这即是所谓的知识产权的弹性，其反映的是公 - 私边界的动态划分。应当明确的是，克服知识财产的外溢性并不是一成不变的静态结果，而是在具体场景下实现特定价值目标的个案判断，更具体地说，需要针对知识产权人、同业竞争者、社会公众（知识产品的终极消费者）的行为选择展开分析，以追求效用最大化为导向来确定知识产权的宽度。

1. 著作权的宽度：一个表达成本的角度

近些年的著作权司法实践中出现了包括"知识共享"（creative commons）、"致敬作品"、"二次创作"、"同人作品"等概念在内的诸多创作方式。它们之所以引起热议，本质上就是公 - 私边界不清晰的问题。在以往的讨论中，人们更喜欢从公共利益、表达自由的视角分析著作权受保护的范围应当被予以一定的限制，❷ 这固然是没错的，但仍然无助于我们树立著作权的边界感，就像著作权法上著名的理论图腾——"思想 - 表达二分法"（idea - expression dichotomy），大家都知道它在说什么，但似乎它又没说出什么来。无论是前述哪种"创作"形式，有共识的是在后创作肯定

---

❶　实际上，商标权的保护期限可以有相当强的弹性，即可以用注册商标续展制度来做文章。但是，一则商标权保护与创新无关，二则在每个保护周期之内商标权的保护期仍是个固定数，故本书并未涉及对商标权保护期限问题的讨论。下文关于宽度问题的讨论，亦不涉及商标权。

❷　早在 2006 年，视频作品《一个馒头引发的血案》在中国学界可谓是掀起了波澜壮阔的热议，代表性的论文如：苏力. 戏仿的法律保护和限制——从《一个馒头引发的血案》切入 [J]. 中国法学，2006（3）：3 - 16. 虽然观点存在差异，但在论证方向上基本一致。

是从在先作品中"借用"了一些东西，有争议或者说疑惑的则是以下两个问题：这种"借用"是否触及了著作权的边界；以及，若是触及了著作权，"借用者"是否因此要承担侵权责任。这两个问题综合起来，即是著作权的宽度。

如果将"思想－表达二分法"视为源头，那么著作权的宽度问题可谓由来已久。最早提出该观念的司法实践可追溯到美国 1785 年的"Sayre v. Moore 案"❶。然而，时至今日，尽管"思想－表达二分法"已深入人心，被视为著作权法的制度基石，但究竟何为"思想"、何为"表达"，似乎从来也未曾有清晰的界定。更何况，人们朴素观念中所认为的"思想"与司法裁判中的"思想"往往还大相径庭，例如被视为"思想－表达二分法"之代表性判例的"Baker v. Selden 案"中，法官将"思想"解释为创作素材，❷ 以至于给人"以果导因"之感。若按照这样的司法裁判来理解，二分法简直就是一句废话。虽然存在这样的问题，笔者也并不想"冒天下之大不韪"而呼吁抛弃该理论，但转换话语体系、用著作权的宽度作为分析公－私边界划分的进路，似乎可以避免不在同一维度上进行无效讨论。

著作权的宽度在什么情况下是有意义的？毫无疑问，是在后创作需要利用在先的作品时。如果只是单纯地传播已有作品，著作权的边界在哪儿并不会有人关心，❸ 但若是在后创作的话，在先作品的著作权人恐怕会瞪大了眼睛来检视其创作行为。人类社会的文学艺术创作历史悠久，身在当下，我们若要创作一部作品，可兹利用的且尚受著作权保护的前人作品可谓是繁若星辰。因此，对于这些作品来说，后来者可以自由利用的空间究竟有多大，不是过于抽象的价值观（诸如"为了文化传承"）所能解释清楚的。按照经典的"站在前人的肩膀上前进"理论，将著作权的宽度限制

---

❶ (1785) 102 Eng. Rep. 138，139－40 n.（b）；1 East 358，361－62。

❷ 101 U. S. 99（1879）。

❸ 正所谓著作权侵权分为两类，一是盗版型侵权，另一是剽窃型侵权。实际上，理论界和实务界并未真正认识到"两类行为之间的区分"是如此重要，最典型的就是立法部门在进行"知识产权侵权的平台责任"制度设计时，不作区分地对平台注意义务进行统一规定。

在一定的范畴内是为了避免思想的垄断❶以及由此导致社会整体福利的损失。在笔者看来，从"思想垄断"的角度来探究问题实际上并不利于人们顺畅地理解著作权保护的基本原理。在人类社会的历史发展过程中，有关出版的管制比著作权保护的历史要悠久得多，两种机制的功能完全不同，出版的管制才是真正与"思想垄断"有关的制度。著作权法所要解决的是作品传播所生之利益的分配问题，因而是与市场紧密相连的，但文学艺术作品的创作及传播并非必然具有市场因素。

所以，我们非常熟悉的逻辑链条——著作权的边界在于思想与表达的二分→目的是防止思想垄断→否则会导致福利损失，其实是不无疑问的。关键点就在于这里使用了一个模糊的概念"福利"——其究竟指什么？如果仅仅是指脱离市场因素的社会公众接触、欣赏他人作品这种纯粹的精神利益（也就是很多研究中所称的公共利益），那么"福利"并不会因"思想"与"表达"的界限不清或者"思想"被给予了著作权保护而减损。如前所述，著作权保护是为了确保著作权人获取经济收益❷，而经济收益来源于作品在市场上的传播。一旦著作权人将作品投入市场，其对作品中的知识和信息的外溢实际就失控了：只要不涉及市场传播（机械复制时代的制作复制件、互联网时代的网络传播），著作权人无权阻止社会公众以脱离市场的方式阅读、欣赏乃至口口相传。那么，著作权保护过宽导致的是何种"福利"损失呢？笔者认为，是因在后作品的创作成本❸增加所导致的损失。

---

❶　这里的"思想"与前述"思想–表达二分法"里的"思想"在含义上是不同的。作为著作权的宽度问题所要讨论的对象，"避免思想的垄断"指的是，即使是具有独创性的内容，也应当给予非权利人以自由利用的空间，以免向社会供给文化产品的成本过高。

❷　作者声誉、口碑并不是由著作权来保护的，尽管尊重和维护作品与作者之间的联系能够起到保护作者声誉的作用；也即是说，作者声誉和作品声誉是相互影响的，著作权保护对于前者是间接发挥作用的。虽然著作权的内容中包括著作人身权或称精神权利，但如果熟悉著作权制度史即可知道，这里的人身权利或精神权利源自 authorship，该词的词根表明其代表的是一种身份，是指作者有权在市场中出售其作品的身份，因此，著作权根本上就是一项财产权。相关研究可参见：ROSE M. Authors and Owners：The Invention of Copyright ［M］．Cambridge，MA：Harvard University Press，1993：31 –48．

❸　参见：LANDES W，POSNER R. An Economic Analysis of Copyright Law ［J］．The Journal of Legal Studies，1989，18（2）：348．

既然著作权诞生于市场，也只有在市场中讨论著作权问题才有意义，所以我们在回答上面的问题时就必须回到市场这一因素上来。基于此前提，利用他人作品的动机无外乎有二：一是通过传播他人作品来获利（未经授权的话即称为"盗版型"侵权），二是使用他人作品进行新的创作进而通过作品传播来获利（未经授权的使用就是"剽窃型"侵权）。显然，仅后者与著作权的边界（宽度）有关。如果著作权的保护较宽，即意味着在整个知识空间进行思想与表达的界分时表现出的倾向是临界区域的"信息组合"更容易被认定为表达，因而这显然会增加累积性创新的创作成本。虽然在先作品的著作权人的生产者剩余或许会增加❶，但是在后创作者的生产者剩余会降低（在总需求不变的情况下因表达成本增加而导致净收益下降），或者放弃利用在先作品进行再创作而导致在先作品的效益未能实现最大化；与此同时，终端消费者（阅读、欣赏作品的社会公众）的剩余在多数情况下也是减少的（至少不会增加）。所以，运用"表达成本－著作权收益"的分析框架可以更好地揭示著作权保护的宽度是如何影响累积性创新进而影响社会福利的。

我们不妨做场思想实验来展现这个相互关系。假设甲拥有在先作品 A 的著作权，乙准备创作作品 B 投入市场，此时乙有两种选择：一是对 A 进行演绎而创作出 B，另一是在不侵犯 A 的著作权的前提下完成 B 的创作。现将著作权的保护宽度用 α 表示，并用 α1 表示较宽的保护，α2 表示较窄的保护。关于在不同宽度之下甲和乙的行为选择以及对在后作品的影响，可具体区分为如表 1－1 所示情形。

表 1－1 著作权保护宽度对累积性创新的影响

情形	著作权保护宽度	行为人甲	作品 A	行为人乙	作品 B
情形 I	α1	寻租激励	市场价值高	难以绕开 A	表达成本高
情形 II	α1	寻租空间小	市场价值普通	缺少使用 A 的激励	表达成本低

---

❶ 其实也未必会增加，著作权过宽，意味着把"究竟是思想还是表达的模糊地带"更多地划归为"表达"，但既然属于模糊地带，说明相关表达的独创性没有达到很高的地步，那么，受较宽保护的影响，其市场需求常常会下降，即后来者更倾向于绕开这些表达以避免著作权侵权。所以，过宽的著作权保护对于那些"位于"公－私边界的在先作品来说，未必会增加著作权人的生产者剩余。

续表

情形	著作权保护宽度	行为人甲	作品 A	行为人乙	作品 B
情形Ⅲ	α2	寻租空间小	市场价值高	使用 A 的激励大	表达成本低
情形Ⅳ	α2	寻租空间小	市场价值普通	缺少使用 A 的激励	表达成本低

在情形Ⅰ中，因著作权保护较宽，在后创作者越难以绕开在先作品，其表达成本就会越高。❶ 因此，较宽的著作权保护会抑制累积性创作，但有利于激励人们投资于原创市场，创作那些市场需求大、市场价值高的原创作品。

在情形Ⅱ中，虽然著作权保护较宽，但由于在先作品的价值不大，在后创作者尽管表达成本不高，其演绎在先作品的激励也不大。因此，较宽的著作权保护并不能促使这类在先作品的经济利益实现最大化，累积性创作的市场亦不活跃。

在情形Ⅲ中，著作权保护较窄，但在先作品的价值较大，故在后创作者既会"积极"搭便车，同时还可以较为容易地绕开在先作品。此时，由于表达成本较低，在后创作会较为活跃，但在先作品的租值是耗散的。❷

在情形Ⅳ中，著作权保护较窄且在先作品的价值不大。由于表达成本低，在后创作者基本会"无视"在先作品，因而演绎市场极不活跃；但同时，也正因为侵权风险低，使得原创市场非常活跃。

归纳以上之思想实验，较宽的著作权保护只对那些市场价值极高因而市场需求很大（边际效用递增）的作品具有正效应，对需求替代性高的作品来说则会导致其效用降低。而对于大多数类型的作品来说，采取较窄的著作权保护宽度是更为合适的。总之，与著作权保护的长度问题一样，最有效的宽度选择同样是不采取"一刀切"的做法，而应针对不同的作品分别采取宽窄不一的司法政策（具体而言就是个案中的公共政策选择）：宽

---

❶ 参见：LANDES W，POSNER R. An Economic Analysis of Copyright Law［J］. The Journal of Legal Studies，1989，18（2）：338.

❷ 关于租值消散问题的分析，可参见两篇经典文献：Gordon S H. The Economic Theory of a Common Property Resource：The Fishery［J］. Journal of Political Economy，1954，62（2）：124 - 142；CHEUNG S. The Structure of a Contract and the Theory of a Nonexclusive Resource［J］. Journal of Law and Economics，1970，13（1）：49 - 70.

的保护有利于激励人们投资高价值作品的创作，从而获取较高的市场回报；窄的保护则能降低需求替代性高的作品的利用成本，"人们便无须一一确认利用行为的合理性，而是可以自由利用已被生产出的信息"❶。

2. 最优的专利保护宽度

相较于文学艺术作品的创作，技术研发所具有的"站在巨人肩膀上"的特性更加明显，尤其是在当下在经济结构中占据重要地位、研发活动极为活跃、引发的专利侵权纠纷（包括侵犯商业秘密的纠纷）和反垄断纠纷也较为密集的通信、电子、计算机软件等产业之中。技术创新固然都是"后浪盖过前浪"的，但在先技术是对下一代技术的启发和促进，前者所产生的社会价值是后者产生社会增量价值的重要组成部分。

与前文讨论的专利保护长度问题一样，宽度涉及的也是累积性创新的成本问题。无论是考虑长度还是宽度，在后研发者都需要比较"支付许可费"与"避开在先专利的研发成本"孰大孰小，进而选择更优的道路。例如，如果新进入者不愿意受制于在位企业的技术制约，就必须努力绕开其专利权控制的范围，研发出能够形成完全替代的技术方案。长度和宽度问题的不同点在于以下方面。在前者的维度下考量时，累积性创新的成本与利用在先专利的付费周期有关，如果剩余周期越长，而在先专利的技术领先程度不高，那么后来者越应当选择自行研发以避开专利。而在后者的维度下考量时，我们知道专利侵权的判断标准是"相同或等同"，所以在后研发者需要研究专利权覆盖的范围从而判断替代技术的研发成本和难度。显然，该成本的大小与适用等同原则的司法政策有关：如果等同原则的适用较为宽松（意味着宽度大），在后研发者绕开专利的成本较高；而若较为严格（意味着宽度小），则在后研发者绕开专利的成本会低一些。至于许可费的高低，取决于知识产权交易的具体场景：产业中的竞争越充分、交易各方之间的信息越对称，许可费的定价就越透明，专利权人的寻租（"敲竹杠"）空间就越小。

专利保护的宽度首要影响的就是横向竞争。一方面，专利保护的宽度

---

❶ 窄的保护意味着著作权侵权的"宽出"。相关论述请参见：蒋舸. 论著作权法的"宽进宽出"结构 [J]. 中外法学，2021 (2)：339.

会影响横向竞争中差异化替代品的"生存"空间。在终端市场上的消费者看来，并不存在完全相同的产品或服务——这是后来者进入专利权人所在市场的前提条件。即使是同类产品，彼此间可以差异化共存的原因在于消费者偏好的不同。而消费者的这一特性决定了他们在选择产品或服务时是离散选择。❶ 因此，市场主体之间是在既选择地理位置也选择价格的条件下进行横向竞争的，❷ 否则，市场主体之间会选择离得足够远。专利保护的宽度较大时，差异化替代品的"生存"空间较小。因而对于产品差异化比较重要的产业来说，例如智能终端制造业，专利权对于横向竞争的制约程度就会较大，如果在地理位置选择上缺乏自由度，则后来者难以进入相关市场。在此情况下，后来者采取收购的方式进入相关市场比研发替代技术或通过许可进入都要效率更优一些。相反，专利保护的宽度较小时，差异化替代品就更容易"生存"，无论是否为产品差异化敏感型产业，专利权对于横向竞争的制约程度都会弱一些。所以，对于那些固定成本和研发成本均较高的产业来说，例如制药业，我们就不难理解为何它们会极力反对专利保护宽度采取较窄的倾向。

另一方面，专利保护的宽度对横向竞争的影响还可以从序贯创新的角度来观察：宽度越大，累积性创新成果进入市场的成本更高——在后研发者想在专利保护范围之外从事创新的难度较大，专利权人越容易获得更大的竞争优势。以下区分三种情形具体分析。❸ 首先，我们假设后来者与在先的专利权人同质。为了与专利权人竞争，后来者或者通过许可进入，或者在专利权保护范围之外寻找替代技术。需注意的是，后一种路径与技术先进与否无关，因为即使后来者研发了更为先进的技术，只要是利用了在先专利，向专利权人支付许可费就是后来者必然要付出的成本。无论是许可进入还是找到替代技术，在横向竞争时都会侵蚀专利产品的价格。❹ 所

---

❶ 关于离散选择的含义，请参见：SMALL K, ROSEN H. Applied Welfare Economics with Discrete Choice Models [J]. Econometrica, 1981, 49（1）：111.

❷ 为将问题简化，这里排除了品牌因素带来的影响。

❸ 本书的分析都以竞争者彼此间信息足够充分为前提。若非如此，则需要展开非对称博弈分析。

❹ 参见：SCOTCHMER S. Innovation and Incentives [M]. Cambridge, MA.：The MIT Press, 2006：108.

以，如果专利权的宽度大，专利权人的最优选择是拒绝许可，而且由于专利权人与后来者同质，故其不必担心反垄断规制的风险；但若宽度小、后来者很容易寻找替代技术，专利权人的最优选择是开放授权，但最好是做好市场的地域分割。其次，我们再假设后来者的生产效率比专利权人低。由于对手拥有效率和专利两方面的优势，后来者既无法承受专利许可使用费，也没能力开发出替代技术，故其是不可能与专利权人展开横向竞争的，此时无论专利权的宽度如何都不会有影响。最后，我们假设后来者的生产效率比专利权人高。这是最复杂的情形，因为一旦后来者进入相关市场，就不仅仅是侵蚀专利产品价格的问题——后来者相较于专利权人有成本优势，能够将产品的价格进一步拉低。但如果拒绝许可，后来者被迫必须去研发替代技术，专利权人的市场地位同样岌岌可危。所以，在专利保护宽度大的情况下，专利权人的最优选择是开放授权，同时自己减小生产规模至一个比较低的水平，以此来保障自身利益的最大化；而在专利保护宽度小的情况下，专利权人的最优选择是转让专利权，自己彻底退出相关市场，从而避免因竞争失败而被迫退出市场。

此外，专利保护的宽度还会对专利集合策略产生重要影响，包括我们所熟知的技术标准、专利池等，单个或多个专利权人会根据司法政策所表现出来的宽度采取各种不同的专利集合策略。当然，无论是宽度的大小为何，市场中都会有专利集合的现象存在；笔者的意思是宽度问题会影响专利权人（或群体）所采取的具体的专利组合方式以及定价方式。举例来说，通信领域有 H.265 这样一个标准，其包括"HEVC ADVANCE"和"MPGE LA"这两个专利池，而二者之间有 50% 的专利权是相互重合的。通信产业是研发非常活跃、专利极其密集的领域，其专利保护宽度是较窄的——这是造成前述专利池现象的重要原因。所以，与专利集合策略一样，我们不能简单地看待专利保护的宽度问题，需要结合市场结构、竞争政策等诸多因素来分析。但笔者想要指出的是：专利保护的宽度是由司法裁判者和执法者解释权利要求所决定的，当某个国家试图对当下特定产业中流行的专利集合策略作引导时，就可以在解释权利要求时改变对专利保护的宽度把握，进而影响产业结构的自我调节甚至是转型。

总体而言，专利制度应当为每一个创新者（市场竞争者）提供合理的激励，因为在先的创新者虽然申请了专利，但其同时也将技术方案公之于众，在后者有的放矢地进行累积性创新正是缘于专利权人的贡献。再则，关于创新与市场竞争程度之间的关系，经济学家们一直也争论不断，例如著名的"熊彼特假说"与"阿吉翁倒 U 形关系说"之争。因此，累积性创新的复杂性决定了不可能有普适性的设计。尽管有学者提出了序贯创新需要的公共政策选择是专利保护应当短而宽❶，但是，如果专利许可经常因为市场失灵而失败的话，专利保护短而宽的公共政策对于累积性创新的益处也就被消除了。

三、本章小结

一直以来，我国理论界和实务界更多的是以静态思维来看待知识产权的权利属性，鲜有以动态思维来分析知识财产生产者的行为选择。本章尝试跳出既有的常用研究范式，从行为主义的视角入手，运用经济分析的方法来解读知识产权的赋权原理。按照这一安排，本章回答了两个问题：其一，知识财产的初始界权是非常重要的，那么，人们如何选择与具体的知识财产创造行为相匹配的产权诉求？其二，累积性创新才是人类社会经济活动的主要形态，在先的知识产权必然会对在后的累积性创新产生影响，那么，对于旨在促进社会整体福利最大化的知识产权制度构建来说，为了实现双重激励之目标——既激励原创，也激励累积性创新，应当如何考虑知识产权保护的长度（期限）和宽度（权利边界）问题？

对于知识财产创造的产权诉求，应当分为两个层次来理解：是否投资进行知识财产的创造活动；如果决定投资，选择何种具体的知识产权。市场主体是否投资于某项技术研发活动，当然会建立在"成本－收益"分析的基础之上。分析涉及的内容非常丰富而复杂，包括：了解相关技术领域的研发水平，以判断技术进步的难度；通过解析相关市场竞争结构，判断创新成果的应用前景；在市场需求和竞争程度的基础上估量收益的大小。如果是在具体技术领域或特定产业之中，选择最为适当的知识产权来保护

---

❶ 参见：SCOTCHMER S. Innovation and Incentive ［M］. Cambridge，Mass.：The MIT Press，2006：103－112.

自己的创新成果，对于知识财产创造者来说至关重要。本章选取了"专利还是商业秘密""著作权还是专利权""如何选择商标注册的策略"这三个方面的话题，对知识财产创造过程中市场主体的行为选择来了一场思想实验，旨在揭示现行知识产权法在赋权方面的制度安排会如何影响人们的经营活动，以便其在市场竞争中取得优势地位。

在知识产权保护对累积性创新的影响方面，本章主要是想回答知识产权赋权如何在权利人的自由利用与社会公众的接触渠道之间实现平衡。从权利外观的角度来看，知识产权法上对知识产权保护长度的制度安排与法律适用中体现出的知识产权保护宽度是最为核心的两个方面。因为在后创新对在先知识财产的依赖程度不同，故同样是延长保护期限，著作权和专利权所产生的效用明显不同。笔者认为本章特别有意义的发现在于专利保护长度的多样化制度安排有利于抑制采取产生消极效应的市场策略的动机。至于宽度问题，涉及的是知识产权的边界。本章获得的一个有趣发现是：无论著作权还是专利权，最有效的宽度选择都是不采取"一刀切"的做法，提倡司法裁判者和执法者在个案中结合具体场景采取宽窄不一的公共政策，从而使得知识产权保护的宽度适宜，既能避免专利权人的净损失，也能充分发挥累积性创新的产业调整功能。

第二章

知识产权交易的行为主义
解析与法律制度供给状况

综观国内外法学领域，有关知识产权制度的研究均以授权确权和侵权判定及救济为主，当然专利制度还有一大块与反垄断有关。但是，与知识产权存在的意义最密切相关的交易问题，法学界却鲜有研究，更多的是经济学和管理学在涉足。这是个很有意思的"分工"，我们可以看到，这一状况甚至影响到了知识产权立法：从权重上看，有关知识产权交易的法律规范在整个立法中的比例是很小的。也许在绝大多数人看来，知识产权交易本质上是合同法、公司法、物权法❶的问题，无须在知识产权立法中过多涉及对交易的调整。

笔者认为，立法上如何打造完整的知识产权法律体系是可以有不同选择的，民法上的财产权制度是如此庞大，且任何一项财产权都会涉及交易问题，因而在立法层面首先需要决策的是：知识产权制度构建是立足于体系化的一般性问题，抑或是专注于体现不同知识产权的个性？若是前者，那么应选择客体立法的模式；而若是后者，则应选择行为立法的模式。此外，体系构建方式仅是立法体例与知识产权部门法的形式问题，理论和实务研究却不能被这种形式所束缚，造成如前所述的轻重失度的"分工"。

---

❶ 这里所说的涉及物权法，主要是指大陆法系国家的情况，相关法律规范针对的是知识产权用益、担保等方面的问题。在英美法系国家，实际上也会针对同样的问题进行立法，只不过没有物权法这样的法律部门而已。本书主要还是从中国的立场选择表述用语。

实际上，法学领域对知识产权交易问题的轻视，不仅无法为产业界提供充分的理论与方法的支持，也常常导致人们不能发现知识产权法律制度本身的缺漏以及某些具体法律制度在适用上出现的偏差。

知识产权交易的顺利实施是对市场中知识产品供给的保障，尤其是保障创新产品的持续供给。有鉴于此，从行为主义的视角出发，研究知识产权交易与知识产权法律制度供给之间的因应关系，其理论与实践价值在于，可以检验知识产权赋权是否违反科技、艺术及产业发展的基本规律，从而为未来每一次的修法提供坚实的基础。

一、知识产权交易为何发生

知识产权只能在市场中产生，也只有在市场中讨论才有意义。因此，言简意赅地说，知识产权交易的发生有两个根本原因，一是收回投资，二是有市场竞争的存在。任何发明创造、文学艺术或科技作品的创作都要有投入。如果创造者以自我欣赏为目的，自然不会在意收回投资的问题，但知识产权制度对这样的创造者也没什么意义。❶ 只要是以知识财产生产为经营目的的主体，就必然会在意收回投资的问题，而知识产权赋权是始点和基础，尤其是对于那些自身预防能力较弱的主体来说。市场竞争既是知识产权交易得以发生的物质条件，也是其经济内核。竞争促使资源需要在市场主体之间被更有效率地配置。即使是知识产权人，也常常不是最有效率的生产者（对于自然人身份的作者或发明者而言，必然如此），其唯有通过知识产权交易，才能实现知识财产效用的最大化。如果不存在市场以及市场竞争，那么，知识财产的价值再大也没有意义，因为知识创造活动的产物根本就不会被当作财产来对待。

如前一章所及，知识财产创造活动从逻辑上讲并不都以追求经济利益为目标，但知识产权制度配置旨在促进交易的顺利展开，进而实现利益分

---

❶ 有人可能会认为，著作权法还可以发挥保护作者精神权利的作用。实际上，著作权制度诞生之前，对于作者身份的保护已有一定的制度安排，如果仅仅考虑对作者精神权利的保护，其实无须创设新的制度。从财产权属性出发，针对作品传播而构建的利益分配机制，才是著作权制度诞生的本源。我们考察历史便可以清晰地看到这一点。

配并保障其结果；❶ 即使创造之初只是为了纯粹的精神追求，知识产权制度也确保了创造者将来获取经济收益的可能性。应当指出的是，通过使创造者获得一定对价的方式来激励其从事知识财产创造，其实并不限于知识产权制度这一种，奖金、补贴、税收优惠、特许经营等，都可以采用，❷ 知识产权赋权只是其中最常用但并非任何情况下都最有效率的模式。以赋权为始点，知识产权人自己利用（产权的意义在于其有权拒绝他人的干涉）或者通过交易允许他人利用其知识财产，从而实现兑现知识产权的价值。

　　资源需要在不同主体之间进行配置和流转，是为了满足人们的各种需求。消费需求是最终极的。虽然从原材料到消费者的完整链条上还存在生产者需求，但其仍然是为了满足最终消费者的需求。所以，消费者需求理论对于理解静态（即赋权）和动态（主要是交易）财产关系具有显著意义。不难看到，资源流转和需求满足的过程实际上体现的是主体之间的关系。法律在为这样的主体关系进行制度设计时，了解此主体的行为将如何影响彼主体的行为选择是关键支撑。经济学上具有重要历史地位的边际学派，对该理论的形成和发展贡献甚大。以杰文斯、马歇尔、门格尔等人为代表的经济学家对此有系统、深入的论述，成为后续研究人与人之间相互作用的始点和基石。例如马歇尔从分析决定需求的基本因素出发，提出了著名的边际效用理论。❸ 在此基础上，相互作用的重要性越来越被强调，分析不同主体的效用函数有助于揭示人们作出特定之行为选择的影响因素及意义。

　　绝大部分的经济交易是通过市场发生的，交易和市场是人类社会经济

---

❶ 英国民事诉讼庭曾经（18 世纪 70 年代）的首席法官卡姆登（Camden）勋爵援引莎士比亚、培根、牛顿、弥尔顿和洛克来表明，真正的天才并不在意通过他们的作品来获取个人利益，但历史学家凯瑟琳·麦考利（Catharine Macaulay）逐一研究了这些名家之后发现，没有任何一个人真的像他所表现出来的那样对利益毫无兴趣，以莎士比亚为例，与对人类的指导意义相比，他显然更关心剧场是否满座。参见：ROSE M. Authors and Owners：The Invention of Copyright [M]. Cambridge，MA：Harvard University Press，1993：106.

❷ 事实上，世界各国在激励创新方面，本就采取了多种方式，以奖金、补贴最为常见。

❸ 关于马歇尔的边际效用思想，请参见：布鲁，格兰特. 经济思想史 [M]. 8 版. 邸晓燕，等译. 北京：北京大学出版社，2008：219 - 220.

生活的基本元素。在知识产权制度诞生之前，知识财产作为生产要素被投入经济活动之中并成为影响定价的重要内容，这是早就存在的。例如手工艺品出自技艺高超的匠人之手，价格自然要比出自普通人之手的产品高得多。由于知识财产尚未被赋权，因此那时的交易和市场都是围绕有形财产而展开的，只是在定价时会考虑有形财产之上凝结的文学、技艺元素。实际上，直到今天，那些与其有形载体无法分割的文学、技艺类财产仍然是所有权交易和知识产权交易混同的。近代以来诞生了知识产权制度，知识财产本身因此得以成为资源分配的对象，于是就有了知识产权交易和市场的现实问题（诸如技术转让、版权市场、技术市场、知识产权运营等概念的出现）。而这两个概念独立存在的意义在于，我们借此方能揭示市场主体是如何作出决策的，并可以从中提炼出特定的政策目标需要什么样的市场条件来匹配。

在社会生活中，主体之间是相互作用的，即使是静态的时候亦如此。这种相互作用就是主体作决策的原因和基础。以知识产权为例，一个具体的知识产权人的存在，就会引起市场中非权利人的相关决策——是否寻求与知识产权人的交易；若需要，自己可以承受的交易对价是什么。经济学上是用需求和效用来描述和测试这种相互作用的。需求因终极消费者（我们日常生活中所说的消费者）和各级生产者（对于上游厂商而言，下游厂商也是消费者）之区分而有所不同。终极消费者的需求与人们的生老病死、各种欲望有关，理性状态下能否满足特定的需求，是以消费者的财产所能实现的最大效用来决定的。以著作权领域为例，人们有阅读的需求，那么在市场同时提供某部作品的电子版和精美纸质版时，消费者会如何选择？此问题不难回答。其实，人们会有购买盗版的行为也是同样的道理。效用理论解决的是人们在进行决策时以何者为优先的问题，因为受总投入的约束，人们需要分配好各项不同的支出，以实现这些支出的效用最大化，支出的组合方式也就体现了人们对顺序的决策。我们经常说的消费偏好，就是效用理论的直接体现。无论是消费者与生产者之间，还是各级生产者彼此之间，都可以用"需求－效用"理论来分析不同主体是如何进行序贯决策的。

我们如果将知识财产创造活动的成果视作生活资料或生产要素的话，

就很容易理解知识产权交易是如何发生的。知识财产的具体类型，也即知识产权的各类客体，常常被归为创造性成果和识别性标识这两大类，❶ 从"需求－效用"的角度来看，"创造性"和"识别性"已经彰显了不同类型的知识财产是为了满足人们不同层次的需求。下文以三大知识产权为对象分述论之。

首先，著作权是对特定表达的赋权，作为权利客体的作品，可用于满足人们较高层次的精神需求。而要实现这一点，即作品的内容能够到达消费者那里，是以作品的传播为条件的。作品传播即是一项经济活动，需要有人投入，要么由创作者自己，要么有其他人投资进入市场，从事作品传播活动。如果是非权利人作为传播者，则其首先要解决传播的权利障碍问题，于是，著作权交易不可避免地产生了。❷ 作品传播可以从不同的方向促成：一是作品具有较高知名度，市场需求较大，著作权人或传播者有投资从事作品发行的激励；二是消费者对特定类型的作品有很高的需求，因而有人投资从事此类作品的创作并将成果投入市场。在前一种情形中，作品的效用已经显现出来，因而会影响相关主体——无论是著作权人还是非权利人——的行为选择；而在后一种情形中，作品尚未创作出来，还没有实在的效用，但需求是客观存在的，会引导主体从事相关活动，从而创造出效用来。无论属于哪种情形，只要是非著作权人作为传播者，即有开展著作权交易的需要，对于这样的传播者来说，著作权授权即是其必须具备的生产要素。概言之，著作权交易是传播者完成市场准入的通道。

其次，专利权是对技术创新成果的赋权，作为权利客体的技术方案，是用于满足人们的生存需求的。当然，生存需求也有不同层次，高层次的生存需求其实与精神需求无异。根据专利授权的"实用性"之实质要件，专利技术是能够用于工业生产并产生积极效果的完整技术方案。专利申请

---

❶　将知识产权客体类型化为创造性成果与识别性标识，源于 1992 年国际保护知识产权协会（AIPPI）的规定，后被广泛在对知识产权下定义时使用。

❷　在著作权法诞生之前，图书贸易早已非常活跃，经专门批准方得市场准入的出版商亦作为商事主体而存在，但由于作者尚不享有著作权，出版商是否能够进入图书市场，并不存在来自作者的著作权障碍。所以，著作权法的诞生，也意味着著作权人与传播者之间的著作权交易开始出现。对著作权法诞生之前的图书贸易的描绘，请参见：ROSE M. Authors and Owners：The Invention of Copyright ［M］. Cambridge, Mass.：Harvard University Press, 1993：9 – 30.

成功获得授权就已经肯定了该项发明创造的效用，而且其效用与消费者需求是直接对应的。因此，专利权的产生会引发一系列的相互关系：如果专利权人从事实际生产，其为了维持竞争优势通常会拒绝进行专利权交易，❶这正是所谓的专利权既保护创新，也阻碍创新，❷ 所以拒绝交易实质上也是一种交易状态的体现，只是一旦专利权人拒绝交易的行为被认为是违反了反垄断法，反垄断规制仍会强制要求专利权人开展交易；但如果专利权人并不从事实际生产，与实施者进行专利权交易是必然的选择，短期内因专利权人试图定高价或者实施者试图出低价而导致交易不能达成，并不能否定专利权人存在进行交易的激励。交易磋商是个非常复杂的过程，有时也未必能实际达成交易，但这样的结果与对专利权的"需求 – 效用"判断并不矛盾。这里只是简单地揭示了相关性问题，即在某个技术领域产生新的专利权之后，相关产业中的其他主体因此受到何种影响，进而会采取怎样的行为。

最后，商标权❸赋权的基础是经营者与特定符号之间存在稳定联系，此种联系具有降低消费者搜寻成本的功效，而产权赋权是对该能力的"奖励"——排除他人建立相同之联系。对于消费者来说，识别商品或服务的媒介有很多，如商标、企业名称、商品包装装潢、价格、广告、产地等。立法上仅仅选择了商标和企业名称进行产权赋权。不过，对企业名称的赋权并非仅针对其中最具个性的字号部分，而是名称整体。❹ 在诸多识别性标识中，立法者为什么选择了商标？笔者认为原因是信息传递的能力，即信息的边际效用。就消费者选择商品或服务的过程来说，如果已经形成了明确、稳定的消费偏好，消费者的选择可以依赖任何一个可以与特定商品或服务建立唯一联系的符号，但商标是信息传递效率最高的一种——商标符号传递信息的边际效用最高；如果消费者尚未在同类商品中形成明确偏

---

❶　需说明的是，专利权人的生产效率优于或者低于同行竞争者，其对待专利权交易的态度会有不同。

❷　泰勒. 斯坦福极简经济学：如何果断地权衡利益得失［M］. 林隆全，译. 长沙：湖南人民出版社，2015：87.

❸　若不作特别说明，本章所使用的"商标权"的概念，均指注册商标专用权。

❹　虽然字号可以获得反不正当竞争法的保护，以排除他人的"搭便车"行为，但企业若想"独享"某一字号，最便利的做法是将之同时注册为商标（如果条件符合的话）。

好，其第一次的选择自然需要花费较多的识别成本（涉及价格、商品介绍甚至是试用），但选择的结果会帮助消费者的下一次选择，而商标是传递特定商品信息最有效率的方式，因为商标标识的构成相对简单，在传递相同体量的信息时所花费的消费者注意力成本是最低的。所以，在诸多可以识别商品或服务的商业标识中，选择对商标进行产权赋权在提升非权利人传递信息的成本方面是影响最小的。"商标之所以有价值，是因为其体现了特定商品的持续稳定的品质"❶，这一特性决定了商标权人在此品牌下推出新商品或者其他生产者借助该品牌进入相关市场，都能节约宣传成本和培养成本（当然，品质的持续、稳定是维系这一特性的前提）。因此，商标权的存在，对于非权利人进入市场是有效用的。但是，使用他人商标所积累的商誉最终会落到商标权人头上，无法成为使用者自己的商誉。❷ 那么对于非商标权人而言，是否选择使用他人商标来降低自己进入相关市场的成本，需要同时考虑该商标对自己从事生产销售的效用和对消费者的效用，从而采用使自己收益最大化的策略。基于此我们不难明白，为何商标领域的许可使用没有著作权和专利权那样活跃。实践中常见的是，要么选择特许经营或称商业连锁的方式（商标使用人并不以建立自己的独立商誉为目标），要么选择"搭便车"、挑战商标权边界的策略（不用支付许可费，但有被判侵权的风险）。否则，一旦经营良好、品牌价值增值，又会面临利益分配之争，就像前文提及的"王老吉"与"加多宝"系列纠纷。

综上所述，知识产权交易之所以会发生，与在后进入者的市场策略有关。在文学艺术或是科学技术领域，在后进入者考虑的是累积性创新的成本问题（如果其考虑的就是传播在先作品或者利用在先技术进行生产，则问题更为简单）。而就商业经营活动来说，在后进入者并不存在累积性创新的问题，而是需要在树立新品牌的成本与在先商标降低消费者搜寻成本的能力之间进行衡量。无论涉及哪一种知识产权，在后进入者的"需求–

---

❶ LANDES W, POSNER R. Trademark Law: An Economic Perspective [J]. Journal of Law and Economics, 1987, 30 (2): 270.

❷ 即使人们会注意到企业名称，但依然会认为这是该商标所带来的品质保障。

效用"分析都要围绕相关市场的产业发展水平与竞争结构、竞争者之间的同质异质性比较、市场潜在需求的大小、法律制度与司法政策等因素展开，以便其作出实现边际效用最大化的行为决策（值得注意的是，行为人选择侵权还是挑战知识产权的边界其实在客观方面是没有区别的）。

二、知识产权人在交易中的行为选择

上一部分所讨论的"交易为何发生"主要是从非权利人（即决定使用在先知识财产抑或自己进行知识财产创造的一方）的视角出发的。交易是双方行为，只有非权利人的决策能够与知识产权人的决策相匹配（所谓双方意思表示一致），交易才能缔结成功。所以，双方当事人是在各自所能搜集的全部信息的基础上给出让自己效用最大化的交易条件，主体之间的谈判地位比较、彼此信息是否充分与对称（尤其是交易相对方的信息是否充分）决定了交易是否能达成以及会以什么样的条件达成。有鉴于此，下文将定位在知识产权人的视角，就其在知识产权交易中作出行为选择的思考过程展开分析。

产权模式下的知识产权存在的意义是禁止他人未经授权的使用——侵权的实质就是一种零对价的强制交易。而之所以要享有拒绝权，是为了保障知识产权人的市场地位，使其有权决定究竟是由自己还是授权他人来利用知识财产从而实现利益最大化。围绕这一目标以及从社会整体福利出发对之的修正，立法者对不同主体进行决策给出相应的指引以及违反禁止性规定所需承担的责任，这些综合在一起即是我们所熟知的知识产权制度。既然与市场相关，那么从理性经济人的假定出发，知识产权人拒绝授权给他人的原因不外乎过低的价格水平，具体来说又区分为两种不同情形：其一，知识产权人自己并不利用其知识财产，拒绝的原因是实施者的出价低于权利人对其财产的主观赋值；其二，若知识产权人自己也利用知识财产在相关产业中进行竞争，无论是与前一种情形相同的原因，还是权利人根本不愿意授权，知识产权人拒绝授权的目的显然在于控制相关市场。基于两种情况之间的区别，当侵权行为发生时，知识产权救济制度的适用也理应有所不同。

（一）知识产权的定价问题及其对交易的影响

知识产权交易要得以顺利进行，价格是重要问题，而这正是其与有形财产交易非常不同的一点。此外，对知识产权的定价是令人颇为棘手的。对于有形财产交易而言，价格通常不是影响交易能否成功的关键因素，❶即使当事人在合同中没有约定价格条款，也不会对合同的成立、生效乃至履行造成什么实质影响；因为有无差异市场价格的存在，交易得以顺利开展。知识产权交易则不同，原因当然是知识产权相对于有形财产的特殊性——无论是著作权、商标权还是专利技术、商业秘密，都缺乏无差异市场价格。打个比方来理解这一点：由同一组人来评估某部作品，评估时知道作者信息和不知道作者信息，该作品的价值评估结果是不同的。在知识产权体系中，与技术有关的权利应当是价值客观性程度最高的了，价值评估主要与技术成熟度有关，基本不会受到主体因素的影响。尽管知识产权评估使用的也是资产评估常用的方法，例如成本法、市场法、收益法、许可费免除法等，但由于知识产权本身所具有的权利特性（权利边界的模糊性、权利的不稳定性、诸多权利限制制度的存在）以及市场竞争环境、公共政策等因素带来的影响，知识产权评估在数据搜集、模型选择、计量运算等方面都比有形财产和其他类型的无形财产（例如股权、债权、信用等）复杂得多。

缺乏无差异市场价格使得知识产权交易在定价方面要么依赖无形资产评估，要么依赖双方当事人的协商。但是，无论是哪种路径，争议都非常大。就无形资产评估而言，在司法实践中的运用呈现出十分混乱的局面，根本原因是纠纷两造和法官彼此间信息不对称、知识水平不对等以及彼此不信任，此外相关机制不健全（包括评估机构的公信力与征信约束、评估程序的启动与评估机构的选择、评估方法的透明与审计、证据制度如何解决评估报告的采信问题，等等）也是重要的促因。笔者亲身经历过的案件

---

❶　这里指的是已有明确市场价值的有形财产，民法上有一个概念"种类物"是用来形容它的，交易时其价格与价值保持一致，由生产成本、需求和供给关系所决定。但也有一些特殊的有形财产，由于缺乏统一的交易市场（或者说都是通过个性化交易来实现交换），故不存在一般性的市场价格，其价值并非由客观性的部分组成，民法上与之相应的概念是"特定物"。

就曾出现过这样的情形：原、被告双方都委托合法的注册会计师事务所对案涉知识产权进行评估，结果双方向法院提交的评估结果大相径庭——原告的结果是高达几十万元，被告的结果居然是 0 元。最终，合议庭只好拒绝采信任何一份评估报告。至于双方协商的定价方式，存在的问题就更多了。有人可能会有疑问：实践中知识产权许可大量存在，如出版合同、授权协议（平台传播、作品改编）、专利许可、特许经营许可等，不可谓不活跃，如果交易双方协商定价的方式面临诸多障碍，为何实践没有"深受打击"？笔者认为：协商定价是否存在较大问题与实践是否活跃之间不存在直接的逻辑关系，无法获得最优效用的对价并不会绝对抑制知识产权人与他人达成交易，尤其是在某项知识产权第一次进行许可使用的交易时。而且，双方当事人的谈判地位、彼此间信息是否对称、是否有政府激励政策等因素会对协商定价的结果产生重大影响。以近年来一直备受关注的标准必要专利（SEP）为例，如果协商定价机制运行顺畅，世界各国、国际组织就不会费尽心思地为标准必要专利的许可谈判提供指引了。❶

缺乏无差异市场价格的财产可被区分为两部分。①主观性财产。此类财产对于权利人来说是有价值的，但这个价值对于其他人来说是没有意义的，例如有纪念意义的物品。针对主观性财产开展交易是非常困难的，因为无法在定价时将这部分价值纳入考量：人们对于某物是否具有主观价值很容易凭常识达成共识，但却没法依据常识就得出一个金钱上的交易价格。②缺乏无差异市场的客观性财产。与主观性财产的一个根本差别在于，客观性财产对于所有人都是有价值的，而之所以缺乏无差异市场，是因为这样的客观性财产对于权利人的价值与对于其他人的价值是不同的，例如知识财产、个人信息均有此特点。知识产权之上缺乏无差异的市场价格，这是造成知识产权交易市场中信息不对称的一个重要原因。

知识产权交易确实是在两难的境遇中艰难发展：一方面，传统的定价机制难以有效发挥作用；另一方面，知识产权在当今社会的价值体现越来

---

❶ 近年来，美国、欧盟、日本、韩国、英国纷纷出台相关政策，为标准必要专利许可费谈判的有效达成提供建议，给予指引。相关文件可从"知产财经"的专题"全球涉标准必要专利征求意见草案及成文内容合集"中下载，参见"知产财经"微信公众号，2022 年 8 月 12 日发布。

越受重视，知识产权交易日益活跃。在产业发展的激励下，通常知识产权的第一次交易还能顺利达成，因为在知识产权运营对大家都是有利可图的这件事上双方很容易形成共识，可是当第一次交易的合同期限届满、双方磋商续约问题时就会分歧不断，难以达成合意。❶ 实践中出现的另一种现象是：特定的知识产权交易以标准化的方式来解决价格问题，出版合同是最为典型的例子。但必须指出的是，出版合同中的价格条款以"版税""稿酬"的形式出现，只是为了促成交易之所需而拟定，且往往是单方拟定，并不是知识产权市场价值的真正体现，因而并不是真正的价格理论、定价机制发挥作用的结果。例如我国国家版权局、国家发展和改革委员会于 2014 年联合发布《使用文字作品支付报酬办法》，对版税率和基本稿酬的标准和计算方法作了规定。❷ 可见，实践中存在的价格标准化的做法并不能说明知识产权交易中已经很好地解决了定价问题。应当明白的是，标准化是单方所为，而单方行为往往意味着该方主体不正当地利用了其在交易中的优势地位，给对方主体造成了利益损害。

　　知识产权的价值难以确定以及由此造成的难以确定交易价格，对于知识产权人是否选择交易以及选择交易的具体方式产生了重要的影响。由于存在价值的不确定性，知识产权人与潜在的交易相对方之间就极有可能存在信息不对称的情形，从而导致信息优势一方❸有可能利用这种不对称去强迫相对方接受不利的交易条件。另外，知识产权客体的非物质属性及公开性（基于登记制度而可公开查询）使得该权利可以被多个主体同时使用，无论这种使用是合法授权的还是侵权的都会影响在后交易的价格，所以这类信息对于知识财产的需求方非常重要，但供给方（知识产权人）显然掌握得更多。此外还有一点：专利权、商标权都存在权利状态的不确定性问题：存在被宣告无效的可能，而且即使已经启动了宣告无

---

❶　近几年来大家耳熟能详的通信产业标准必要专利许可费纠纷，很多都具有这个特征，续约谈判的结果往往是交易失败、引发专利侵权之诉和反垄断之诉。当然，也有少量从一开始就未能谈好标准必要专利许可费的案件。

❷　参见该办法第 4 条、第 5 条。

❸　如果是知识产权人为优势方，其往往会在许可费上要高价（"敲竹杠"现象）；如果是非权利人一方拥有信息优势，则其往往会尽可能压低许可费（所谓"店大欺客"）。

效的程序，最终的结果仍然是不确定的；权利的不确定性自然会影响知识产权交易的磋商中非权利人的出价，甚至会直接导致其放弃交易。因此，知识产权人必须有应对之策，例如要约中包含"不质疑条款"，以专利组合的方式（将具有一定不确定性的专利与权利状态公认稳定的专利组合在一起）进行交易，等等。在具体实践中，如果知识产权交易属于卖方市场（知识产权人居于优势地位），不确定性问题是不太能够对交易产生实质影响的。

综上所述，无论是价值评估面临的各种困境，还是知识产权本身的稳定性风险，这些权利价值的不确定性常常导致知识产权交易失败，或使得交易成本大大增加。与有形财产交易中也会存在的信息不对称不同，知识产权交易中的信息问题更多的是不准确性、不当传递、缺乏校验系统而造成的当事人之间难以在定价上取得相互信任。面对知识产权人的出价，非权利人一方面很容易认为对方是在"敲竹杠"，而竭尽所能地压低价格；反过来，面对非权利人的出价，知识产权人也往往觉得价格畸低而难以接受。可见知识产权交易的达成有多么困难。实践中我们常常看到：知识产权人不能接受低价而离开，或者迫于对方的强势地位而接受不合理的交易对价；使用知识财产的一方因压价无果而出现道德风险，包括直接侵权、模仿知识财产以挑战知识产权的边界（也即是说，使用者故意挑战知识产权的侵权判断标准，使用自己通过模仿而得到知识财产，并不在意将要面对的侵权之诉）。久而久之，市场上的逆向选择现象必将愈发盛行，知识产权人不愿意进入交易市场，对知识财产有需求的一方也不敢轻易缔结交易关系，这样的情势显然是极不效率的。

（二）知识产权人的交易选择：自己使用还是授权（转让给）他人使用

无论最初的知识财产创造行为是出于何种目的，一旦获得知识产权，权利人必然存在使用其知识财产的激励，尤其当知识产权人是企业主体时，商标权人更是有使用的义务。但是，知识财产的利用并不是权利人想如何使用就可以实现的，实际上，从著作权、商标权到专利权，实施知识产权的难度是逐渐递增的。在如今这个数字时代，由于自媒体的兴起和发达，著作权人传播其作品再也没有了门槛。当然，一方面是内容会受到监管（作品中不得含有违法内容），另一方面是否能为权利人带来收益就不得而知了。商标权人本身就是商事主体，自然会开展经营，只不过如前所述其通常不会有交易的动机。实施专利的激励是毫无疑问的，权利人或自己使用或许可他人，因此专利交易的动力是从不缺少的，无论是专利许可还是专利转让都是如此。但是将动力转化为现实性却不是那么容易的。❶2021 年的数据显示：我国发明专利产业化率为 35.4%，许可率为 10.4%，转让率为 7.4%，PTI 指数（专利转移转化指数）为 52.2。❷ 我国多年来保持专利申请量及保有量世界第一，但产业转化的水平还有待提高。

可以看到，虽然不同类型的知识产权在使用上略有差异，但共通的一点是权利人都存在通过知识产权实施而获取收益的激励。那么，接下来实施知识产权的路径问题就非常重要了。路径选择的标准也很明确——效用最大化。当然，若要达成知识产权交易，需双方的利益诉求能够相互匹配，也就是所谓的社会整体效用最大化。从知识产权人的角度而言，究竟是自己利用还是授权（转让给）他人利用，根本上取决于权利人自身及所在产业的经济特性，包括主体属性与资本实力、所在（或拟进入的）产业、产业竞争状况、自己及竞争对手的生产效率、市场未来前景（比如产业融合、产品替代性）等诸多元素。以下还是分别针对著作权、专利权与商标权展开论述。

1. 作品传播与著作权的利用

自著作权制度诞生至互联网时代来临之前的近三百年里，除非依托于人力的信息传递（如口口相传、手工抄写），作品传播是由受管制制度约束的具有专门资质的主体来完成的。最早且直至今日仍然没有本质变化的

❶ 若非如此，国家不会将专利成果转化作为一项重点支持的专项工作来做。相关政策可见 2021 年 3 月财政部办公厅、国家知识产权局办公室联合印发的《关于实施专利转化专项计划助力中小企业创新发展的通知》（财办建〔2021〕23 号）。

❷ 参见：国家知识产权局. 2021 年中国专利调查报告［R］. 北京：国家知识产权局，2022：4-6. 其中，PTI 指数系国家知识产权局以产业化率、产业化收益等专利转移转化相关数据为基础，综合知识产权使用费出口额、专利质押融资金额等记录所构建的指数，用以反映专利转移转化活跃程度。

这类主体就是出版商、书商。❶ 机械复制时代，作品传播产业的基本特征是特许准入、有限竞争、高固定成本、低边际成本，因而传播者能够通过作品发行获得高额利润。从 18 世纪初到 20 世纪末，在二百多年的时间里出版发行一直都是作品传播最重要的（甚至是唯一的）产业手段。所以，在这段历史时期，著作权人❷若想通过作品传播来获取收益，唯有通过出版商才能实现（例外情况极少，比如美术作品的作者通过拍卖的方式来实现收益❸）。

　　数字技术的发展改变了作品传播市场的结构，这使得著作权人能够在保障自己的交易机会的前提下敢于行使拒绝权。数字技术带来的根本性变化是作品传播方式的多元化，这解构了出版市场对作品传播的"垄断"，从而使得出版商在著作权交易中的议价能力被大大削弱。"自媒体"这个概念的出现并能产业化（也就有了"自媒体产业"的概念），即是著作权人（包括作者）在著作权交易中主动性地位提升的最好例证。实际上，在著作权人行为选择方面更值得关注的问题是企业之间的博弈。这是因为若著作权人为自然人时，其要想获取经济利益就必须进行著作权交易；而若著作权人为企业，拒绝交易可能才是对其控制相关市场最为有利的，例如影视公司与发行商之间、软件开发商与软件分发商（特别是当下纠纷非常多的硬件生产商）之间、平台与平台之间，等等。对于企业性质的著作权人如何决策是否进行交易，可以从以下两方面来分析。

　　第一，所涉作品的类型和著作权人自身的性质，即作品和著作权人的所属产业。针对不同类型的作品，如视听作品、音乐作品、文字作品、计

---

❶　出版工业化革命的完成，成就了出版商的主导地位。参见：芬克尔斯坦，麦克利里. 书史导论［M］. 何朝晖，译. 北京：商务印书馆，2012：109.

❷　不仅仅是作者，即使著作权人本就是商事主体而不是弱势的自然人作者，由于行业管制的存在，其亦无法直接进入出版市场，而不得不依赖于与出版商的合作。

❸　实际上，美术作品的作者也较少能从拍卖交易中直接获利，很多艺术家因穷困潦倒，往往在作品进入拍卖市场之前已经将之卖掉，例如法国著名现实主义画家让·弗朗索瓦·米勒的遭遇。关于"赞助体制消亡下艺术家经济利益失衡"的历史介绍，请参见：戴哲. 法国追续权立法及其启示研究［J］. 电子知识产权，2017（12）：22. 正因为如此，为了保护作者（艺术家）的经济利益，才催生出了"追续权"制度。关于追续权制度诞生的介绍，请参见：REDOY M. The Droit de Suite：Why American Fine Artists Should Have a Right to a Resale Royalty［J］. Loyola of Los Angeles Entertainment Law Journal，1995，15（3）：509–510.

算机软件、网络游戏等，所能开发的市场——包括一级市场、售后市场、衍生市场——会有很大差别，因此著作权人的经营策略也就相应地有所不同。而作品类型与著作权人的类型往往是关联在一起的，比如软件开发商的作品就是计算机软件。有些情况下，著作权人会自己专注于一级市场[1]的经营，所以其在该市场中往往是拒绝许可的；而对于自己不涉足的售后市场和衍生市场，著作权人则会通过许可使用的形式来获利。诸如计算机软件、网络游戏等类型作品的著作权人比较多地采取区分市场、区别对待的策略。另一些类型的作品，著作权人连一级市场都不从事经营，完全是通过著作权交易，将作品交由该市场中的专门企业来经营。例如电影作品的发行并不是由影视制片公司自己来完成，而是与实体院线、电视台、互联网平台等合作。[2] 当然，如果著作权人同时具有多个经营资质（例如影视制作、发行、内容平台等），则其很有可能采取纵向一体化的策略，以便自上而下地控制全部市场。

第二，作品的创作成本与潜在市场价值，以及作品各种传播方式的经营成本。具体又涉及很多因素，包括作品的知名度、市场需求（市场规模）、可替代性、作品各种传播方式的成本结构与金额、市场竞争程度、著作权人及竞争对手的生产效率，等等。在考量这些因素的基础上，著作权人即能作出是自己经营还是许可他人使用甚至是转让著作权的决策。此外还有一个重要问题是：著作权人还必须清楚"自己经营"与"许可他人经营"的根本区别，即：前者可以控制市场，但同时也承担风险；后者是保证收益，但放弃市场控制。风险规避是理性经济人的典型特征，所以通过许可来确保自己的收益未尝不是著作权人的一个合理选择：许可之后著作权人至少已经确保了一定的收益，经营风险就转由被许可人承担；也许著作权人自己经营会收益更大，但如果市场失败，其就一无所获。风险规

---

[1]　需说明的是，这里说的一级市场是指著作权人将其作品初次投入的市场。但是，著作权人作品可能本身是演绎作品，例如是改编他人小说而创作的影视作品，所以，本书此处的一级市场不是指完全原创的作品首次发行的市场。

[2]　当然，这一状况与发行市场的管制制度有关，未取得资质的企业也无法从事相关的经营行为。

避的极致情况下，即著作权人对作品的市场前景没有信心，而其又是极度厌恶风险的，将收益大小放在第二位，那么著作权人的最优选择是将著作权予以转让，提前、彻底地变现。当然，风险与收益成正比，在作品利用的问题上，是否要进行著作权交易以及设定怎样的交易条件，是著作权人与相对方博弈的结果，著作权法的制度设计不过是尽可能地将博弈所涉及的变量固定下来。

2. 专利权交易背后的市场竞争与技术创新

技术研发需要一定的投入。如果研发成果成功地取得了专利权，回收投资乃至获取更多的收益就具备了基础。❶ 转让与许可使用之间根本性的区别是转让是"变现退场"，许可使用是"收门票"，因此许可使用能够成为专利权人制约被许可人进行累积性创新的手段，而转让则意味着原专利权人放弃了"未来"。❷ 简单地讲，对于专利权人来说，专利权交易有两个关键问题：其一，选择"变现退场"还是"细水长流"；其二，对前一问题无论作何选择，价格如何确定。本部分探讨的是前一问题，后一问题留待第四章讨论。

转让的好处不言而喻：专利价值立即变现，避免了专利转化失败的风险，成功收回研发成本并有一定的利润。专利权的保护期限是固定不变的，也非常短（与著作权、商标权相比而言），因而专利技术的商业价值一定是边际递减的。商标权的保护期限理论上是永久的，因而其商业价值可以做到边际递增；著作财产权的保护期限虽是确定的，但比较长，在一段时间内著作权的价值是增长还是下降，产生影响的因素太多，因而保护期限与著作权价值之间很难建立量化关系。而且，专利技术所属产业的市

---

❶ 但不一定就具有现实性。笔者曾有过亲身经历，某自然人获得了一项实用新型的专利权，该专利的内容是"电动自行车上加载太阳伞"，该专利权人向笔者求助寻找其专利转化的市场机会。但最后的现实是，这项实用新型专利市场转化的机会为零。当然，如果有人启动无效宣告程序的话，这项专利权可能就被宣告无效了。

❷ 知识产权交易不仅包括转让和许可使用，还包括质押、出资、信托、证券化。按照"是否变现退场"的标准进行划分，知识产权交易可以分为权利转让型交易和非转让型交易，前述所有具体形式都可以归入这两类之中。通过非转让型交易，不论具体形式为何，专利权人都能够制约在后的累积性创新行为。在诸多非转让型知识产权交易中，许可使用是最典型的以生产效率为目标的利用知识财产的形式，故本节仅以许可使用为代表展开相关讨论。

场结构及竞争状况也是不容忽视的因素：如果专利产品或利用专利技术所生产的产品的生命周期较短，结合前述专利价值边际递减效应的规律，专利权人通过转让及时进行价值变现也是非常合理的。

但转让的缺点也很明显：专利权人无法充分实现专利价值，也不再有机会参与累积性创新的收益分配。而许可使用正好可以用来克服转让的缺点。许可使用的发生从法律的视角来说就是专利权人与使用人达成意思表示一致。而从该行为的经济学内涵来看，许可使用的发生是基于以下原因："有效生产专有产品、其他企业可以将知识产权作为投入来进行创新（研究工具）、解决权利封锁问题或促进互补发明的发展。"❶ 这样的许可使用一方面可使得专利技术得到充分利用，因为专利权人的生产效率毕竟是有限的，如果专利技术的价值较大，单凭专利权人可能无法充分开发；另一方面，以生产效率为目标的许可使用也能促进竞争，因为被许可人可以"站在巨人的肩膀上"继续研发，能够以较低的成本推动技术的进一步发展。在累积性创新的促进下，可以推动专利产品或利用专利技术生产的产品的价格下降，虽然会导致专利权人的生产者剩余减少，但被许可人的生产者剩余和消费者剩余均会增加，因而社会整体福利仍然是增加的。

应当指出的是，对于专利权人来说，许可使用的益处并非只有单一的表现形式。根据技术、产业的不同，实践中许可使用的具体形式可谓五花八门，除了双方当事人就某项具体的专利权达成许可使用的协议之外，专利权人还利用专利池、技术标准、专利捆绑、限定原材料购买渠道、产品跳转（product - hopping）等诸多形式来完成与被许可人之间的交易。当然，所有形式的宗旨只有一个，即最大程度地攫取生产者剩余，规避被许可人可能带来的竞争压力。归纳起来，专利权人选择何种许可策略，需要考虑如下因素：专利技术的市场价值、潜在市场价值、市场结构与竞争关系、产品生命周期，等等。通常来说，如果专利权人是非实施实体（NPE），也就无所谓被许可人与之是横向还是纵向关系，许可是其必须采取的经营行为（许可是此类主体的生存之道）。如果专利权人是实施实体，也即生产型企业，就要区分被许可人与之是横向竞争关系抑或纵向关系来

---

❶　SCOTCHMER S. Innovation and Incentives ［M］. Cambridge, Mass. : The MIT Press, 2006: 162.

确定许可策略：若是横向竞争关系，专利权人对于许可就需要谨慎，因为此时许可就相当于是在相关市场中引入更多的供给者，许可导致竞争进而导致产品价格下降，这对专利权人并没有好处，所以专利权人往往会采取交叉许可的方式与横向关系的被许可人达成交易，以换取在相关市场的技术竞争中不至于被动；若是纵向关系，一般来说许可对专利权人不会有不利影响，但如果专利权人考虑将来也有进入下游市场的可能❶，那么在签订许可协议时就需要做好应对竞争的安排。

由上可知，专利权人在许可协议的内容安排上会想尽一切办法来维护自己的竞争优势，但这也会使其面临相应的法律风险。从实践中我们可以总结出：专利权人经常使用的手段包括过高的许可费、打包专利、专利搭售非专利技术、限定经营范围、排他性回授、限定转售价格、售后限制、不对等的交叉许可，等等。❷ 这些许可行为会限制技术市场上的竞争，有些与专利权人直接相关（多为横向），有些则在竞争效应的分析上比较复杂（多为纵向）。因此，专利权人在安排许可策略时需要清楚地了解由此可能带来的法律风险并区分其中哪些属于禁止性规定，哪些尚有"安全港"❸ 的保护。

3. 商标权交易："百年老店"还是"收割当下"？

商标权交易的主要形态是转让和许可使用。这两种交易类型还是有很大差异的。前者意味着商标权人在经营上的转型，至少表明其退出原有市场。后者则是风险和收益并在的交易方式：一方面许可使用不仅仅给商标权人带来许可费收益，同时也是以较低成本扩张市场的手段；但另一方面商标权人也面临风险，被许可人的经营行为可能会导致商标价值减损。以下分别讨论转让和许可使用中商标权人是如何进行行为选择的。

第一，转让即退出。实践中，商标权的转让并不常见，因为这与经营

---

❶ 举例而言，通信专利的权利人原本并不进行终端产品（硬件）的生产，但若干年后，专利权人决定进入硬件市场，或者收购了硬件市场的另外一家企业。

❷ 国务院反垄断委员会于 2019 年 1 月 4 日印发的《关于知识产权领域的反垄断指南》的相关规定，实际上就是对此类协议内容所作的很好的归纳。

❸ 本书此处所言之"安全港"，既指国务院反垄断委员会《关于知识产权领域的反垄断指南》第 13 条之规定，同时也泛指一切法律规制留有空间的情形。

者持续积累商誉是背道而驰的，即使商标权人意欲退出原有市场也并不意味着其需要转让商标。关于商标权转让的原则，世界各国的商标法大多采用自由转让原则；美国《拉纳姆法案》（Lanham Act）❶ 虽然坚持连同转让原则，但在司法实践中又有灵活适用的情形。❷ 可能有人会有疑问：既然通行的是自由转让原则，为何会有"转让即退出"一说？笔者认为：自由转让是从财产可流转性的角度来说的，"转让即退出"则是从资产效用的角度而言的。实际上，连同转让原则更好地宣示了出让人退出原有市场，一定程度上可以避免市场陷入混乱，更何况实践中大多数有一定知名度的商标都和企业名称中的字号相同。试想，没有知名度的商标怎么会有人购买？即使是适用自由转让原则，由于商标权人的商业价值都凝结在商标之中❸，一旦转让了自己的商标，其在原有市场中的商誉也就随商标转由受让人享有。如果商誉可以和商标分离，受让人为什么要购买他人的商标？总而言之，只有商标权人打算退出原有市场，才会有转让商标的动机，商标的知名度越高，他人意欲购买的可能性才越大，而此时商标权人出让的意愿又越低。这说明了实践中为何商标权转让的场景并不多见（这里不包括注册大量商标用于出售的"商标蟑螂"这一非正常现象）。

　　第二，许可使用："搭便车"与"为他人作嫁衣"的融合。商标权的许可使用与著作权、专利权的许可使用有所不同：非权利人使用他人商标的最终目的还是销售自己的商品或服务，而不是销售商标权人的商品或服务。而对于著作权、专利权的许可使用来说，被许可人利用的是权利人的知识财产，即使是累积性创新，在先智力成果也是在后成果的有机组成部分。打个比方，商标权许可使用是"傍名牌"（当然此时是合法的），著作权或专利权许可使用是对智力成果的市场"瓜分"。所以，商标权的许可使用对于权利人来说是一把"双刃剑"：一方面，商标权人可以在无须增

---

　　❶　我国学界习惯将"Lanham Act"译作《兰哈姆法案》，实际上是一种误译，因为 Lanham 这个单词中的字母"h"是不发音的。本书使用的表达是根据 Lanham 的准确发音而音译的。为避免误解，特此说明。

　　❷　关于商标转让原则的介绍与立法比较，参见：彭学龙. 商标转让的理论建构与制度设计 [J]. 法律科学（西北政法大学学报），2011（3）：136 – 139.

　　❸　商业价值与商标权人在特定行业中的商誉直接相关，如果商标高度驰名，即可认为商标权人的商誉覆盖全部商业领域。

加投入的情况下扩大经营范围，也就增加了提升商誉的机会；但另一方面，被许可人的经营行为有可能给商标之上的商誉造成贬损，所以商标权人也不得不投入一定的监管成本以确保被许可人的经营质量。● 除此之外，许可使用的范围如果扩张到极致，商标还将面临一个很现实的风险——被淡化成商品或服务的通用名称。因此，对于是否要许可使用，商标权人的确需要在考量市场扩张、监管成本、商誉提升或贬损的机会、商标淡化的可能等诸多因素的基础上选择令自己效用最大化的策略。于是我们也就不难理解为何商标许可使用多采用"特许经营（商业连锁）"的方式进行：尽管被特许人在主体地位上与商标权人是彼此独立的法人，但从经营的实质来看，其无异于商标权人的分支机构；另外，商标权人虽然仍要付出监管成本，但被特许人销售的已不是其自己的商品或服务，而是商标权人的商品或服务，故监管成本明显下降。

三、我国现行立法对知识产权交易的制度供给不足

我国知识产权各部门法遵循"客体立法"的思路，按照"授权确权—权利内容—权利限制—权利救济"的逻辑脉络进行了具体制度的构建。对照同样是排他性财产权的物权，关于其立法，为何没有人提出物权法对财产权交易也存在制度供给不足的问题呢？笔者认为，知识产权立法与物权法只是神似，缺少重要的内在"精神"：物权制度的构建框架是"权利的产生—权利内容—权利变动—权利保护"❷，与前述知识产权制度框架非常相似，但仔细观察两个立法体例可以发现，实际上知识产权立法体例中缺少了很重要的一块内容——权利变动的相关规则，而知识产权交易正是涉及权利变动，包括权利转让、变更（许可、质押、出资等）、消灭，这是现行制度对知识产权交易供给不足的主要方面。此外，虽然知识产权立法在权利产生与消灭、权利限制方面有着"浓墨重彩"的规定，但仍然存在不少制度缺陷，同样给知识产权交易的顺利开展造成了困扰。

● 商标权人维持商品品质稳定性的能力越强，就越有动力在维系强势商标方面进行投资。参见：LANDES W，POSNER R. Trademark Law：An Economic Perspective ［J］. Journal of Law and Economics，1987，30（2）：270.
❷ 参见《民法典》"物权编"的立法体例。

通过从行为主义视角对知识产权交易进行的解析，对照我国现行知识产权法所构建起的各项具体制度，我们不难发现知识产权交易实际上无法得到现行制度的充分支持。以下遵循行为主义的研究路径，分别从知识产权的产生与消灭、知识产权交易中的善意受让人保护、权利限制这三个方面，深入梳理知识产权交易所面临的制度供给不足问题。

（一）知识产权的产生与消灭制度：导致交易成本增加

知识产权是排他性财产权，然而对照具有同一属性的物权，二者在权利的产生与消灭问题上存在显著差别。这些差别是否因二者客体的性质差异而属应当？进而我们需要思考：究竟是根据权利属性（如排他性财产权）还是根据客体的特点来设计权利的产生与消灭制度？笔者发现：立法者正是从客体属性差异出发，在权利产生和消灭制度上对知识产权作了有别于物权的安排，恰恰忽略了应对它们作相同的制度安排，结果反而给知识产权保护带来难题，令知识产权的交易成本增加。这方面的问题于著作权和专利权之上有突出体现。

1. 著作权何时产生？

这个问题对于专门研究知识产权法的人来说也许十分业余，"创作完成之时即自动产生"[1] 已经成为人所共知的真理。然而，著作权为排他性财产权同样是常识，那么，排他性怎么能够自动获得呢？物权法不是这样的，著作权法为何可以这样？根据物权法的相关规定可知，物权要获得排他性（或者说一项能够被称为物权的权利的产生）须经过权利公示，[2] 因为权利要产生排他性必须先能为外部所知。但关于著作权产生的制度安排没有遵循这个原理，变成了创作完成即产生。也许有人会将著作权与人格权类比来解释自动产生的合理性：人格权也是排他性权利，也是自动产生——自然人一出生即享有对世性的人格权，而作品与作者之间的关系就像人格利益与自然人之间的关系一样，一如德国先验唯心主义哲学家

---

[1] 《伯尔尼公约》对作品采用的就是自动保护原则；《著作权法实施条例》第 6 条亦明确规定了这一原则。

[2] 《民法典》"物权编"中有关"物权的设立"的规定即能证明这一点。

们所认为的著作权❶，因而用人格权类推著作权，后者未尝不可以自动产生。但是，即使将人格权与著作权类比，也应当注意到二者其实是不同的：人格权与物权更相近，由于人格利益是依附于自然人这个生物体的，就好比"占有"一样，因而人格权与动产所有权的公示方式相同，其排他性同样来源于"占有"。反观著作权，德国哲学家们强调作品对人格的依附性，更适宜用来解释为何要为作者提供精神权利的保护，用来解释排他性的来源是不合适的，因为"创作完成"与"为外部所知"并不是同时发生的，更何况作品创作完成之后有可能与作者相分离——当其为外部所知时，已是依附于非作者的主体了，那么，我们该认为谁享有著作权？如果采"著作权非经公示而不产生"之观念，问题就非常简单了。当然，要明确的是：这里所说的"著作权产生"指的是具有排他性的著作权，与作品创作行为分离开来，一如所有权的产生与标的物的制造相分离。

著作权排他性的产生在制度上的缺位给著作权保护（更毋庸说著作权交易了）带来了很大的麻烦。早些年《老鼠爱大米》这首音乐作品"一物二卖"引发的诉讼、2019 年"视觉中国"的著作权维权事件，都说明了这一问题。另外，我们都知道：在著作权侵权诉讼中，被告常用的一个抗辩手段是主张原告并不享有著作权，而这种抗辩手段在所有权侵权诉讼中是无法施展的，除非能提交证据证明原有公示是错误的。由于公示原则在著作权产生问题上的缺位，著作权的保护和利用往往需要在确权上花费一定的成本，而这些成本其实就是沉没成本，无法用收益填补回来。著作权公示的方式可以是多元的，例如发表、登记均可。著作权的排他性自第一次公示时产生，虽然未经公示的作品不产生具有排他性的著作权，但著作权法也可以为其提供一定的保护，就像商业秘密得到的保护那样。

2. 专利权被宣告无效：权利何时消灭？

与著作权不同，专利权的产生在专利法上有明确规定——"自公告之

---

❶ 以康德、黑格尔为代表的这一派哲学家们非常强调作品的人格属性，认为作品是作者人格的延伸。参见：DRAHOS P. A Philosophy of Intellectual Property ［M］. Aldershot：Dartmouth Publishing Company Limited，1996：74 - 75.

日起生效"❶，很明显是采用了权利公示原则。❷ 但这并不意味着专利法对权利状态的有关规定不存在问题，具体地说，就是权利何时消灭的问题。专利权的消灭有两种原因：一是期限届满，自然消灭；另一是被宣告无效而消灭。有问题的是后者。根据《专利法》第 47 条的规定，专利权被宣告无效的话会被视为自始不存在。可是，当复审机关作出的决定是宣告无效时，专利权就是从这个时间点开始消灭吗？因为后续专利权人还有救济程序——向法院提起诉讼，一旦生效判决撤销了复审机关的决定，专利权的效力是否从生效判决作出之日起又恢复？即使恢复，在复审决定到生效判决这段时间里（很可能是比较长的一段时间），专利权是否有效呢？在此时间段如果有人实施了专利技术，能追究其侵权责任吗？如果认为复审机关作出宣告无效决定时专利权尚不消灭，等待法院判决之后再作定论，还是解释不通：因为我国司法上都将针对复审决定的诉讼定性为行政诉讼，那么反推复审决定就是行政行为的结果，行政行为难道不是一经作出即刻生效吗？所以，《专利法》第 47 条中所说的"宣告无效"究竟是指哪个机关的宣告行为，着实令人疑惑。另外还有一个问题：专利权产生的时候是需要经过公告的，为何消灭时就不需要公告了？这显然不合理。如果需要公告，由谁公告呢？法院还是复审机关？如果是复审机关，其在作出宣告无效决定时还是在接到法院生效判决时公告？

专利权何时消灭的制度缺陷给专利权保护（当然也包括专利权交易）带来难题。因为专利权一旦消灭，意味着其所涉技术方案可以为任何人免费使用，这对于相关产业的市场竞争来说影响甚大。❸ 在已有专利许可的情况下，专利权因宣告无效而消灭，双方当事人的利益均与失权的时间点息息相关。专利权在行政诉讼的终审判决作出之后才消灭，还是在复审机关的决定一经作出即消灭，对许可合同的缔结、许可合同的履行或解除都

❶　参见《专利法》第 39 条、第 40 条。

❷　这就更加令人疑惑：同为知识产权，为何专利权、商标权的产生适用权利公示原则，著作权的产生却不适用？笔者前文所猜测的与人格利益类比，也许的确是一个比较可靠的原因。

❸　在《专利法》第四次修正中，是否引进药品专利链接制度，以及若要引进的话应如何设置该项制度，引起了学界、司法界和产业界的激烈讨论。相关介绍可参见：张浩然. 竞争视野下中国药品专利链接制度的继受与调适 [J]. 知识产权，2019（4）：50-70. 由此足见专利权消灭对于产业竞争的影响有多大。

来了很大的不确定性。而这样的不确定性，或是导致专利权人拥有更强的寻租能力，或是导致被许可人获得了"敲竹杠"的机会，这些都会显著增加专利权的交易成本。笔者认为在这个问题上消除不确定性是首要的，但同时，若规定成"复审机关的决定一经作出即消灭，法院判决撤销复审决定又恢复"亦不可取——这样的规定其实更加大了权利状态的不确定性。

（二）知识产权交易中缺失对善意受让人的保护

知识产权交易与知识产权的变动密切相关，无论是转让、许可还是出质，所以可统称为知识产权的处分行为。当知识产权人自行处分其权利时，交易自然可以顺利开展，可无权处分的情形也不在少数。如果知识产权被无权处分且已经完成变更登记，善意相对方依据该处分行为可以获得的权利是否受到保护？如果之后善意相对方再次处分该项知识产权，这次是有权处分，且也已完成变更登记，那么这次交易的相对方又是否应受到保护？如果此时知识产权人才发现了其权利被无权处分，是否既可以主张第一次处分无效，也可以主张第二次的处分无效？

先来看一个真实案例——"陈某等与青岛海洋焊接材料有限公司商标专用权权属及商标权转让合同纠纷上诉案"。该案案情与上文所设问的几个问题正好是相对应的：青岛这家公司以商标转让不是其真实的意思表示为由提起诉讼，要求确认两次商标转让行为无效。最后法院的两审判决均支持了该公司的诉求。[1] 很显然，2006 年 3 月颁布的《北京市高级人民法院关于审理商标民事纠纷案件若干问题的解答》第 40 条[2]是该案的裁判依据。但这样的规定是否存在疑问？让原商标权人可以击破两层"商标权属登记的效力"，从第二次交易的受让人那里"取回"商标，相当于是明确宣示了"权利公示原则"不适用于《商标法》，其理由充分吗？同样的纠纷如果发生在著作权、专利权之上，结论还一样吗？

上述案例反映的是知识产权交易中出现的这样一个难题：在保护交易

---

❶ 北京市第二中级人民法院（2008）二中民终字第 1064 号民事判决书。
❷ 该条规定为："擅自转让商标权人注册商标的行为是商标侵权行为，受让人不能因此取得商标权。受让人通过正常商业交易再将该注册商标转让给第三人并经核准公告的，第三人亦不能因此取得商标权。"

安全与保护真实权利人的利益之间，法律该如何取舍？按照北京市高级人民法院的处理思路，其显然选择了保护真实的权利人，尽管该案审理法官并没有在判决书中对其在这两项价值之间的取舍进行说理。笔者认为理由不外乎是：如果真实的商标权人得不到保护，其凝结在商标上的商誉价值将全部损失，对其不公平。但是，除了明确宣示"权利公示原则"不适用于《商标法》欠缺依据和合理性之外，商标权人的商誉价值损失就一定在位阶上高于交易安全价值吗？❶

对于商标权的无权处分行为并不需要在任何情况下都比较商标权人利益与交易安全之间的价值大小，而是在受让人为善意的情况下才需要，因为只有受让人为善意时才有交易安全的保护问题。所谓交易安全其实就是指交易当事人对于彼此间围绕交易所实施的行为能够产生信赖，因而他们能够按照交易的设计各取所需。如果交易一方当事人所实施的行为与真实情况不符，相对方仍能按照原有的交易设计实现其所需，这即是保护交易安全的价值取向；若相对方不能按原设计实现所需，这即是保护真实状态的价值取向。问题看起来很简单——要么是真实权利人承担损失，要么是不真实情况的相对方损失交易成本和预期利益，但如何选择却并不简单。物权法上对于物权交易安全的保护设计了诸多制度，如物权公示原则、动产善意取得制度等。❷ 可以看到，这些制度安排是使得满足物权公示要件的一方当事人实现其所需。那么，基于物权与知识产权的可比性，将物权交易安全保护的制度设计逻辑适用于商标权乃至所有知识产权，即"满足权利公示要件的一方实现所需"标准（或称原则），是否恰当呢？由于权利公示原则尚未在知识产权法领域确立，这一类推不具有现实性；但笔者认为如此进行制度安排具有合理性：相较于不管任何具体情境而一味保护真正权利人的做法，这样的安排才是一种基于权利外观、行为外观作出的合乎逻辑的价值选择。

---

❶ 在前案中，两次已经完成变更登记的善意受让人对商标登记是有信赖利益的，如果原商标权人可以击破这两个登记的效力，那么，未来商标登记的效力必然不被信赖，受让人一直会提心吊胆于自己的商标转让交易会被无效，哪怕已经完成了变更登记。此即交易安全价值的贬损。

❷ 参见：张双根. 物权公示原则的理论构成：以制度正当性为重心 [J]. 法学，2019 (1)：55，65；纪海龙. 解构动产公示、公信原则 [J]. 中外法学，2014 (3)：706–713.

而且，对于商标权交易来说，适用"满足权利公示要件的一方实现所需"标准也并不是完全不顾商标权人的利益，忽视其凝结在商标之上的商誉价值。对这部分价值的兼顾体现在"是否满足权利公示要件"的判断上，具体而言就是对"善意受让人"的认定：如果受让人为善意，则应让其取得商标权，成为新的权利人。特别要指出的是：受让人善意所要达到的高度与交易所涉之商标的知名度是相匹配的，商标越知名，受让人构成善意的标准就越高。通过这样的价值与义务匹配就能很好地在保护交易安全与保护真实权利人之间进行取舍。试想，如果商标的知名度很低，选择保护交易安全也不会造成什么商誉价值的流失；反之，若商标的知名度很高，受让人构成善意的难度也非常高。

如果商标权交易中善意受让人的保护制度遵从上述设计是正确的，与著作权、专利权有关的同一问题更可以相同处理。因为作品、专利技术之上并不存在凝结了权利人的商誉价值的问题，它们在交易中的财产特性更接近物权，故当然亦可适用"满足权利公示要件的一方实现所需"标准来保护善意受让人。对此笔者不再展开。

（三）权利限制制度：未能发挥强制交易的作用

权利限制制度并不是知识产权法诞生之初就有的，随着人们越来越接受知识产权保护的公共政策属性，权利限制的制度安排才逐渐开始出现在立法之中。但是，国内外的知识产权法学界长期以来都从促进公共利益或利益平衡的角度来论证权利限制制度的正当性，有美国学者甚至提出了"使用者权利说"。❶ 维护公共利益、促进利益平衡当然是没错的，然而是无法用于解决具体问题的。试想，有哪一项知识产权具体制度不是为了利益平衡呢？甚至上升到整个私法层面，这个说法都是成立的。

正是因为受到这一认知的影响，在我国相关司法实践中，权利限制制度的具体适用并不是针对权利边界的问题，而是变成了被诉行为与法条所

---

❶　例如有美国学者认为，合理使用是"使用者因利用著作权作品而提高其知识水平的学习权利"。参见：PATTERSON L R，LINDBERG S. The Nature of Copyright：A Law of User's Right［M］. Athens，GA：The University of Georgia Press，1991：207.

列举之情形的比照，所以很多时候给人以主观性极强的感觉，甚至可以说是结果导向的。此外，长期以来未从市场角度来解读权利限制制度，就难以将脱离市场地对知识财产的利用与市场交易背景下的利用行为区分开来，❶ 或者将根本不触及权利边界的行为视为权利限制的情形❷。这样的立法例容易导致我们无法认清知识产权限制制度的本旨。以著作权法为例，我们需要思考的是：司法上真的需要处理对公共场所展出的艺术作品进行临摹、摄影的行为是不是合理使用吗？如果行为人临摹、摄影之后从不将其作品公之于众，那其行为是不是合理使用又有什么关系（著作权人会受到什么影响）？显然，著作权法上的合理使用制度真正需要处理的问题是行为人对其临摹、摄影而得到的衍生作品是否可以不受著作权人的约束地自由利用。

既然是知识产权的权利限制制度，必然是对知识产权控制行为的限制；如果某行为都不受知识产权控制，那么对该行为自然也不必动用权利限制制度来"保护"。换言之，既然需要用权利限制制度来排除行为的违法性，说明该行为本质上是知识产权侵权行为，正是因为权利限制制度的规定成为其违法阻却事由，此类行为才能被认定是不构成侵权的。本书反复强调过：知识产权是与市场有关的法律制度，因而知识产权的控制与限制行为必须均与市场有关，那些与市场无关的行为既不是知识产权侵权行为，也不是权利限制制度下的行为。明确了权利限制的市场因素，我们就能厘清：立法上设置该制度是旨在打破知识产权对一切市场行为的控制，使得一些市场行为只是有条件地受知识产权的控制，甚至有些完全不受控制。❸ 所以，权利限制制度解决的是行为人进入相关市场的权利封锁问题，行为人凭借该制度得以将与知识产权有关的产品（或是基于知识产权而直接得到的产品，或是利用知识产权所生成的产品）投入市场，实质上是和

---

❶　例如《著作权法》第24条第1款第（1）项规定的情形，即属于脱离市场的利用行为，根本不必规定为合理使用，而就应当属于纯粹的合法行为。

❷　例如《著作权法》第24条第1款第（10）项规定的情形，即属于不触及著作权边界的行为；另外，《商标法》第59条第1款规定的情形，即属于不触及商标权边界的行为，而世界各国的商标法都将之视为商标权限制的情形——叙述性使用。

❸　所谓有条件地控制，就是指知识产权人没有拒绝权，但有主张使用费的权利；而不受控制，是指知识产权人既没有拒绝权，也无权主张使用费。

知识产权人一起重新分配了原本全部被其控制的市场。

如果将判断是否构成权利限制制度下的行为变成被告行为与法条列举行为的对照，看二者是否"严丝合缝"，就完全偏离了权利限制制度的本旨。当然，这也是"促进公共利益说"能够长盛不衰的司法实践支撑（以公共利益为标尺来解决是否"严丝合缝"的模糊地带）。而回归本源，从市场的角度来看待权利限制制度，我们就需要弄明白，为何行为本质是侵权行为却需要将之从侵权之列剔除出来？如前所述，权利限制制度是用来在一定程度上排除知识产权控制，解决权利封锁的。这说明，若没有这样的制度安排，知识产权控制使得非权利人进入相关市场的成本太高，❶ 从而使得社会整体福利减损。如此，要判断某一行为是否能构成权利限制，标准（或者说方法）就是行为人若想通过交易的方式进入知识产权人控制的市场是否交易成本太高，以至于这样的交易反而导致社会福利下降。

从交易成本和知识产权人受到的损害这两个维度出发，知识产权交易中权利人与相对方之间的关系无非有四种情形：高交易成本、低损害；高交易成本、高损害；低交易成本、高损害；低交易成本、低损害。无论是何种权利限制制度，如权利穷竭、合理使用、强制许可，都是对这四种情形的界分。例如"高交易成本、低损害"的情形应当成为合理使用制度适用的对象，"低交易成本、高损害"的情形应当绝对排除构成合理使用；再比如强制许可，"高交易成本、无论损害高低"都应能适用强制许可，因为强制许可之下被许可人是需要向专利权人支付合理许可费的。至于损害高低的判断，"市场替代效应"的经济学分析方法可兹利用。❷ 不过，我们需要解决的难题是：对于不同的权利限制制度，比如合理使用与强制（法定）许可，"市场替代效应"的标准分别应当如何把握。按照我们朴素的理解，合理使用的替代效应应当明显小于强制（法定）许可的替代效

---

　　❶　即无论是通过许可使用的方式进入市场，还是绕开在先知识产权而独立创造，在后进入者的成本都是非常高的。

　　❷　威廉·费希尔三世（William Fisher Ⅲ）教授在其著名的关于合理使用的论文中，详细介绍了运用经济分析的方法如何衡量作品使用行为对著作权人的影响，除了"市场替代效应"的方法，还包括了很多其他的经济分析方法。具体内容请参见：FISHER Ⅲ W W. Reconstructing the Fair Use Doctrine［J］. Harvard Law Review，1988，101（8）：1698 –1744.

应，毕竟后者还是要付费的；可是，两种替代效应之间的区别如何量化、差距应当拉开多少，的确对计量方法的要求很高。

综上所述，知识产权的权利限制制度是通过解决权利封锁，达到促进知识产权交易的目的。当市场上知识产权人与知识财产潜在的利用者之间的交易成本过高时（极致的情况就是知识产权人在任何情况下都拒绝许可），为了避免社会福利损失，潜在利用者在权利限制制度之下得以破除知识产权人的封锁，以一定的对价使用其知识财产。潜在利用者不同的使用行为需要付出不同的对价，零对价即是合理使用，合理价格即是强制（法定）许可，权利穷竭只能针对市场中已有的知识财产载体。可见，权利限制制度实际上就是对知识产权人的强制交易（如前文所及，所谓强制交易就是指权利人丧失了拒绝权），不同的限制制度即是不同的强制交易条件。我国知识产权界长久以来未能从这一视角来对待权利限制制度，立法和司法的认知角度始终都停留在公共利益层面，强调所谓知识产权人与使用者之间的利益平衡。这虽没错，但也没有什么实际意义，未能发挥权利限制制度可以实现强制交易的作用，人为地限缩了该制度的功能发挥。通过权利限制制度的适用来实现强制交易，可以在不动用反垄断规制这个成本较大的制度工具的前提下，实现对市场封锁的破除，从而促进知识产权交易，促进累积性创新和有效竞争。在"华多公司诉网易公司垄断民事侵权及不正当竞争案"❶ 中，对于网络游戏开发商与网络游戏直播平台之间的关系，几乎所有的学者和实务界人士都主张网络游戏开发商基于其著作权得以控制全部横向和纵向市场。但如果从上述"权利限制制度的强制交易功能"出发，在反垄断规制之外增加一个提升社会整体福利的渠道，为何不可呢?!

四、本章小结

知识产权学界鲜有对知识产权交易展开解析，大概是因为知识产权交易不过是合同问题，我们既然已有庞大而完备的合同法律制度，也就无须在知识产权法领域"重复劳动"。然而，对知识产权交易问题的忽视，无法为产业界提供应对实践问题的理论与方法，也常常导致知识产权法律制

---

❶ 具体案情请参见广州知识产权法院（2015）粤知法商民初字第 25 号民事判决书。

度本身的缺漏被忽略、制度的具体适用出现偏差。所以，对于知识产权这种产生于市场、也只能在市场中存在的制度，孤立地展开所谓制度研究是有显著缺陷的，因为知识产权制度与知识产权交易是相互因应的，只有从行为主义的视角出发，采用"制度—市场—行为"的分析框架来研究"制度－交易"这个二元体系，才能更好地理解我们所观察到的制度运行效果，从而检视制度设计的合理性，为未来的修法夯实基础。

有鉴于此，本章首先从知识财产利用者的立场出发，分别针对著作权、专利权、商标权探讨了交易为何会发生。笔者认为，在后进入者的市场策略对知识产权交易产生了重要影响，不论是针对智力成果的累积性创新，还是针对品牌培育，该主体进行的"需求－效用"分析都要围绕相关市场的产业发展水平与竞争结构、竞争者之间的同质异质性比较、市场潜在需求的大小、法律制度与司法政策等因素展开，从而作出实现边际效用最大化的行为决策。

而在知识产权人这边，其在交易中的选择无外乎自己使用或授权他人使用。本章首先阐释了决定知识产权交易成功与否的关键问题是定价，知识产权的不稳定性、价值难以评估性等原因给定价行为造成很大的困境，也是导致道德风险或逆向选择的重要原因。从知识产权人的角度而言，究竟是自己利用还是授权（转让给）他人利用，根本上取决于权利人自身及所在产业的经济特性，包括主体属性与资本实力、所在（或拟进入的）产业、产业竞争状况、自己及竞争对手的生产效率、市场未来前景（比如产业融合、产品替代性）等诸多元素，交易的达成是知识产权人在此基础上与交易相对方的需求相匹配。

从交易双方的立场出发，分析了知识产权交易的经济学内涵之后不难发现，我国现行知识产权法所构建起的具体制度，无法对实践中的知识产权交易行为提供充分支持，面临着制度供给不足的窘境。本章通过对知识产权的产生与消灭、知识产权交易中的善意受让人保护、权利限制这三个方面制度供给不足的梳理，在挖掘制度缺陷造成之影响的同时还试图指出，若制度静态规则出现供给不足的情况，行为主义的动态思维是丰富法律适用的科学方法，不仅可以有效地补充法律漏洞，而且也有助于我们深刻理解制度内涵及其本旨。

第三章

知识产权交易中的合同理论

知识产权交易的本质是对剩余的分配，潜在的交易剩余是给定的，议价的核心是如何分配该剩余。而在分配剩余时，双方不可避免地需要明确各自的责任与义务。这里对责任与义务的描述就是我们所说的合同。交易并非简单的优化问题，因为各方的行为是在不断变化的，所以交易本质上是个博弈的行为，而合同恰恰是对博弈行为的描述。以往经济学关注的是博弈的结果——均衡价格，但却忽视了博弈过程。仅仅关注结果并不能全面理解知识产权交易，因此本章将讨论缔约过程中可能面临的各类问题及其对缔约的影响。合同理论是对契约形成过程的系统性研究，可细分为激励理论（theory of incentives）、交易成本理论（transaction costs theory）、不完全合同理论（incomplete contract theory）三个部分。❶ 本章将先讨论合同理论的原理与体系，再以合同理论为视角，结合知识产权交易的特点，分别从立法层面与司法层面探寻知识产权交易中对合同理论的应用。

一、激励理论

激励理论研究的是规则上的设计，其通过设定规则激励代理人尽其最

---

❶ 此划分是依据布鲁索（Brousseau）和格拉尚（Glachant）的研究，参见：BROUSSEAU E, GLACHANT J – M. The Economics of Contracts：Theories and Applications ［M］. Cambridge，Eng. ：Cambridge University Press，2002：9.

大努力完成工作或提供其所知道的所有信息。激励理论是比团体理论
（theory of teams）更深一步的研究，❶ 其强调了多代理情况下的信息分散问
题；但与博弈论不同，其并不强调策略行为。从理论层面来看，激励理论
是研究不完全信息下的博弈场景，其旨在通过让委托人设计规则来诱使代
理人参与博弈，并使委托人达到效用最大化的结果。激励理论是经济学研
究中的重要组成部分，自利行为的概念是微观经济学研究的基础，消费者
理论、企业理论、行为主义研究、博弈论、委托代理等诸多理论均是建立
在激励理论的基础上。本部分将简要介绍激励理论的发展过程及理论
体系。

（一）激励理论的历史发展

激励理论的思想很早以前就体现在了经济学的研究当中，其是随着劳
动分工和交换产生的，正是劳动的分工引起了委托行为。亚当·斯密在其
研究中就揭示了雇主与雇员之间的关系，并指出了两者之间存在利益冲
突。❷ 在斯密的研究中，其已然发现了雇主与雇员之间的博弈关系，并初
步揭示了激励的重要性。一方面，斯密提到了雇主对雇员的激励源自工
资，❸ 这里的工资也就等同于现如今激励理论中对代理人的约束条件；另
一方面，斯密也发现了雇主对奴隶几乎无法产生激励。❹ 此外，斯密更是
讨论了农业社会中的激励问题，他提到将土地分给农民能使其更努力地工
作。❺ 但斯密并未像研究激励理论的学者那样从最大化社会福利的角度看
待此问题，激励理论的研究更关注激励和分配之间的交易，但斯密的研究
没有体现出此交易。查尔斯·巴比奇（Charles Babbage）在斯密的研究基

---

❶ 关于团体理论，请参见：MARSCHAK J，RADNER R. Economic Theory of Teams ［M］.
New Haven：Yale University Press，1972.

❷ 参见：SMITH A. The Wealth of Nations ［M］. New York：The Modern Library，1776：66 – 67.

❸ 参见：SMITH A. The Wealth of Nations ［M］. New York：The Modern Library，1776：67.

❹ SMITH A. The Wealth of Nations ［M］. New York：The Modern Library，1776：365. 斯密提
到，奴隶的追求就是更多的食物与更少的工作，这些追求与雇主的目标恰恰相悖。

❺ SMITH A. The Wealth of Nations ［M］. New York：The Modern Library，1776：366.

础上更进一步，其关注到了缔约中对表现的评估。❶

　　相比于斯密和巴比奇，切斯特·巴纳德（Chester Barnard）更加重视企业内部的委托代理问题，其尝试在管理体制内建立激励体系。他认为，一个企业组织的基本要素就是其成员愿意付出的努力，若企业对其员工的激励不足，则这个企业是失败的。❷ 其在研究中区分了特定的激励措施和一般激励措施。❸ 巴纳德最大的贡献在于明确了平衡各种激励之间的重要性，这种平衡取决于不稳定的外部环境和企业内部的变化。此外，巴纳德还提到，企业并不能仅依靠契约激励所有活动，其还需要适当的权利下放与良好的沟通来达到促进合作的目的。❹

　　激励理论在经济研究中的发展并不是单线的，其至少从大体上可以分为两条主线：一条是研究公共问题，另一条是研究私有财产问题。这两条研究线路均有助于激励理论的形成。

　　由于纯粹公共产品存在市场失灵的问题，学界认为对其进行干预是必要的。在这种情况下，用于集体决策的机制必须解决获取各个代理人关于公共财产偏好信息的激励问题，即"搭便车"问题。戴维·休姆（David Hume）是最早提到类似于"搭便车"问题的人，他提到了一方的获益会使另一方的负担加重，❺ 但休姆并未深入研究"搭便车"行为。相比之下，克努特·威克塞尔（Knut Wicksell）和埃里克·林达尔（Erik Lindahl）对"搭便车"问题的研究更为透彻，他们在尊重个人利益和消除滥用权力的基础上，对公共干预提出了理想解决方案。❻ 这些思路均为日后激励理论

---

❶　参见：BABBAGE C. On the Economy of Machinery and Manufactures［M］. London：Charles Knight，1835：297.

❷　参见：BARNARD C. The Functions of the Executive［M］. Cambridge，MA：Harvard University Press，1938：139.

❸　BARNARD C. The Functions of the Executive［M］. Cambridge，MA：Harvard University Press，1938：144.

❹　BARNARD C. The Functions of the Executive［M］. Cambridge，MA：Harvard University Press，1938：184.

❺　参见：HUME D. A Treatise of Human Nature［M］. Oxford：Oxford University Press，1740：538.

❻　参见：SILVESTRE J. Wicksell，Lindahl and the Theory of Public Goods［J］. The Scandinavian Journal of Economics，2003，105（4）：527 –553.

的形成进行了铺垫。

社会选择理论（social choice theory）对激励理论的发展起到了启蒙性的作用，❶ 其长期以来一直致力于研究如何从个体偏好中提炼出社会目标。霍华德·鲍恩（Howard R. Bowen）洞察了策略性投票（strategic voting）的难度，❷ 他发现选民在每一个步骤中根据自己的真实偏好投赞成票或反对票更符合其利益。如果选民仅考虑每一个步骤中的激励，则该选举收敛到公共利益的最佳水平。❸ 肯尼斯·阿罗对社会选择理论的贡献更是开创性的，他认为不可能从个人偏好顺序中推导出群体偏好顺序。❹ 随后，威廉·维克瑞（William Vickrey）在其 1960 年的研究中阐述了阿罗不可能定理，并提出了社会福利函数中偏好的战略性误述问题，该函数将社会排名与个人偏好相关联。❺ 实际上，维克瑞在其 1960 年与 1961 年的研究中都暗示了激励问题。❻ 此后，罗宾·法夸尔森（Robin Farquharson）、艾伦·吉伯德（Allan Gibbard）、马克·艾伦·萨特思韦特（Mark Allen Satterthwaite）等人的研究也或多或少帮助了激励理论的发展。❼

从这些研究中，我们也能够发现社会选择理论与激励理论的最大区别在于后者拥有明确的目标。相比其在公共层面研究中的作用，激励理论在私有财产研究中的贡献更加丰富，在对自然垄断的规制、保险领域、财产

---

❶ 社会选择理论所研究的是社会安排是否能够反映出个体的偏好，而投票理论只是社会选择理论中的一个部分。

❷ 策略性投票是指在选举中，一方为了阻止另一方获胜，而投票给一个立场不一定一致但获胜机会最大的第三方。

❸ 参见：BOWEN H R. The Interpretation of Voting in the Allocation of Economic Resources［J］. The Quarterly Journal of Economics，1943，58（1）：27 – 48.

❹ 参见：ARROW K J. Social Choice and Individual Values［M］. 2nd ed. New Haven：Yale University Press，1951.

❺ 参见：VICKREY W. Utility，Strategy，and Social Decision Rules［J］. The Quarterly Journal of Economics，1960，74（4）：507 – 535.

❻ 参见：VICKREY W. Counterspeculation，Auctions，and Competitive Sealed Tenders［J］. Journal of Finance，1961，16（1）：8 – 37；FARQUHARSON R. Theory of Voting［M］. New Haven：Yale University Press，1969；GIBBARD A. Manipulation of Voting Schemes：A General Result［J］. Econometrica，1973，41（4）：587 – 601.

❼ 参见：SATTERTHWAITE M A. Strategy – proofness and Arrow's Conditions：Existence and Correspondence Theorems for Voting Procedures and Social Welfare Functions［J］. Journal of Economic Theory，1975，10（2）：187 – 217.

再分配、价格歧视与拍卖中都涉及大量的激励因素。

　　对于私有财产而言，规模收益的增加造成了自然垄断局面。当垄断企业拥有关于其成本或需求的私人信息时，对其的监管就成了委托代理问题。马丁·洛布（Martin Loeb）和韦斯利·马盖特（Wesley A. Magat）通过强调监管机构信息的缺乏，将监管问题放入了具有逆向选择的委托代理框架内，他们认为应当在没有社会成本时使用 Groves 主导策略机制。❶ 戴维·巴仑（David P. Baron）和罗杰·迈尔森（Roger B. Myerson）将监管问题转化为了次优选择。❷ 让－雅克·拉韦（Jean－Jacques Laffont）和让·梯若尔（Jean Tirole）使用了社会福利函数，并引入了公共资产的社会成本。他们的模型兼具逆向选择与道德风险的特点，但从成本的事后观察性来看，其本质上还是逆向选择模型。❸

　　当购买的商品具有买方未知但卖方已知的价值时，交易会引发激励问题。此问题在保险市场上尤为明显。弗兰克·奈特（Frank H. Knight）在其研究中发现了道德风险或逆向选择可能导致保险市场崩溃的情况。❹ 阿罗对此进行了分析，并认为这可能导致市场失败，因为一些保险市场会因道德风险而消失，他曾尝试通过改变道德问题寻求解决方案。❺ 但其观点被马克·保利（Mark V. Pauly）驳斥，❻ 但在 Pauly 的研究中，其将重点放在了道德风险上。相比之下，迈克尔·斯彭斯（Michael Spence）和理查德·泽克豪泽（Richard Zeckhauser）研究的非线性定价合同问题更为全

---

❶ 参见：LOEB M, MAGAT W A. A Decentralized Method for Utility Regulation ［J］. Journal of Law & Economics，1979，22（2）：399－404.

❷ 参见：BARON D P, MYERSON R B. Regulating a Monopolist with Unknown Costs ［J］. Econometrica，1982，50（4）：911－930.

❸ 参见：LAFFONT J－J, TIROLE J. Using Cost Observation to Regulate Firms ［J］. Journal of Political Economy，1986，94（3）：614－641.

❹ 参见：KNIGHT F H. Risk Uncertainty and Profit ［M］. Boston：Houghton Mifflin，1921：251，284.

❺ 参见：ARROW K J. Uncertainty and the Welfare Economics of Medical Care ［J］. The American Economic Review，1963，53（5）：941－973.

❻ 参见：PAULY M V. The Economics of Moral Hazard ［J］. The American Economic Review，1968，58（3）：531－537.

面，他们的研究同时包含了道德风险与逆向选择问题。❶

在财富再分配问题中同样涉及激励因素。亨利·西奇威克（Henry Sidgwick）可能是第一个在再分配理论中意识到激励问题的学者。❷ 相比之下，詹姆斯·米尔利斯（James A. Mirrlees）对激励理论的分析和发展作出了开创性的贡献。他关于最优非线性所得税的文章介绍了一种"启示原则"（Revelation Principle）的方法，该方法充分描述了所有"激励"或在信息不对称下可行的政策。❸帕萨·达斯古普塔（Partha Dasgupta）等人也对"启示原则"进行了讨论，这些讨论也围绕着社会中的激励机制展开。❹事实上，"启示原则"为包含有不对称信息和契约的经济主体的规范分析提供了适当的框架，此框架可更为有效地帮助我们了解激励理论。

当垄断者实施价格歧视策略时，其也需要运用激励措施。由于垄断企业并不知道消费者的偏好信息，其需要设计不同的销售模式最大化其利润。这就是一种典型的激励机制，其目的是激励消费者披露自己的信息，从而让垄断企业获得消费者的偏好类型信息。朱尔斯·杜标特（Jules Dupuit）在其关于消费者剩余的研究中就曾提到过激励问题。❺ 弗朗西斯·埃奇沃斯（Francis Y. Edgeworth）在此基础上延伸到铁路领域的价格歧视问题。❻ 阿瑟·塞西尔·庇古（Arthur Cecil Pigou）更是区分了不同类型的价格歧视。❼ 安德烈·加博尔（Andre Gabor）、迈克尔·斯彭斯、迈克尔·穆萨（Michael Mussa）和舍温·罗森（Sherwin Rosen）均研究了不同场景

❶ 参见：SPENCE M, ZECKHAUSER R. Insurance, Information, and Individual Action [J]. The American Economic Review, 1971, 61 (2)：380 – 387.

❷ 参见：SIDGWICK H. The Principles of Political Economy [M]. London：MacMillan, 1883.

❸ 参见：MIRRLEES J A. An Exploration in the Theory of Optimum Income Taxation [J]. The Review of Economic Studies, 1971, 38 (2)：175 – 208.

❹ 参见例如：DASGUPTA P, HAMMOND P, MASKIN E. On Imperfect Information and Optimal Pollution Control [J]. The Review of Economic Studies, 1980, 47 (5)：857 – 860；GREEN J, LAFFONT J – J. Characterization of Satisfactory Mechanisms for the Revelation of Preferences for Public Goods [J]. Econometrica, 1977, 45 (2)：427 – 438；GIBBARD A. Manipulation of Voting Schemes：A General Result [J]. Econometrica, 1973, 41 (4)：587 – 601.

❺ 参见：BEARD T R, EKELUND R B, Jr. Quality Choice and Price Discrimination：A Note on Dupuit's Conjecture [J]. Southern Economic Journal, 1991, 57 (4)：1155, 1159 – 1161.

❻ 参见：EDGEWORTH F Y. Contributions to the Theory of Railway Rates [J]. The Economic Journal, 1912, 22 (86)：198 – 218.

❼ 参见：PIGOU A C. The Economics of Welfare [M]. London：McMillan, 1920.

中的非线性定价问题。❶ 这些研究都有助于现代激励理论框架的形成。

激励理论对拍卖机制设计的贡献更为突出。拍卖机制是一个典型的委托人利用代理人之间的竞争来减少其提供信息租金的情况。在拍卖设计中，委托人需要设计一个机制，激励代理人在信息不完整的情况下出价。约翰·豪尔绍尼（John C. Harsanyi）对拍卖理论的发展做出了极大的贡献。❷ 在他之后，罗伯特·威尔逊（Robert B. Wilson）等人也陆续提出了常见的拍卖模型。❸

此外，雅各布·马尔沙克（Jacob Marschak）和罗伊·拉德纳（Roy Radner）的团体理论也对激励理论的发展起到了关键性作用。该理论承认了信息的分散性，并将研究重点放在了如何通过适当的信息管理来协调团队成员之间的行动。❹ 但团体理论并未关注激励性问题，且团体理论所假设的是企业具有一致性的目标。随着学界发现企业中的个体会有不同的目标，团体理论的问题也凸显出来。当团体内每个代理人都有不同的目标且关于代理人的信息不完全时，把一个任务委托给这个团体容易引发问题。激励理论就是为了解决此类问题。

基于上述讨论，我们能够发现激励理论中存在两个基本要素——不同的目标与分散的信息。其中，不同的目标是指每个个体都追求自身的经济利益；而分散的信息是指每个个体的信息不相同，且有些信息是私人信息，但有些信息是公开的。简单来说，激励理论就是综合考虑个体的目的和已知信息后，通过设计规则来获取更多的信息，并促使代理人尽全力帮

---

❶ 参见：GABOR A. A Note on Block Tariffs [J]. The Review of Economic Studies, 1955, 23 (1): 32 – 41; SPENCE M. Nonlinear Prices and Welfare [J]. Journal of Public Economics, 1977, 8 (1): 1 – 18; MUSSA M, ROSEN S. Monopoly and Product Quality [J]. Journal of Economic Theory, 1978, 18 (2): 301 – 317.

❷ 参见：HARSANYI J C. Games with Incomplete Information Played by "Bayesian" Players [J]. Management Science, 1987, 14 (3): 159 – 182.

❸ 参见：WILSON R B. A Bidding Model of Perfect Competition [J]. The Review of Economic Studies, 1977, 44 (3): 511 – 518; WILSON R B. Competitive Bidding with Disparate Information [J]. Management Science, 1969, 15 (7): 446 – 448; ROTHKOPF M H. A Model of Rational Competitive Bidding [J]. Management Science, 1969, 15 (7): 362 – 373; WICKREY W. Counterspeculation, Auctions, and Competitive Sealed Tenders [J]. Journal of Finance, 1961, 16 (1): 8 – 37.

❹ 参见：MARSCHAK J, RADNER R. Economic Theory of Teams [M]. New Haven: Yale University Press, 1972.

助委托人达到效用最大化的目的。

（二）激励理论的基本体系

激励理论通常起始于一个简单的情况，在这种情况下，信息不足的一方（委托人）制订了一个激励计划来诱导知情方（代理人）要么披露信息（逆向选择模型），要么采取符合委托人利益的行为（道德风险模型）。激励内容包括以代理人行为产生的信号为条件的报酬。基于此，我们可以看出，激励理论包含两个最基本的问题：逆向选择与道德风险。

逆向风险与道德选择都是描述信息不对称所引发的问题，前者是源自事前信息不对称，而后者源自事后的信息不对称。此处的事前与事后是基于缔结合同的时间点。逆向选择模型通常存在隐藏信息的情况，在该模型中，代理人知道自己的类型，但委托人不知道代理人的类型，双方在这种情况下签约，而委托人需要设计机制激励代理人做出有利于委托人的行动。道德风险模型通常存在隐藏行动的情况，❶ 即一方的行动不能被另一方完美地观测到。在该模型中，委托人无法知晓代理人的具体行动，其只能通过结果推断代理人的行动。

逆向选择问题的解决方案依赖于对"合同"的设计，该"合同"将诱导代理人对其私人信息进行自我披露。委托人设计了一组可选合同——一组由代理人链接到各个对应方的支付公式。虽然委托人不知道代理人的私人信息，但其知道代理人采用某一组选择的可能性。由于委托人也知道代理人的偏好，其能够设计一个合同，使代理人对每个可能的私人信息价值的效用最大化。当代理人面对可能的选择时，其会自然地选择最大化其效用的合同，并允许委托人推断其私人信息。

典型的道德风险问题发生在委托人无法观察到代理人一些行动的情况。例如，雇主关心企业效率与收益，但其无法从观察到的生产力中推断出员工实际的努力情况，也无法知晓员工是否偷懒。因为单个员工的生产力取决于许多其他变量，这些变量不受其控制且雇主无法观察到，例如其他雇员的努力情况或随机因素在生产过程中的影响等。为了激励员工，雇

---

❶　道德风险模型中同样存在隐藏信息的可能性。

主或许会选择最佳薪酬机制，即根据雇主观察到的评估生产力的指标来决定雇员的工资。然而，如果雇员是风险厌恶型，其将不会接受这样的支付方案，因为这可能会导致雇员的薪酬较低。为了规避风险，雇员更愿意得到固定工资。但在这种情况下，雇员不会有动力尽最大努力。为了解决这种困境，最优支付方案需要将固定的基本工资和以可观察到的努力水平为基础的可变奖金相结合。从上述例子中可以看出，在道德风险模型中，委托人所关心的是如何设计一个激励合同来诱导代理人实施最优水平的努力。

激励理论主要是研究不对称信息下的合同问题，道德风险与逆向选择只是其中最基本的两个问题。信息的不对称性可以从时间和内容两个角度划分。从时间角度出发，非对称性可以从签约时间分为事前与事后两类，对事前信息模型的研究一般被称为逆向选择模型，对事后信息模型的研究一般被称为道德风险模型。从内容角度出发，非对称信息可以分为行动与信息两类，前者被称为隐藏行动模型，后者被称为隐藏信息模型。我们可以将隐藏行动模型看成委托代理合同，委托人委托代理人完成任务，但代理人的行动是不可观察的，在这种情况下，委托人可以通过将报酬与绩效相关联来激励代理人完成任务。因此，隐藏行动模型也可以理解为是对激励问题的研究，其亦可被称为隐藏行动的道德风险模型。隐藏信息包括逆向选择模型、隐藏信息的道德风险模型、信息甄别模型与信号传递模型四类。逆向选择模型在上文已经讨论，此处不作赘述；在隐藏信息的道德风险模型中，代理人与委托人在签约时的信息是完全的。双方无法选择状态，状态是自然产生的，但代理人可以观测到状态并选择行动，而委托人只能观测到代理人的行动，却无法观测到状态。在这种情况下，委托人需要设计一个激励机制以促使代理人的行动最有利于委托人。信息甄别和信号传递两种模型是据缔约方信息的有无区分的。这两种模型的差异在于先行动方的不同。在信息甄别模型中，处于信息劣势的一方先行动，代理人知道自己的类型，委托人不知道代理人的类型，委托人提供多个合作合同，代理人根据自己的类型选择适合自己的合同。而在信号传递模型中，处于信息优势的一方先行动，代理人知道自己的类型，委托人不知道代理人的类型，代理人优先释放某种信号，委托人在观测到信号后与代理人签

订合同。❶

　　由此可见，逆向选择与道德风险的分析框架随着理论研究的深入变得更为复杂。经济学的研究不仅将逆向选择模型与道德风险模型相结合，更是将单一委托代理模式扩展到了一个委托人与多个代理人组合的模式，让信息不对称适用于各对变量，这些变量随着时间的推移不断地发生改变。

二、交易成本理论

　　交易成本理论一般被放在新制度经济学的框架下讨论。其是通过研究交易过程中所产生的成本解决交易缔约问题。交易成本理论是建立在有限理性（bounded rationality）假设的基础上的。在此假设中，双方对未来的预期是有限的，从而导致双方不可能完美预见事后最佳的协调模式，因此，双方需要较为灵活的事后约束方式。交易成本理论就是为了帮助分析经济主体将事前的投资合约与事后的灵活约束方式相结合的市场策略。本部分将通过交易成本理论的发展过程梳理出其框架。

（一）交易成本理论的背景与目标

　　在了解交易成本理论之前，我们可以先思考一个简单的例子：假设我们去超市买一个普通的水杯，我们只需要在货架上找到水杯，去收银台支付贷款，再将水杯拿走即可。这个例子中的交易之所以简单是因为以下原因。第一，我们知道一个水杯的零售价应该是多少，即使不知道，我们也可以通过询问工作人员得到答案，而询问所花费的成本是微不足道的。可见，价格体系在交易中对买方有利。第二，我们对水杯的质量有着清晰的

---

❶ 学界早期对逆向选择、道德风险、信号传递与信息甄别的研究是独立的，例如，运用信息甄别模型对代理问题的研究｛参见：STIGLITZ J E. WEISS A. Credit Rationing in Market with Imperfect Information［J］. American Economic Review，1981，71（3）：393 - 410｝、经典的信号传递模型｛参见：SPENCE M. Job Market Signaling［J］. Quarterly Journal of Economics，1973，87（3）：355 - 374｝，及运用道德风险对保险及效率工资等理论的研究｛参见：ARROW K J. Essays in the Theory of Risk - Bearing［M］. Amsterdam：North - Holland，1970；SHAPIRO C，STIGLITZ J E. Equilibrium Unemployment as a Worker Discipline Device［J］. American Economic Review，1984，74（3）：433 - 444｝，拉夫和梯若尔是最早将这些模型相结合｛参见：LAFFONT J - J，TIROLE J. Using Cost Observation to Regulate Firms［J］. Journal of Political Economy，1986，94（3）：614 - 641｝。

预估，至少在大部分情况下，我们不用担心水杯的质量有问题。一方面，这是因为水杯在生产时会受到相关机构的监管；另一方面，即使我们在事后发现其存在质量问题，也能够进行维权。可见，监管等制度在交易中也有利于买方。同样，在上述交易体系中，卖方也能从中受益，因为当交易成本降低时，交易的效率和成功率都会有很大增幅。鉴于上述两个原因，与交易相关的不确定性非常小，并且交易本身的成本可以忽略不计。

水杯的交易在我们看来很简单，因为它有价格体系和制度体系的支撑。但我们不妨设想一下，如果没有适当的价格体系和制度体系，即使购买水杯这种看似简单的交易，也会变得更加复杂，以至于我们可能会避免交易。现如今，知识产权交易成本过高的主要原因之一就是缺乏合适的价格体系，权利人与实施者通常因为无法就价格达成一致而导致双方交易的失败。上述例子就是经济学中的市场失灵。所谓市场失灵，是指即使供给与需求都存在，交易也不会发生。而市场失灵会导致严重的负面影响，因此，经济学家通常格外关注价格体系与制度体系。事实上，"使制度环境正确"在逻辑上优先于"使交易正确"。❶

然而，在一些复杂交易体系中，交易双方可能无法完全依赖价格体系或制度体系的情况。例如，假设一个发明人发明了一种用于提高手机屏幕清晰度的技术，并期望以一定的价格将之许可给实施方。假设该技术并未参考任何其他技术，那么双方可能无法在事前确定技术的质量，也无法准确确定其价值或价格。这意味着双方在此交易中都承担着极大的风险，基本的风险可能涉及价格或质量问题，例如，实施者可能在实施技术后发现价格过高，或发明人在事后发现许可费过低。或许上述问题可以通过再次谈判解决，但若上述问题引发其他安全问题，则后续的责任将很难划分。假设我们将屏幕技术换成电池技术，若新发明的电池技术存在未知的安全隐患，这种隐患在事前无法被察觉。如果该隐患引发了消费者受伤，其后续责任将很难被划分。在电池的例子中，我们可以发现，一方面，现有价格体系无法支撑双方事前定价；另一方面，已有的制度体系可能也无法很

❶ 参见：WILLIAMSON O E. The New Institutional Economics: Taking Stock, Looking Ahead [J]. Journal of Economic Literature, 2000, 38 (3): 595, 597.

好地解决安全隐患引发的责任问题。由于存在此类风险，且交易双方均不愿意承担，因此相似的技术交易很难完成。交易成本理论就是为了解决上述问题，即如何帮助企业完成复杂交易。

（二）交易成本理论的历史发展与体系

交易成本是由交易机制产生的成本，其也是经济系统运行的成本。❶科斯最早发现了交易成本对新制度经济分析的重要性，他认为厂商与市场对应着两种不同的治理方式。在科斯的研究框架中，交易成本是指完成交易所需要的成本，其包括信息搜寻成本、议价成本、缔约成本、执行成本等。科斯的基本思路是将交易作为对象，寻找区分不同类型交易的因素，再分析对待这些交易所需要的制度框架，而交易成本是贯穿这一研究的核心。❷科斯观察到，企业之间的关系受市场价格支配，而在企业内部则不同，即决策是通过企业内部协调作出的，这与利润最大化主体市场定价的基础不同。换言之，如果交易不是由价格体系决定的，那么其必须由企业内部完成。❸

科斯的研究主要有两大贡献：第一，其提出了以交易成本为中心的分析框架；第二，其区分了企业与市场两种交易模式的区别。接下来，我们将分别针对上述两类进行讨论。

科斯在其研究中并未进一步细分交易成本的类型。威廉森在科斯的基础上进一步研究了交易成本理论。他认为，交易成本理论的目的是回答交易活动何时发生在市场内以及何时发生在企业内的问题。❹卡尔·达尔曼（Carl J. Dahlman）更加细化了交易成本。他认为交易成本应至少包含：搜

---

❶ 参见：Arrow K J. The Organization of Economic Activity: Issues Pertinent to the Choice of Market versus Nonmarket Allocation [C]. The Analysis and Evaluation of Public Expenditures. The PPB system. Vol. 1, The Joint Economic Committee of Congress, Washington, D. C., Government Printion Office, 1969: 501-502.

❷ 参见：COASE R H. The Nature of the Firm [J]. Economica, 1937, 4 (16): 386-405.

❸ 参见：COASE R H. The Nature of the Firm: Origin [J]. Journal of Law, Economics, & Organization, 1988, 4 (1): 3-4.

❹ 参见：WILLIAMSON O E. Comparative Economic Organization: The Analysis of Discrete Structural Alternatives [J]. Administrative Science Quarterly, 1991, 36 (2): 269-270.

寻成本、信息成本、议价成本、决策成本与执行成本。❶ 威廉森在 1985 年进一步将交易成本分为事前与事后两大类。❷ 在威廉森的框架下，搜寻成本、信息成本、议价成本与缔约成本等属于事前成本，而执行成本等属于事后成本。

根据威廉森的研究，交易成本产生自六种因素：有限理性（bounded rationality）、投机主义、不确定性与复杂性、少数交易（small numbers）、信息不对称性与氛围（atmosphere）；❸ 随后，他又将上述交易成本来源归因于交易本身的三个特征：交易资产的特殊性（asset specificity）、不确定性、交易频率（frequency of transaction）。❹ 实际上，这些关于交易成本的成因与分类至今仍影响着我们对相关问题的分析与研究。

科斯在其研究中提出了一个问题：如果企业可以降低成本，为什么会有市场交易？❺ 科斯分析了其中的原因。一是企业规模与管理内部交易的成本之间存在联系。在较大的企业中，管理内部交易的成本可能更高，并且等同于额外市场交易的成本。二是随着有企业的交易的增加，企业家未能将生产要素置于其价值最大的用途中，即其未能充分利用生产要素。❻

威廉森同样指出，交易不仅仅是市场交易，企业内同样存在交易。威廉森或许是第一个关注到交易规格和流程维度的学者，这些维度包括：资产的规格、频率和不确定性。他认为这些维度对交易成本水平有影响：交易频率的增加会降低交易成本；资产规模越大，交易成本就越高。❼ 按照威廉森的框架，交易是否会在企业内部，取决于企业内部化的交易成本。

---

❶ 参见：DAHLMAN C J. The Problem of Externality［J］. Journal of Law & Economics，1979，22（1）：141，148.

❷ 参见：WILLIAMSON O E. The Economics of Organization：The Transaction Cost Approach［J］. American Journal of Sociology，1981，87（3）：548 – 577.

❸ 参见：WILLIAMSON O E. Markets and Hierarchies：Analysis and Antitrust Implications：A Study in the Economics of Internal Organization［M］. New York：The Free Press，1975.

❹ 参见：WILLIAMSON O E. The Economic Institutions of Capitalism，Firms，Markets，Relational Contracting［M］. New York：The Free Press，1985.

❺ 参见：COASE R H. The Nature of the Firm［J］. Economica，1937，4（16）：386，394.

❻ 参见：COASE R H. The Nature of the Firm［J］. Economica，1937，4（16）：394 – 395.

❼ 参见：WILLIAMSON O E. Comparative Economic Organization：The Analysis of Discrete Structural Alternatives［J］. Administrative Science Quarterly，1991，36（2）：269，281.

当外部的交易成本很高时，将交易内部化是一个合适的决策。相反，当外部的交易成本较低时，在市场上与其他经营者交易是首选。

彼得·克莱因（Peter G. Klein）同样研究了企业内部的交易成本问题。他指出：在纵向一体化企业的内部，交易成本应该以低于实际市场的成本运行。企业可以通过自己协调与合同承诺的方式来降低内部的交易成本。他进一步指出：内部的交易成本可能包括信息流、激励、监控和绩效评估等。❶

在一般意义上而言，交易成本理论是关于如何在具有挑战性的决策环境中构建交易的理论。交易成本理论主要关注复杂的交易，因为这些交易通常受不确定性影响，并且涉及不可撤销的承诺。❷ 尤其是早期交易成本理论的基本目标是了解涉交易者与其交易伙伴之间交易的细节。有学者认为：了解此类交易可以为分析其他交易行为进行铺垫，并最终理解企业的本质及其规模和范围的确定。❸ 从这个意义上说，交易成本理论又是一种企业理论。❹ 同时，交易成本理论可以提供的思路不仅限于告知我们产业组织的边界，其也是一种管理理论，因为它对公司的内部组织规划也有借鉴意义。最后，交易理论不仅局限于交易行为本身，其关注到了合约缔结过程中的一系列问题，因此，在某些情况下，其同样可以被视为一种治理理论。

但不论如何，交易成本理论的框架是相似的，在知识产权交易过程中，我们只需要把握住交易成本的成因与种类就可以应对绝大部分问题。交易成本源自资产的特殊性、不确定性与交易频率；而交易成本可以分为事前与事后两大类，其中，事前成本包括信息搜寻成本、议价成本与决策

---

❶ 参见：KLEIN P G. New Institutional Economics ［J/OL］. 1998：11 ［2022 – 07 – 30］. https：//papers. ssrn. com/sol3/papers. cfm?abstract_id = 115811.

❷ 参见：WILLIAMSON O E. Markets and Hierarchies：Analysis and Antitrust Implications ［M］. New York：The Free Press，1975；WILLIAMSON O E. The Economic Institutions of Capitalism：Firms，Markets，Relational Contracting ［M］. New York：The Free Press，1985.

❸ 参见：SANTOS F M，EISENHARDT K M. Organizational Boundaries and Theories of Organization ［J］. Organization Science，2005，16 （5）：491 – 508.

❹ 参见：CONNER K R. A Historical Comparison of Resource – Based Theory and Five Schools of Thought Within Industrial Organization Economics：Do We Have a New Theory of the Firm ［J］. Journal of Management，1991，17 （1）：121 – 154.

成本，而事后成本主要是指执行成本。

三、不完全合同理论

不完全合同理论在知识产权交易体系中的应用非常广泛。由于知识产权无形资产的特性，其在交易中存在大量的不确定性，这些不确定性会增加知识产权交易缔约的不完全性❶，因此，不完全合同理论可以帮助解决知识产权交易中的权利使用、配置乃至救济问题。本部分将以不完全合同理论的建立为起点并逐步梳理出不完全合同理论的基本体系。

（一）不完全合同理论的建立

不完全合同理论一般认为是由桑福德·格罗斯曼（Sanford J. Grossman）、奥利弗·哈特（Oliver D. Hart）与约翰·穆尔（John Moore）提出的（亦被称为 GHM 模型）。其最初的目的是研究威廉森关于纵向一体化的问题；❷但其后续的研究改变了最初的方向，发展成了关于产权理论研究的一般模型。❸自此，不完全合同理论开始研究制度框架对合同设计的影响，具言之，该理论研究的是产权分配对投资人之间剩余分配及其投资动机的影响。

不完全合同理论的建立始于经济学界对长期合同与短期合同的研究❹，这类研究逐步延伸至探寻阻碍当事人缔结长期合同的原因。有些经济学家尝试用有限理性假设或交易成本来解释上述问题❺，并认为这些会导致合

---

❶　合同的不完全性是指双方在缔约时无法将所有因素均考虑在内，所以不完全合同理论主张：合同通常具有不完备性。

❷　参见：GROSSMAN S J, HART O D. The Costs and Benefits of Ownership：A Theory of Vertical and Lateral Integration ［J］. Journal of Political Economy, 1986, 94（4）：691 – 719.

❸　参见：HART O D, MOORE J. Property Rights and the Nature of the Firm ［J］. Journal of Political Economy, 1990, 98（6）：1119 – 1158.

❹　参见例如：CRAWFORD V P. Long – Term Relationships Governed by Short – Term Contracts ［J］. The American Economic Review, 1988, 8（3）：485 – 499.

❺　参见例如：WILLIAMSON O E. Transaction – Cost Economics：The Governance of Contractual Relations ［J］. Journal of Law & Economics, 1979, 22（2）：233 – 261；GROSSMAN S J, HART O D. The Costs and Benefits of Ownership：A Theory of Vertical and Lateral Integration ［J］. Journal of Political Economy, 1986, 94（4）：691 – 719.

同的不完全性。梯若尔随后从成本角度进一步解释了不完全合同的成因，认为现实中存在三类成本会导致合同存在不完全性：第一是可预见成本，第二是缔约成本，第三是事后的检验成本。❶ 实际上，除了上述原因外，还有很多原因均会导致合同的不完全性，例如信息的不对称性、缔约过程中语言的模糊性等。

就其假设而言，不完全合同理论也接近于新古典理论。然而，它与激励理论的区别在于一个关键假设。不完全合同理论假设：当没有第三方可以事后"验证"变量的真实数值时，将投资人未来的行为全部写于合约中是不可能的。其中的问题在于：作为最终确保合同履行的权威，法院或法官无法观察或评估一些相关变量，例如其无法评估投资人的努力程度或某些投资。因此，以合同规制不可验证的变量是没有意义的，法院必须找到其他手段来确保此类行为有效的协调。换言之，激励理论是基于合同具有完备性的研究，其在事前规定了各种情况下双方当事人的责任与义务；而不完全合同理论认为合同具有不完全性，所以双方无法在事前将所有情况都一一规定，其主张通过事后的再谈判（renegotiation）来解决。因此，由于激励理论本身研究的是事前规则与义务的设计，我们则应重视事后对其的监督；而由于不完全合同理论主张事前设计的不完全性，我们对它的关注则应立足于对事前权利的安排或交易机制的设计。

不完全合同理论以信息的不可验证性引起的问题为重点，其假设各方的信息不存在不对称。双方都观察每个交易期间的所有信息，但法院无法核实其中的一些信息，所以我们可以认为这些信息是不可用合约描述和规范的。不确定性的产生是因为每个投资人都必须在没有关于其行为结果的完整信息的情况下对不可用合同约束的变量进行操作。由于他无法确定地预测其他人的行为，因此合同具有不确定性。从形式上讲，此类合同至少有两个阶段。第一阶段是投资。在此阶段，投资人进行了不可验证的投资。第二阶段是交易过程。在此阶段，只有交易的价格和数量是可验证的变量。

---

❶ 参见：TIROLE J. Incomplete Contracts：Where Do We Stand？ [J]. Econometrica，1999，67 (4)：741–781.

这就产生了一个困境：我们假设当事人双方处于重复博弈模式，由于双方的合同只可能约束可被验证的变量，投资人只能在第二阶段对其交易的特征进行承诺。而双方在第一阶段实现的投资水平取决于该合同规定的交易水平。然而，一旦双方在第一阶段结束时知道了实际的投资水平以及交易中可能发生的自然状态，事先约定的交易水平就不再是最优的。因此，事后重新谈判交易水平将是最佳选择。但如果双方知道了将来的重新谈判才是最优的，他们将不再有事前有效投资的动力，因为事前的交易是不可靠的。

解决此困境同样可以通过合同机制：双方可以在事前签订一份合约以限制双方在事后谈判的范围并激励各方在事前进行最佳投资的谈判。这种设计可能会赋予一方决定权以确定事后有效的交易水平，而双方同样可以建立最低交易水平的默示条款来保护另一方的利益。❶ 经济学界根据该框架创建了两种模型。第一种是由哈特和穆尔提出的，他们认为有效的投资水平并不是由默示条款决定的，因为默示条款无法在所有情况下都激励双方都达到最优水平。❷ 第二种是基于菲利普·阿吉翁（Phillipe Aghion）、马赛厄斯·德瓦特里庞（Mathias Dewatripont）和帕特里克·雷伊（Patrick Rey）的研究，他们假设默示条款是可以激励双方达到最优的投资水平，并认为法院能够验证及强制执行非常复杂的违约情况。❸

综上，不完全合同理论将合同可观察性、可评估性或可执行性与其效率直接联系在了一起。当一些变量为不可观察时，合同是不完全的。因此，法院及其他司法机构的能力决定了默示条款的复杂程度，该条款能够激励不受益于重新谈判的一方的有效率行为。❹

---

❶ 我们可以将默示条款（default clause）理解为对双方权利和义务的规定。

❷ 参见：HART O, MOORE J. Incomplete Contracts and Renegotiation [J]. Econometrica, 1988, 56 (4): 755-785.

❸ 参见：AGHION P, DEWATRIPONT M, REY P. Renegotiation Design with Unverifiable Information [J]. Econometrica, 1994, 62 (2): 257-282.

❹ 不完全合同理论主张以剩余控制权（residual rights of control）的分布来定义企业与市场。市场交易中的双方在剩余控制权上是对称分布的，而在企业内部交易中意味着剩余控制权是非对称分布。这里的剩余控制权就是法学意义上的所有权。

（二）不完全合同理论的基本体系

不完全合同理论是以合同的不完全性为起点、以产权控制权（或剩余控制权）的最佳配置为目的建立的分析框架。不完全合同理论的基本逻辑为：由于合同具有不完全性，当事人双方无法在事前谈判中完全确定专用性投资，即该类投资无法写入合同中。而一旦开始交易，双方势必会面临再次谈判的局面，但在再次谈判过程中，投资人有可能面临被劫持（hold up）的风险。基于对这种风险的预期，投资人在事前投资时就会存在动力不足的情况。也就是说，不完全合同理论认为：在对称信息的情况下，一定会出现投资不足或无效投资的情况。

解决上述问题有若干种方法。第一是立法或司法干预。上文中的默示条款就是法律干预的典型手段，而创立默示条款的前提是其创立成本小于当事人双方私下解决不完全合同问题的总成本，否则默示条款是不效率的。另一类法律干预是从赔偿的角度入手，在完全赔偿❶的原则下同样能够减少投资不足的情况。第二是主张以产权理论解决。由于合同的不完全性，事前合同必定包含了剩余的权利，而这类剩余权利源自所有权，所有权越多，剩余控制权越大。因此，我们可以通过对产权的配置平衡投资激励。❷ 在 GHM 模型下，产权应当配置给更重要的一方。第三是政府治理干预，其主张以减少交易成本的方式解决不完全合同问题。在政府治理干预的框架下，对合同的治理应基于其产生的交易费用，而不完全合同应该匹配更高程度的政府干预。

由此可见，不完全合同理论是在激励理论与交易成本理论的基础上发展的。与另外两种理论相比，不完全合同理论更贴近于现实，其能够增加我们对现实问题的把握。在厘清合同理论的基本框架后，我们将进一步探

---

❶ 此处的完全赔偿不仅需要包含积极损失，还需要包含消极损失。

❷ 这一结论是基于以下假设：资产越多，投资激励越大。也有学者不认可此观点，他们认为上述假设在特定条件下并不成立，甚至结论相反｛参见例如：CHIU Y S. Noncooperative Bargaining, Hostages, and Optimal Asset Ownership [J]. The American Economic Review, 1998, 88 (4): 882 - 901; DE MEZA D, LOCKWOOD B. Does Asset Ownership Always Motivate Managers? Outside Options and the Property Rights Theory of the Firm [J]. The Quarterly Journal of Economics, 1988, 113 (2): 361 -386｝。

讨其在知识产权交易中的应用。

四、合同理论在知识产权交易中的体现与运用

合同理论对知识产权交易的影响主要体现在两个方面：第一，从市场交易层面来看，知识产权权利人与实施者可以通过合同理论了解到合同框架的设计，从而通过具体条款激励对方实施有利于己方的行为；第二，从法律制度层面来看，政府可以在合同理论的基础上通过立法制度设计或司法手段等措施促进权利人与实施者完成交易并使公众从中收益。然而，在第一个方面中，权利人与实施者交易合同中的核心主要是围绕着价格问题，在未讨论价格理论的情况下无法有效分析定价问题。因此，我们将在第四章讨论权利人与实施者交易中的合同定价问题。在本部分，我们将主要讨论知识产权法律制度层面中的合同理论问题。实际上，合同理论在法律制度建设中的应用非常广泛，我们也很难在一章中穷尽讨论。因此，本部分只关注有代表性的例子。具言之，在知识产权制度建设中，对合同理论的应用能够在立法与司法两个层面中体现。接下来，我们将依次讨论这两个层面中的合同理论应用。

（一）立法层面上的合同理论

合同理论在立法层面上的应用可以体现在两个方面。第一，在权利的保护方式、保护范围与保护时间的制度设计中都涉及合同理论，合同理论在这些方面的使用主要是宏观层面的交易，即公众与权利人之间的交易。在此交易中，政府需要以给予发明人一定时期内的垄断权换取发明的公开；这种交易能使公众从中收益。第二，政府通过具体的知识产权制度设计可以激励产业内的交易，即权利人与实施者的交易。这种交易是相对微观层面的交易。在此类交易中，政府主要通过制度干预，强制或"润滑"权利人与实施者的交易过程，以促使双方交易的完成。在本部分，我们将依次探讨上述两个方面。

1. 公众与权利人之间的交易

公众与权利人之间的交易主要体现在对知识产权的保护制度设计上。现有知识产权制度的框架最早可追溯到 14 世纪，当时的统治者已经开始给

予发明人排他性的权利。❶ 但最早一部专利法实际是在 1474 年颁布。❷ 当时，许多学者就应该给予权利人何种奖赏作出过讨论，主流学者支持应该给予权利人排他性权利而不是金钱奖励。例如，亚当·斯密认为尽管垄断对社会不利，但将一定时期内的排他性权利作为发明者的奖赏是很好的方式。❸ 杰里米·边沁（Jeremy Bentham）也通过对比研究了政府给予发明者排他性权利与金钱奖励各自的效率，并指出前者显然是最合适的。❹ 同样，约翰·斯图尔特·米尔（John Stuart Mill）也认为权利的奖励更有效率，可以减少政府对发明的判定以及对发明价值的判定并将这些问题留给消费者解决。❺ 然而，也有不少学者认为应该采用其他奖励代替垄断权。例如，约翰·弗雷德里希·洛茨（Johann Friedrich Lotz）质疑了奖励发明者垄断权是否妥当，认为国家奖励发明者是更公平和有经济优势的。❻ 还有一些学者对发明的种类进一步进行了区分，认为付出巨大成本的发明可以被奖赏，但是偶然发现的发明则不能。❼

随着研究的不断深入，逐渐形成了四种支持给予权利人一定时间内垄断权作为奖赏的理论基础。弗里茨·马克卢普（Fritz Machlup）将这些观点总结为了四种学说：自然法律说（Nature Law thesis）、垄断回报说（Reward by Monopoly thesis）、垄断激励说（Monopoly‑Profit‑Incentive thesis）、秘密互换说（Exchange for Secret thesis）。❽ 所谓自然法律说❾，是指人们有对自己

---

❶　参见：FRUMKIN M. The Origin of Patents [J]. Journal of the Patent Office Society，1945，27（3）：143.

❷　参见：尹新天. 中国专利法详解 [M]. 北京：知识产权出版社，2011：1.

❸　参见：SMITH A. An Inquiry into the Nature and Causes of the Wealth of Nations [M]. London：J. M. Dent，1901：471–474，584.

❹　参见：BENTHAM J. A Manual of Political Economy [M/OL]. 1843 [2023–05–25]. http://socserv. mcmaster. ca/econ/ugcm/3113/bentham/manualpoliticaleconomy. pdf.

❺　参见：MILL J S. Principles of Political Economy [M]. Indianapolis：Hackett Publishing，2004：271.

❻　参见：MACHLUP F，PENROSE E. The Patent Controversy in the Nineteenth Century [J]. The Journal of Economic History，1950，10（1）：24.

❼❽　参见：MACHLUP F. An Economic Review of the Patent System [M]. Washington，D. C.：United States Government Printing Office，1959：20.

❾　参见例如：MURPHY M C. Natural Law in Jurisprudence and Politics [M]. Cambridge，Eng.：Cambridge University Press，2006；CROWE J. Clarifying the Natural Law Thesis [J]. Australian Journal of Legal Philosophy，2012，37（8）：159–181.

想法的自然授予的权利，未经授权的使用属于偷窃，自然法律赋予所有人天然的排他权，所以对于专利权来说，排他性的执行方式是正确的。所谓的垄断回报说❶，是指发明人的回报是要与发明对社会有用的程度成比例的，所以有效的奖励方式就是授予一定时期内的排他性的垄断权利。这种方式可以避免人为判定专利价值带来的误差，将判定价值的权利交给市场决定。垄断激励说与垄断回报说类似，只不过其是以激励角度看待专利的垄断权，认为只有足够的激励才能使发明人有动力继续创新，而垄断权是最适合的激励措施。秘密互换说则是将专利看成发明人与社会之间的一种交易，社会用一定时期内的垄断权换取发明人的技术公开。

根据上述讨论我们能够发现：专利保护方式的设计中考虑到了激励与成本因素。一方面，以垄断权换取发明的公开能够激励发明人投入更多的精力与财力在创新活动上。另一方面，若政府采用金钱奖励的方式，则其需要花费大量成本在定价问题上，且价格的准确性也很难把控；相比之下，奖励垄断权所花费的成本要远远低于单独定价的成本之和。因此，政府最终选择以一定时期内的垄断权作为奖励发明创造的方式。

在确定了知识产权的保护方式后，随之而来的是对专利保护期限及范围展开了讨论。威廉·诺德豪斯（William D. Nordhaus）从代数的角度入手，详细论述了专利保护期限的确定方法。❷ 弗里德里克·谢勒（Frederic M. Scherer）从几何学的角度对其观点进行了补充。❸ 诺德豪斯随后对谢勒的几何方法给予了肯定，但又指出了关于专利保护期限、专利门槛等一系列问题。他认为：固定的专利保护期限不是最佳的，长期专利保护期限要优于短期保护，虽然有可能会带来垄断问题，但垄断可以通过提高给予专利的门槛解决。❹

---

❶ 参见例如：MILL J S. Principles of Political Economy [J]. Indianapolis：Hackett Publishing, 2004：271, 279.

❷ 参见：NORDHAUS W D. Invention, Growth, and Welfare：A Theoretical Treatment of Technological Change [M]. Cambridge, Mass.：The MIT Press, 1969：168.

❸ 参见：SCHERER F M. Nordhaus' Theory of Optimal Patent Life：A Geometric Reinterpretation [J]. The American Economic Review, 1972, 62 (3)：422–427.

❹ 参见：NORDHAUS W D. The Optimum Life of a Patent：Reply [J]. The American Economic Review, 1972, 62 (3)：428–431.

此后，学界将研究重点转移至专利保护的范围。保罗·克伦柏（Paul D. Klemperer）的研究关注专利保护范围与专利保护期限的权衡。其运用模型说明了如何以最小的社会成本为代价确定应该给予发明人何种程度的奖赏，继而确定了专利权的合理保护范围。❶ 理杰德·吉尔伯特（Richard Gilbert）和卡尔·夏皮罗（Carl Shapiro）的研究则是基于权衡专利权带来的创新激励与垄断带来的无谓损失（deadweight loss）。他们指出：过长时间的专利保护反而会阻碍后续的创新。❷罗伯特·莫杰斯（Robert P. Merges）和理查德·纳尔逊（Richard R. Nelson）也认为专利制度的核心是权衡创新激励与垄断带来的弊端。他们认为：在不大范围降低创新激励的基础上，应该尽可能多地维持产业竞争环境，而不应该任由专利企业主导市场。❸曼弗雷迪·拉·曼纳（Manfredi M. A. La Manna）教授也指出了仅讨论专利保护期限的不足，认为设立合理的可专利性门槛要比设立合适的专利保护期限更有意义。❹ 此外，乔舒亚·勒纳（Joshua Lerner）也通过实证研究的方式研究了专利保护范围对企业的影响。❺ 勒纳采用了基于国际专利分类（IPC）方案的专利代理范围，通过检验知识产权存量（the stock of intellectual property）与公司价值（firm value）之间的关系来确定专利保护范围所带来的价值。通过535个样本，勒纳发现专利保护范围对这些公司的估值具有显著影响。之后，勒纳检验了专利保护范围与消费者转移到其他替代产品的难易程度之间的联系，并发现专利保护范围更受到子类专利公司的重视——这与克伦柏（1990）的研究结果相同。相似的实证研究还有特德·奥多诺休（Ted O'Donoghue）、斯科奇姆和雅克－弗朗索瓦·蒂斯（Jacques－

❶ 参见：KLEMPERER P D. How Broad Should the Scope of Patent Protection Be [J]. The RAND Journal of Economics, 1990, 21 (1): 113–130.

❷ 参见：GILBERT R, SHAPIRO C. Optimal Patent Length and Breadth [J]. The RAND Journal of Economics, 1990, 21 (1): 106–112.

❸ 参见：MERGES R P, NELSON R R. On the Complex Economics of Patent Scope [J]. Columbia Law Review, 1990, 90 (4): 868.

❹ 参见：LA MANNA M M A. Optimal Patent Life vs. Optimal Patentability Standards [J]. International Journal of Industrial Organization, 1992, 10 (1): 81–89.

❺ 参见：LERNER J. The Importance of Patent Scope: An Empirical Analysis [J]. The RAND Journal of Economics, 1994, 25 (2): 319–333.

Francais Thisse）的文章。他们发现：与专利保护时间相比，专利保护范围似乎更加重要，因为只有一小部分专利会一直付费到专利保护期满，而大部分专利权人不会花费金钱维持专利的有效性。❶

在 2000 年后，以美国为首的国家进一步强调了专利保护的范围。❷ 亚当·贾菲（Adam B. Jaffe）总结了之前几十年内的相关研究并深入作了实证研究，但研究结果并不理想：由于难以将专利政策量化为参数，也很难在变量的动态变化中辨认统计学上的显著性，其研究仅得出了粗略的结论。贾菲认为扩大专利的保护范围并不会对研发进程产生巨大影响——其似乎并不认同当时的美国进一步加强了专利保护。❸ 南希·加利尼（Nancy T. Gallini）同样对美国的专利系统改革作出了研究。他认为之所以贾菲（2000）的实证研究没有发现美国对专利保护的强化，是由于企业尚未有足够时间对政策的改变作出反应。同时他指出在设计有效的规则时不能再依赖简单的权衡原则，即以限制创新产品的使用为代价达到刺激创新的目的，因为在累积创新的环境中，专利制度反而破坏了其原本想要保护的发明创造，专利改革影响创新过程的层面，远远超出了其对创新激励的影响。❹ 这应该是最早专利丛林理论的雏形。随后，朱智豪（Angus C. Chu）尝试用动态均衡理论确定专利的保护范围，其试图改变模型中资本累积的动态扭曲问题，并希望能够消除专利阻碍带来的负面影响，以扩大专利的保护范围。朱智豪在研究中发现：只要长期总要素生产率（total factor productivity）增长的一部分不可忽视，那么市场对研发的投资就不足，但扩大专利广度可能是解决研发投资不足的潜在问题的有效方法，由此产生的

❶ 参见：O'DONOGHUE T, SCOTCHMER S, THISSE J – F. Patent Breadth, Patent Life, and the Pace of Technological Progress [J]. Journal of Economics and Management Strategy, 1998, 7 (1): 1 – 32.

❷ 至少从当时的案例看来，美国自 1980 年开始就逐步强调专利权人的权利，并在 2000 年左右达到了前所未有的高度。直到 eBay 案件后，其才又对权利人的权利加以限制。

❸ 参见：JAFFE A B. The U. S. Patent System in Transition: Policy Innovation and the Innovation Process [J]. Research Policy, 2000, 29 (4/5): 531 – 557.

❹ 参见：GALLINI N T. The Economics of Patents: Lessons from Recent U. S. Patent Reform [J]. Journal of Economic Perspectives, 2002, 16 (2): 131 – 154.

对消费的影响可能很大。❶塔皮奥·帕洛坎加斯（Tapio Palokangas）在之后分别模拟了两种产业状态——假设产业中仅存在一个创新者的情况及一个创新者与一个模仿者的情况，以确立最佳的专利保护范围。他发现：专利法影响着专利保护期限，而强制许可制度及许可费影响着发明人的预期收益，政府可以通过这两种制度来平衡创新与模仿。最佳的专利策略依靠两种外部性因素：多样化及研发的溢出效应（研发的溢出效应是指研发所带来的外部性，即公司 A 研发后对公司 B 带来的影响）。多样化可以提高消费效率：当多样化多于研发的溢出时，专利保护期应该延长，但保护范围应该缩小。帕洛坎加斯认为随着竞争规模的增加会产生一种矛盾的效应：福利会因多样性的增长而增加，同时，溢出效应也会增强，但溢出效应会导致研发力的增加及生产力的减少，从而带来消费的减少及社会福利的减少。为了达到增加竞争规模的目的，专利的保护范围应该缩减。大范围的竞争可以减少存款的边际收益率，而家庭的客观折现因子（discount factor）需要下降至相同程度，但这只有在增长率下降时才有可能发生。所以政府必须保证增长放缓，而为了达到这一目的，双寡头创新激励应该通过专利保护期限的延长而减缓。最终，帕洛坎加斯得出了具有不可分散风险和产品周期的经济型的最佳专利保护雏形。❷ 或许是受到了帕洛坎加斯观点的影响，亦或许是因为 eBay 案件的裁定，美国法院也开始逐步限制权利人的权利范围。

在对知识产权的保护时间与保护范围的思考上同样体现出了学界对合同理论的应用。从激励的角度来看，较长时间与较大范围的知识产权保护势必能够对创新及投入起到激励作用，但同时，垄断又会提高社会的竞争成本，且当垄断者危害到社会整体福利时，破除垄断需花费更高的成本。因此，对知识产权保护期限与范围的确定也需要平衡激励与成本因素。

―――――――――――

　　❶ 参见：CHU A C. Optimal Patent Breadth：Quantifying the Effects of Increasing Patent Breadth [EB/OL].［2022 - 07 - 30］. https：//mpra. ub. uni - muenchen. de/3910/1/MPRA_paper_3910. pdf.
　　❷ 参见：PALOKANGAS T. Optimal Patent Length and Breadth in an Economy with Creative Destruction and Non - Diversifiable Risk ［J］. Journal of Economics, 2011, 102 (1)：1 - 27.

2. 权利人与实施者的交易

除了公众与权利人的交易外，政府同样可以通过制度设计促进权利人与实施者的交易。典型的制度包括专利强制许可、著作权法定许可与专利开放许可等。这些制度本身具有一定的共性，但却又各有不同。本部分将逐一讨论上述三类许可制度。

强制许可是指实施者可以不经过权利人同意直接实施其知识产权但须付费的制度。在我国，强制许可只存在于专利制度中。专利强制许可的基本流程是：实施者可以向国务院专利行政部门提出书面申请，请求给予强制许可，国务院行政部门作出决定后需要告知申请人，若其最终作出了给予强制许可的决定，则需要予以登记和公告。根据《专利法》第 53 ~ 57条，给予强制许可需要考虑许可行为对市场竞争、公共健康与发明创造的影响。这些考虑都是为了保障公共利益，避免激励权利人以牺牲公共利益为代价牟利，也让权利人在拒绝许可时有所忌惮，从而激励权利人许可。然而，从交易成本的角度来看，专利强制许可似乎并不一定能节约交易成本。专利强制许可与权利人自愿许可的区别在于定价形式不同：前者是司法定价，而后者是市场定价。由于司法定价的成本并不必然低于市场定价的成本，专利强制许可制度的目的更多是出于激励的考虑而并非节约交易成本。

再看美国著作权制度中的强制许可（compulsory license）。[1] 在该制度下，实施者虽然可以在未征得权利人同意的情况下使用著作权，但其必须告知权利人；若无法找到权利人，则需要告知美国版权局并附上法定许可费（statutory fee or statutory rate）。从流程上看，其与中国专利的强制许可制度不同：美国著作权强制许可并不需要过多的审查，而是将可被强制许可的著作权类型化，只要符合该类型的著作权都可以被直接使用。与我国的专利强制许可制度相比，美国的著作权强制许可制度可以有效降低交易的不确定性，减少权利人与实施者的交易成本，提高双方的交易效率。

---

[1]　若严格按照英文，宜将 copyright 翻译为版权，但为了全书表述的统一性，我们仍将 copyright 称为著作权。

　　虽然我国著作权制度中没有规定强制许可，但我国有合理使用与法定许可两种对著作权的限制措施。其中，我国著作权法定许可与美国著作权强制许可类似，都以类型化的方式列举了符合法定许可/强制许可的情形。然而，美国强制许可要求事前通知或近似事前通知，但我国法定许可允许事后告知。法定许可不需要征得权利人的同意。而强制许可中，实施者需要以合理条件要求著作权人许可使用，在著作权人无正当理由拒绝许可的情况下，实施者可以申请强制许可。两者的根本区别体现在激励方面：事前通知可以减少实施者被劫持的可能性，而事后告知会增加被劫持的风险，劫持行为主要影响的是价格。因此，降低这种风险的方式可以通过法定许可费率的方式。可见，我国著作权法定许可同样可以降低交易成本，提高交易效率。然而，确定法定许可费率需要非常谨慎，一旦定价过高或过低则会产生不良的激励影响。

　　合理使用规则是另一种对著作权的限制。合理使用是指实施者可以不经著作权人许可，也不向其支付费用，直接使用作品。合理使用与法定许可和强制许可有两点重要区别：第一，合理使用可以不告知权利人，也不用支付任何费用，但法定许可与强制许可必须告知权利人并支付费用；第二，我国的法定许可和美国的强制许可条件都在法条中进行了较为明确的描述，但我国除了在《著作权法》第24条规定了12种情形的合理使用外，更是存在兜底条款，而兜底条款也增加了合理使用的不确定性。第一点区别体现了法律对著作权的限制，其目的是破除现有著作权的垄断力，减少其对创新的不利影响；而第二点区别体现了合理使用原则增加交易的不确定性。一般来说，交易的不确定性越高，其成本就越高，甚至可能会阻碍双方的交易。然而，从激励的角度来看，合理运用不确定性能够起到激励交易的作用。以合理使用为例，若没有此制度，权利人在与实施者谈判时会处于相对优势地位，其可以通过著作权提高其议价能力，甚至也能够进行劫持行为。然而，合理使用原则增加了其议价和劫持的风险，在一些"模棱两可"的情况下，法院有可能会将实施者的使用行为判定为合理使用——这也会使权利人在议价或劫持时有所顾忌。在这种情况下，合理使用制度所带来的不确定性会降低权利人的价格预期，也更有利于交易的达成。因此，合理使用制度可以起到激励交易的作用。

与强制许可、法定许可与合理使用相似，开放许可制度同样可能促进交易的完成。但由于开放许可制度尚未充分实践和完善，其究竟能起到何种程度的促进作用仍未可知。在我国，开放许可制度是在《专利法》2020年修正时新加入的一种特别许可制度。开放许可是指权利人通过专利授权部门公告作出声明，表明实施者可以通过支付规定的许可费而获得实施该专利的许可。专利开放许可制度本质是由政府提供一个交易平台，让专利权人在平台上发出要约，实施者通过该平台检索到专利权人并按照规定的价格支付许可费即可使用专利技术。开放许可的核心目的是通过减少交易成本的方式促进双方完成交易，但其却忽略了专利议价过程的特殊性。

理论上来说，若完全按照开放许可制度的原理运行，确实能够起到降低交易成本的作用。如果实施者可以通过平台检索到权利人，则能够降低其信息搜寻成本；若权利人与实施者完全按照开放许可中的专利标价达成交易，则也能够降低交易的议价成本和缔约成本；若法院在面对价格纠纷时完全参照开放许可中的价格，则也能够降低执行成本。但实际上来看，开放许可制度能否按照设计路线运行尚未可知。

第一，实施者未必会按照开放许可制度所设想的那样支付费用，其可能会对价格或专利本身产生异议。一方面，专利开放许可类似于橱窗产品，其中的专利许可费是明码标价的，其理论上也是统一定价。然而，与传统的有形财产不同，专利的价格、质量、有效性与保护范围等方面均具有不确定性，这些不确定性都会增加双方争议的可能性。从某种程度上来看，开放许可中同样存在议价问题，而这与普通专利许可中的议价谈判并无太大区别。另一方面，虽然开放许可中的专利可以在公共渠道查询，但我们不能推定实施者必然知道专利的存在，实施者同样可能面临搜寻成本较高的问题。因此，开放许可制度只能在一定程度上降低搜寻成本，双方的议价成本和缔约成本可能仍然很高。

第二，当权利人与实施者发生纠纷时，开放许可制度并未明确救济方式，这也意味着法院对开放许可专利的救济措施还需要沿用普通专利的救济框架，从而导致其执行成本不会有太多改变。在开放许可中，首次进入的实施者可能面临两种情况：一是实施者在无意情况下使用了开放许可中的专利；二是实施者发现了开放许可中专利的权利要求覆盖了其产品特征。第一种情况属于侵权问题。在第二种情况下，又需要进一步讨论。当实施者发现了开放许可中的专利时，其可以选择接受或不接受权利人的报价。如果实施者接受报价，则不会产生救济问题。如果实施者不接受标价，那么则又有以下四种情况：一是实施者通过与权利人谈判获得了低于标价的费率；二是实施者不与权利人谈判，直接使用其专利；三是实施者不使用专利；四是实施者以价格过高为由向法院起诉，要求法院确定合理许可费。在第一种情况下，实施者与权利人的谈判过程是一个市场谈判的过程，不存在司法救济的问题；在第二种情况下，实施者的行为属于侵权问题；第三种情况不涉及任何定价问题；第四种情况属于确认许可费之诉。

不难发现，首次开放许可中的司法定价可能发生于侵权之诉与许可费确认之诉之中。我们接下来的问题则是法院如何解决这两种"诉"中的定价问题。当面对侵权之诉时，法院可以采用普通专利侵权司法定价方式中的实际损失计算法、合理许可费赔偿法或法定赔偿法，也可以选择直接采用权利人在开放许可中的标价作为损害赔偿数额。如果法院直接采用了权利人的标价，则意味着法院认可了权利人出价的合理性。如果权利人的报价真的合理，则不会出现问题。但如果权利人出价过高，法院是否需要对其进行矫正？如果法院矫正了，这与普通专利的许可费确定又有何差别？开放许可中的司法定价最后是否又会回归到普通专利许可的司法定价中？如果法院没有矫正，那么长此以往，权利人势必会在开放许可中索要高价，以通过开放许可制度获得超额利润；开放许可制度也将成为权利人进行专利劫持的工具。如果法院采用了侵权损害赔偿中的计算方式重新计算损害赔偿数额，那么则与普通专利侵权中的司法定价并无区别，这也意味着权利人在开放许可中的报价毫无意义。如果法院以侵权损害赔偿方式计算出的许可费价格低于权利人的报价，则会导致实施者进行反向劫持——先用后付费，从而架空了开放许可制度。同样，法院在确认合理许可费之诉时仍然面临两难的选择：重新判定费率则与普通专利许可中的司法定价相同，也会架空开放许可制度，而直接采纳权利人的报价又会激励专利劫持行为。当权利人与实施者再次续约时，则有可能出现合同违约之诉，即实施者认为开放许可中的专利报价过高，此时法院同样面临选择的困境：

如果法院认可实施者的说法，选择重新定价，此行为也会架空开放许可制度，且此时开放许可中的司法定价与普通专利许可中的司法定价并无区别；如果法院选择直接采纳权利人的出价，又会增加权利人的议价能力，提高权利人劫持的可能性。由此可见，在专利开放许可中，不论首次许可还是再次许可，均不存在特别的救济问题。因此，从救济层面来看，开放许可制度不会降低交易的执行成本。

总体而言，强制许可、法定许可与合理使用制度能够在不同程度上降低交易成本并激励权利人与实施者完全交易。然而，专利开放许可制度只能稍许减少信息搜寻成本并在特定情况下能够降低议价成本与缔约成本，但开放许可制度并不能降低执行成本，因为其在司法救济时仍然沿用普通的救济模式。从专利开放许可制度中我们能够发现：立法层面的制度设计虽然可能拥有良好的初衷，但其在具体实施阶段仍然存在大量的不确定性，从而导致其结果未必"尽如人意"。因此，立法层面的制度设计只是法律干预的一部分，而另一重要部分则是司法干预。

（二）司法层面上的合同理论

司法中对合同理论的应用主要体现在救济问题上。我国知识产权侵权救济主要有两种类型，即金钱救济与禁令救济，而不同的救济类型所起到的作用有所差异，产生的结果也不同。本部分将从金钱救济与禁令救济这两种救济方式入手，讨论其在合同理论框架下的差异性，进而揭示其对当事人行为选择的影响。

1. 金钱赔偿与禁令救济中的合同理论

金钱赔偿与禁令救济是我国常用的两种救济手段，这两种救济方式都蕴含了合同理论的经济原理。下文将依次进行讨论。

金钱赔偿具有多元化的功能，其兼具了补偿性功能、预防性功能与制裁性功能。❶ 在这些功能当中，补偿性功能是金钱赔偿的基本功能，其本

---

❶ 参见：王利明. 侵权责任法研究：上卷 ［M］. 2 版. 北京：中国人民大学出版社，2010：676.

质是对已发生损害的一种弥补;❶ 而预防性功能和制裁性功能是对补偿性功能的一种补充。例如,惩罚性赔偿制度的目的就是惩治恶意侵权人并在一定程度上警示他人避免实施类似的行为。

知识产权侵权损害赔偿制度将金钱赔偿作为主要的赔偿方式。为了实现补偿功能,金钱赔偿制度坚守的是完全赔偿原则与禁止得利原则。❷ 这两项原则分别代表着赔偿数额的下限与上限,其共同决定了金钱赔偿的合理区间。在传统的损害赔偿中,确定有形财产的价值或许并非难事,但在知识产权侵权损害赔偿中,价格问题往往是最难的,也最容易引起争议。权利人一般期望能够获得更高的金钱赔偿,实施方则会希望赔偿较低的数额,在缺乏激励的情况下让双方自行协商,很难在短期内达成一致,届时,又需要法院进行定价,这样无疑是不效率的。反之,由法院通过司法定价的方式直接判定损害赔偿数额可以节约上述过程中无意义的谈判时间,尽快弥补权利人的损失。虽然司法定价的种种不足一直为各界所诟病,许多人指出司法裁判的损害赔偿数额过低❸,还有学者质疑举证制度❹,但这并不能否认金钱赔偿的效率。只要有恰当的定价方法,金钱赔偿可以变得更为合理。

实际上,补偿性功能之所以作为基本功能,是因其在理论上能有效激励权利人的创新和投入,使其不会因侵权行为而减少创新投入的动力。但仅仅

---

❶ 参见:BUSNELI F D, COMANDÉ G, COUSY H, et al. Principles of European Tort Law: Text and Commentary [M]. Vienna: Springer, 2005:102.

❷ 参见:程啸,王丹. 损害赔偿的方法 [J]. 法学研究, 2013 (3):55. 完全赔偿原则是民法中所坚持的原则,但禁止得利原则仍有争议,很少有学者将其作为损害赔偿的基本原则 (参见:王利明. 民法:侵权行为法 [M]. 北京:中国人民大学出版社, 1993:561;杨立新. 侵权损害赔偿 [M]. 北京:法律出版社, 2010:233)。

❸ 参见:吕凌锐. 专利侵权损害赔偿的实证研究 [J]. 电子知识产权, 2016 (11):19 - 26;全国人民代表大会常务委员会执法检查组. 关于检查《中华人民共和国专利法》实施情况的报告 [R/OL]. (2014 - 06 - 23) [2022 - 01 - 10]. http://www.npc.gov.cn/npc/c12491/201406/1fa592eaddef4bd190bfaf2df40d8f74.shtml;李明德. 知识产权侵权屡禁不止 原因之一是损害赔偿的数额过低 [J]. 河南科技, 2016 (8):6;詹映,张弘. 我国知识产权侵权 司法判例实证研究:以维权成本和侵权代价为中心 [J]. 科研管理, 2015 (7):150.

❹ 参见:吴汉东. 知识产权侵权损害赔偿中的举证责任倒置 [J]. 中国审判, 2014 (5):14;李扬,陈曦程. 论著作权惩罚性赔偿制度:兼评《民法典》知识产权惩罚性赔偿条款 [J]. 知识产权, 2020 (8):34 - 45;何培育,蒋启蒙. 论专利侵权损害赔偿数额认定的证明责任分配 [J]. 知识产权, 2018 (7):48 - 59.

依靠补偿性功能无法有效遏制侵权行为，因为其不会让侵权人因侵权行为而变得境遇更差，所以实施者在仅以补偿性功能为基础的金钱赔偿制度下仍然有动力实施侵权行为。正因如此，金钱赔偿同样需要行使预防性功能和制裁性功能以弥补补偿性功能的不足。例如，如果法院一直倾向于采用惩罚性赔偿的方式针对恶意侵权者，就可以对后来的恶意侵权者起到震慑作用。

相比于金钱赔偿，禁令救济能更好地运用激励理论行使预防性和制裁性功能并促进交易的达成。其既可以解决当前案件中的交易问题，也能够促进其他实施者与权利人在未来的谈判。禁令救济通常被认为是更符合专利权属性的救济方式，使用禁令救济可以有效防止在未来发生侵权的可能性。在一些情况下，禁令救济也可以激励当事人双方进行谈判，提高社会福利。但这并非说明在知识产权许可中，禁令救济的经济效应就一定优于直接确定许可费率的效应。禁令救济并不能适用于所有情况，即使确定能够使用禁令救济，不同类型的禁令救济也会产生不同的效果，如果使用不当，则容易产生不利影响。因此，在以禁令救济为激励之前，需要对其影响进行梳理。

一直以来，就有许多学者对法院在判定知识产权侵权后应采用禁令救济还是判定未来许可费进行过讨论。❶ 支持禁令救济的主要依据可以总结为：①其可以更加准确地反映出知识产权的价值，避免因法院裁定的费率不合理而导致对创新产生不利影响❷；②其可以鼓励事前谈判，避免事后谈判，而事前谈判似乎更符合知识产权的社会意义❸；③其可以有效阻止

---

❶ 参见例如：OGUS A I, RICHARDSON G M. Economics and the Environment：A Study of Private Nuisance ［J］. Cambridge Law Journal, 1977, 36 (2)：284 – 325；TROMANS S. Nuisance – Prevention or Payment? ［J］. Cambridge Law Journal, 1982, (41)：87 – 109；LEMLEY M A. The Ongoing Confusion Over Ongoing Royalties ［J］. Missouri Law Review, 2011, 76 (3)：695 – 707；SIDAK J G. Ongoing Royalties for Patent Infringement ［J］. Texas Intellectual Property Law Journal, 2016, 24 (2)：161 –214.

❷ 参见例如：MULLIGAN C, LEE T B. Scaling the Patent System ［J］. NYU Annual Survey of American Law, 2012, 68 (2)：289 –318；STERK S E. Property Rules, Liability Rules, and Uncertainty about Property Rights ［J］. Michigan Law Review, 2008, 106 (7)：1304.

❸ 参见例如：MERGES R P. Of Property Rules, Coase, and Intellectual Property ［J］. Columbia Law Review, 1994, 94 (8)：2655 – 2673；SCHOENHARD P M. Who Took My IP – Defending the Availability of Injunctive Relief for Patent Owners ［J］. Texas Intellectual Property Law Journal, 2008, 16 (2)：289；HEALD P J. Optimal Remedies for Patent Infringement：A Transactional Model ［J］. Houston Law Review, 2008, 45 (4)：1175.

反向劫持行为❶。反对禁令救济的主要依据在于禁令救济会增加权利人的议价能力，从而增加权利人进行劫持的可能性。❷ 不可否认这两种观点均提供了可靠的法律与经济依据，因此，禁令救济并不应该被完全允许或完全禁止，而应该根据具体情况决定。

禁令救济的主要意义有两点：第一，其能够增加实施者的侵权成本，为实施者制造更多的侵权风险，从而对侵权行为起到一定的遏制作用；第二，其能够通过司法干预的方式影响当事人的行为选择。禁令救济的第一点意义较为明确：若实施者被永久禁止使用知识产权，其前期的成本投入将无法收回，甚至也无法参加后续的市场竞争，因此，禁令救济能够有效起到预防性和制裁性功能。禁令救济的第二点意义涉及劫持与反向劫持的问题，下一部分将对此进行具体讨论。

2. 合同理论与当事人的行为选择

合同理论在司法层面的应用主要体现在其对当事人行为选择的影响。任何政策都会对当事人产生影响，从而在一定程度上改变当事人的行为选择。司法救济同样会改变权利人与实施者的决策与选择，劫持行为就典型反映了当事人的行为选择。劫持行为可以分为正向劫持（hold – up）与反向劫持（hold – out）两种类型：正向劫持是指权利人对实施者进行的劫持行为，而反向劫持是指实施者对权利人进行的劫持行为。虽然劫持行为在著作权领域也有发生，但一般来说劫持行为主要发生在专利领域，这也与其形成的原因有关。本部分将以专利领域为基础，分别对正向劫持与反向劫持的形成与影响进行讨论。

关于正向劫持其实并没有统一的定义。从以往的学术研究来看，正向劫持可以分为广义劫持与狭义劫持两类：广义上的正向劫持是指权利人在

---

❶ 反向劫持对实施者的激励在于拖延谈判或索要低价，其通常发生在救济不足的情况下；而禁令救济可以通过增加成本的方式威慑反向劫持者。

❷ 参见例如：LEMLEY M A, SHAPIRO C. Patent Holdup and Royalty Stacking ［J］. Texas Law Review, 2007, 85（7）: 1991 – 2049；SHAPIRO C. Injunctions, Hold – up and Patent Royalties ［J］. American Law & Economics Review, 2010, 12（2）: 280 – 318；BARNETT J M. Has the Academy Led Patent Law Astray? ［J］. Berkeley Technology Law Journal, 2017, 32（4）: 1313 – 1390.

其边际贡献率之上的定价行为❶，而狭义上的正向劫持是指权利人在事后
迫使实施者支付比事前更高许可费的行为❷。

有关正向劫持的讨论一般是建立在网络效应之上的。所谓网络效应，
也被称为网络外部性，是指用户对某一产品的估值取决于使用该产品的整
体用户数量的现象。❸ 那么，使用该产品的用户数量越多，该单个用户对
该产品的估值就会越高。❹ 可以认为："在其他条件相同时，连接到一个更
大的网络要更好。"❺ 网络效应可以分为直接网络效应与间接网络效应两
类：直接网络效应是指用户的效用直接来源于其他用户的数量；而在间接
网络效应中，用户不在意其他用户的数量，但在意网络所提供的功能。直
接网络效应常见于网络市场中，例如微博、微信、大众点评等，在这些网
络中，使用该网络的用户数量越多，用户获得的效用越高。间接网络效应
常见于系统市场的互补品中，例如苹果 iOS 系统与商店中的软件，或安卓
系统与其应用商店的软件。在这种系统市场中，用户并不在意其他用户的
数量，而在意使用 iOS 系统或安卓系统能为其提供的软件数量。网络效应
往往伴随着转换成本❻，并继而产生锁定效应❼，增加实施者转移的难度。

---

❶ 例如，易继明与胡小伟认为，专利劫持是指权利人迫使实施者接受不合理的许可费或者
许可条件的行为｜参见：易继明，胡小伟. 标准必要专利实施中的竞争政策："专利劫持"与
"反向劫持"的司法衡量［J］. 陕西师范大学学报（哲学社会科学版），2021（2）：84｝；丁茂中
将专利劫持定义为权利人强制索取高于合理许可费的现象｜参见：丁茂中. 论专利高价许可的反
垄断规制［J］. 知识产权，2016（3）：72｝。这些研究中均提到了"合理"一词，"合理"可以解
释为权利人的许可费收入要与其专利的贡献率相称。按照上述观点推理，在边际贡献率之上的定
价均可以视为不合理。

❷ 参见：FARRELL J，HAYES J，SHAPIRO C，et al. Standard Setting，Patents，and Hold－Up
［J］. Antitrust Law Journal，2007，74（3）：608－610；COTTER T F，HOVENKAMP E，SIEBRASSE
N. Demystifying Patent Holdup［J］. Washington & Lee Law Review，2019，76（4）：1501；罗娇. 论标
准必要专利诉讼的"公平、合理、无歧视"许可：内涵、费率与适用［J］. 法学家，2015（3）：86.

❸ 参见：SHAPIRO C，VARIAN H R. Information Rules：A Strategic Guide to the Network Econo-
my［M］. Boston：Harvard Business School Press，1999：13.

❹ 也有学者以递增函数的形式定义网络效应｜参见贝拉弗雷姆，佩泽. 产业组织：市场和
策略［M］. 陈宏民，胥莉，等译. 上海：格致出版社，2014：477｝。

❺ 参见：贝拉弗雷姆，佩泽. 产业组织：市场和策略［M］. 陈宏民，胥莉，等译. 上海：
格致出版社，2014：477.

❻ 有学者进一步梳理了转换成本与网络效应之间的关系，并指出直接网络效应是增加转换
成本的原因，但间接网络效应却是转换成本所产生的结果｜参见：贝拉弗雷姆，佩泽. 产业组织：
市场和策略［M］. 陈宏民，胥莉，等译. 上海：格致出版社，2014：479｝。然而，不论是直接还
是间接，都必然伴随着转换成本。

❼ 参见：SHAPIRO C，VARIAN H R. Information Rules：A Strategic Guide to the Network Econo-
my［M］. Boston：Harvard Business School Press，1999：11.

　　还有学者认为正向劫持是建立在沉没成本之上的行为。❶ 托马斯·科特（Thomas F. Cotter）指出：正因为有沉没成本的存在，权利人才能够对实施者进行"伏击"，以获取更高的许可费。❷ 诺曼·西布拉斯（Norman V. Siebrasse）和科特主张将转移成本和沉没成本区分看待。他们认为：转移成本是将来发生的成本，而沉没成本是过去已经发生的，转移成本对正向劫持的影响并不大，相比之下，更应该专注于沉没成本与机会成本。❸ 但同样有学者认为沉没成本与转换成本具有正相关性，沉没成本的投入会提高未来的转换成本。❹ 虽然也有学者认为沉没成本对选择与决策毫无影响❺，但从行为选择的角度来说，似乎沉没成本一直在影响决策。❻

　　此外，经常在正向劫持中考虑的还有分摊问题（apportionment problem）。分摊主要发生于专利劫持中，是指当实施者的产品中具有多项专利时，单独专利技术对其整个产品的贡献率可能很低，但是如果每个专利技术的权利人都以禁令或诉讼为威胁的话，其都可以要到更高的许可费。❼ 与前两种劫持相比，分摊问题更像是集体劫持问题。有学者认为这是外部性引起的：每个权利人在提高各自组件的价格时，都对其他权利人施加了外部

---

❶　参见例如：FARRELL J, HAYES J, SHAPIRO C, et al. Standard Setting, Patents, and Hold‐Up [J]. Antitrust Law Journal, 2007, 74（3）：604；SIEBRASSE N V, COTTER T F. The Value of the Standard [J]. Minnesota Law Review, 2017, 101（3）：1170.

❷　参见：COTTER T F. Patent Holdup, Patent Remedies, and Antitrust Responses [J]. Journal of Corporation Law, 2009, 34（4）：1151 – 1208.

❸　参见：SIEBRASSE N V, COTTER T F. Why Switching Costs are Irrelevant to Patent Holdup [EB/OL]. （2015 – 09 – 24）[2022 – 07 – 30]. http：//comparativepatentremedies. blogspot. com/2015/09/why – switching – costs – are – irrelevant – to_24. html.

❹　参见：GILBERT R. Deal or No Deal? Licensing Negotiations by Standard Setting Organization [J]. Antitrust Law Journal, 2011, 77（3）：862.

❺　参见例如：FRANK R H, BERNANKE B S. Principles of Microeconomics [M]. 4th ed. New York：McGraw – Hill, 2009：11；Mankiw N G. Principles of Microeconomics [M]. 5th ed. Boston, MA：Cengage Learning, 2009：297.

❻　参见：FRIEDMAN D, POMMERENKE K, LUKOSE R, et al. Searching for the Sunk Cost Fallacy [J]. Experimental Economics, 2007, 10（1）：79 – 104；KANODIA C, BUSHMAN R, DICK-HAUT J. Escalation Errors and the Sunk Cost Effect：An Explanation Based on Reputation and Information Asymmetries [J]. Journal of Accounting Research, 1989, 27（1）：59 – 77；CARMICHAEL L, MAC-LEOD B W. Caring About Sunk Costs：A Behavioral Solution to Holdup Problems with Small Stakes [J]. Journal of Law, Economics, & Organization, 2003, 19（1）：106 – 118.

❼　参见：LEMLEY M A, Shapiro C. Patent Holdup and Royalty Stacking [J]. Texas Law Review, 2007, 85（7）：1991 – 2049.

性，因此收取的专利使用费高于有效的专利使用费。❶

相对于正向劫持，反向劫持问题也同样被各界所关注。正向劫持与反向劫持是一组相对的概念，在未考虑到反向劫持的情况下，对正向劫持的讨论是不充分的。❷反向劫持本身也并没有统一的定义。托马斯·米塞利（Thomas J. Miceli）和凯瑟琳·塞格森（Kathleen Segerson）认为：反向劫持与高昂的交易成本、不完美信息、不平等的议价能力等因素相关；❸弗拉维奥·梅内塞斯（Flavio Menezes）和罗恩·皮奇福德（Rohan Pitchford）在其研究中将反向劫持解释为拖延谈判的行为；❹约翰·卡迪根（John Cadigan）等人认为反向劫持是指一方战略性拖延谈判以获得更高剩余的行为；❺肖恩·柯林斯（Sean M. Collins）和马克·艾萨克（Mark R. Isaac）在以往研究的基础上提出了反向劫持至少有三种表现——不平等的剩余分配、代价高昂的拖延谈判以及未能完成有效的交易。❻以上说法都有一定道理，结合这些观点，反向劫持应该是指实施者利用制度系统的规则，通过拒绝付费或拖延谈判的方式以支付更低许可费的行为。

与正向劫持行为相似，反向劫持本质上也是利用了权利人投入发明创造所产生的成本对权利人进行劫持，权利人弥补这些成本的方式只能通过自己使用或收取许可费。在权利人自己不使用知识产权的情况下，许可费收入可能是其唯一的收入来源。在面对诉讼成本的压力时，权利人极有可能妥协并同意实施者支付更低的价格。❼反向劫持的动力源自法律救济的

---

❶ 参见：BOLDRIN M，LEVINE D K. The Case Against Patents［J］. Journal of Economic Perspectives，2013，27（1）：8.

❷ 参见：CHIEN C V. Holding Up and Holding Out［J］. Michigan Telecommunications & Technology Law Review，2014，21（1）：1.

❸ 参见：MICELI T J，SEGERSON K. Land Assembly and the Holdout Problem Under Sequential Bargaining［J］. American Law & Economics Review，2012，14（2）：373.

❹ 参见：MENEZES F，PITCHFORD R. A Model of Seller Holdout［J］. Economic Theory，2004，24（2）：231－253.

❺ 参见：CADIGAN J，SCHMITT P，SHUPP R，et al. An Experimental Study of the Holdout Problem in a Multilateral Bargaining Game［J］. Southern Economic Journal，2009，76（2）：444.

❻ 参见：COLLINS S M，ISAAC M R. Holdout：Existence，Information，and Contingent Contracting［J］. Journal of Law & Economics，2012，55（4）：794.

❼ 反向劫持是典型的投机主义，与专利劫持的投机行为相似｛参见：MERGES R P，KUHN J M. An Estoppel Doctrine for Patented Standards［J］. California Law Review，2009，97（1）：11－15｝。在缺乏惩戒措施的情况下，反向劫持的投机不仅不会损害实施者，反而会使实施者受益。

不足。简言之，若实施者不会因反向劫持而使自己变得更差，其将有动力进行反向劫持。在现实中，反向劫持一般更有可能针对标准必要专利，原因在于标准必要专利通常更难获得禁令救济或惩罚性赔偿，所以实施者对标准必要专利的反向劫持通常并不会受到惩罚。

若从风险的角度来看，反向劫持本质上也可以看成实施者的风险转移行为。当实施者进行预先付费时，权利人可以提前收回其为专利研发所投入的成本；而当实施者拖延付费时，权利人不仅不能收回研发投入，还需要替实施者承担其经营失败的风险，若实施者最终经营失败，权利人可能永远无法收回其许可费。

其实，单个实施者的反向劫持行为并不可怕，但当一个实施者因反向劫持行为而获利后，难免会有更多的实施者效仿。而当大部分实施者都进行反向劫持时，权利人的许可费收入将无法得到保障，这无疑会影响产业内其他权利人的研发激励。正因如此，马坎·德拉欣（Makan Delarhim）认为：反向劫持的影响要比正向劫持更为严重。❶ 阿尔贝托·加拉索（Alberto Galasso）和马克·尚克曼（Mark Schankeman）也从专利纠纷与和解的角度入手，解释了权利人对和解以及解决速度的需求。❷ 这可以从侧面证明反向劫持会对权利人产生不利影响，从而造成权利人研发动力的降低。

解决正向劫持与反向劫持可以从司法救济措施入手，具言之，禁令救济可以平衡正向劫持与反向劫持。❸ 正向劫持会导致权利人有能力获得高于其专利贡献的价格，而反向劫持会导致实施方逃避付费、拖延付费或支付低于专利实际贡献的价格。这两种劫持方式表现出了知识产权许可中的两种极端问题，其反映出了两种价格的不合理性，即价格过高（正向劫持）或价格过低（反向劫持）。那么，只要解决了正向劫持与反向劫持的

---

❶ 参见：DELRAHIM M. Take It to the Limit：Respecting Innovation Incentives in the Application of Antitrust Law：Remarks at USC Gould School of Law［EB/OL］.（2017－11－10）［2022－07－30］. https：//www. justice. gov/opa/speech/file/1010746/download.

❷ 参见：GALASSO A, SCHANKERMAN M. Patent Thickets，Courts，and the Market for Innovation［J］. The RAND Journal of Economics，2010，41（3）：472－503.

❸ 劫持是权利人高议价能力的体现，反向劫持是实施者高议价能力的体现，因此，禁令救济亦可以被认为是平衡权利人与实施者的议价能力。

问题，就能够保障当事人双方以合理的价格达成一致。然而，正向劫持和反向劫持问题并不好解决，二者均受到司法裁判的影响：法院的救济如果过于充分，则会引发正向劫持行为；反之，在救济不充分时，则会引发反向劫持。因此，法院需要明确救济的界限。

根据上述分析不难发现，正向劫持的动力来源于索要高价。在实施者有其他替代技术的情况下，权利人正向劫持的价格空间是实施者的转换成本；在实施者没有替代技术的情况下，权利人正向劫持的价格空间是实施者未来的预期可得利润。而反向劫持的动力之一来源于逃避付费。逃避付费是一种投机主义，实施者寄希望于权利人没有发现侵权，或者在发现侵权之后认为维权成本高于维权收益，从而选择放弃维权。反向劫持的动力之二源自索要低价，而索要低价的前提是法院判决的费率低于市场谈判中确定的费率。由此可见，禁令救济对实施者谈判意愿的激励尤为明显，无论实施者为何实施反向劫持，禁令救济都能有效制止，而禁令救济无法激励权利人谈判，因此，使用禁令救济激励谈判的前提是权利人有较强的许可意愿。

虽然禁令救济不可避免会增加权利人的议价能力，从而导致权利人有能力进行正向劫持，但其增加的程度有限，权利人的许可费收益是基于实施者的实际销量，❶ 实施者因禁令导致的销量损失也会影响权利人的许可费收入，因此，权利人也有一定动力减少实施者的销量损失以获得更高的许可费。此外，临时禁令与永久禁令对谈判意愿的影响又有差别：对于产品技术生命周期较长的企业而言，只有永久禁令才有足够的影响力激励谈判；而对于产品技术生命周期较短的企业而言，临时禁令与永久禁令都可以起到激励谈判的作用。❷

从长期来看，如果经过多个案件后，实施者发现若出价过低则法院极

---

❶ 权利人有可能是"一口价"，即不论实施者生产多少产品，所付的专利费是一定的；也有可能是阶梯付费，即权利人为实施者划分几个生产销售数量的阶梯，在不同阶梯内的使用费不同；还有可能是确定单个产品使用专利的费用，以单个费率乘以实际销量之积作为许可费总额。在后两种情况下，权利人的许可费都与实施者的销量相关。

❷ 当然，目前在大多数国家在给予禁令救济时并不会考虑激励谈判的问题，而更多是考虑禁令救济是否损害公共利益与缺少禁令救济是否会导致权利人遭受不可弥补的损失。笔者并非认为禁令救济不应该考虑上述因素，而是换了一种思路，从激励交易的角度理解禁令救济。

有可能颁发禁令救济，其侥幸心理也会因而减少。为了避免损失预期收益或者支付转换成本，实施者会在最开始就主动联系权利人进行谈判，即进行事前谈判。

五、本章小结

合同是知识产权交易的保障，而合同理论解释了知识产权交易中可能面临的各种问题，其目的在于促进当事人双方完成最终的交易。对合同理论的掌握不仅有助于我们深入理解制度建立的初衷，也能让我们在面对司法实践中的难点问题时了解究竟何种救济方式才更有利于知识产权交易。虽然知识产权交易体系中蕴含了大量的合同理论原理，但合同理论并不能解释知识产权交易中的全部问题，其只能帮助我们分析阻碍交易的根源与缔约过程中各方的利益冲突问题及相应的解决方法，而无法解释知识产权交易中的另一个核心问题——价格。

第四章

知识产权交易中的价格理论

价格理论对知识产权交易的帮助主要体现在定价中。价格是知识产权交易中必不可少的组成部分，其反映的是一种商品交换的关系，确定价格是交易达成的标志，但定价往往又是最难的。在知识产权许可中，实施者需要与权利人沟通，以获得许可使用权，但沟通过程并不总是一帆风顺。知识产权作为企业进入某些特定领域的"敲门砖"或者作为提高效率的关键要素，其重要性不言而喻，权利人往往都期望能够凭借知识产权收取更高的许可费。相对地，实施者通常都希望能够支付更低的许可费，以节约生产经营的成本。当双方的矛盾无法解决时，则会发生纠纷。价格理论是对定价问题最为直接的理论研究，不仅揭示了价格的形成过程和变动规律，更是对价格所产生的影响进行了系统性的总结。通过对价格理论的研究，我们能够更为深刻地认识到知识产权交易中的价格形成过程，也能够更为从容地应对司法定价问题。本章将先梳理价格理论的基本体系，并在此基础上讨论其在知识产权交易中的具体适用。

一、价格理论的发展与体系

价格理论是帮助知识产权交易进行的重要工具：一方面，价格理论能够帮助我们理解权利人与实施者的议价过程；另一方面，价格理论也能帮助法院进行司法定价。价格理论可以细分为完全竞争价格理论、完全垄断价格理论与垄断竞争价格理论。其中，完全竞争价格理论是最为重要的，因此，本部分也将着重介绍完全竞争价格理论。本部分不会详细地阐述价格理论中的所有方法，而仅会重点关注知识产权交易中可能涉及的价格理论问题。由于价格理论涉及多个学派，本部分将先对价格理论的背景进行介绍，并说明当前价格理论的基本框架，进而沿用此分析框架分别讨论需求理论与均衡理论，最后简要讨论完全垄断市场与垄断竞争市场中的定价。

（一）价格理论的历史及意义

价格理论是知识产权交易中无法绕过的方法论基础。从学派来看，早期的价格理论可以分为四种学派：劳动价值论学派、边际效用论学派、斯拉法价格学派以及均衡价格学派。亚当·斯密是劳动价值论学派的代表人物，他将财富收入的增加归于劳动力的投入，并将劳动力视为价格形成的基础。❶ 李嘉图在斯密的基础上进一步完善了劳动价值论。❷ 劳动价值论学派将生产商品的代价视为价格的基础，但边际效用学派并不认可这一观点，其认为是边际效用决定了商品价格。❸ 斯拉法价格学派则是从投入和产出关系以及劳资分配关系的角度看待价格。❹ 有学者认为，斯拉法价格学派研究的是"交换价值或价格直接基础"的特殊形式——生产价格的精确值计算问题。❺ 以马歇尔为代表的均衡价格学派主张以产品供给与需求形成的均衡价格衡量其价值。❻ 均衡价格学派也是现如今的主流价格学派，

❶ 参见：SMITH A. An Inquiry into the Nature and Causes of the Wealth of Nations ［M］. London：Methuen，1961：41.

❷ 参见：RICARDO D. On the Principles of Political Economy and Taxation ［M］. Kitchener，Ontario：Batoche Books，2001.

❸ 参见例如：JEVONS W S. The Theory of Political Economy ［M］. London：Palgrave Macmillan，2013；MENGER C. Principles of Economics ［M］. Auburn，AL：Ludwig von Mises Institute，2007.

❹ 参见：SRAFFA P. Production of Commodities by Means of Commodities：Prelude to Critique of Economic Theory ［M］. Cambridge，Eng.：Cambridge University Press，1960.

❺ 参见：白暴力，白瑞雪. 斯拉法价格体系分析［J］. 当代经济研究，2011（1）：9-17.

❻ 参见：MARSHALL A. Principles of Economics ［M］. 8th ed. New York：Palgrave Macmillan，2013.

其理论不仅在微观经济学中被广泛使用，❶ 也被后续芝加哥学派的价格理论所沿用。❷

　　实际上，上述四种学派的价格理论与现在所熟知的价格理论并不相同。在严格意义上讲，前者更像是价值理论而不是价格理论，或者说，前者在研究时并未过于区分价值理论与价格理论。继均衡价格学派之后，理解市场过程如何决定稀缺资源的有效配置成为经济学所研究的主要问题，而对配置销量的关注引起了经济学家对竞争作用的关注。随着对市场竞争的进一步研究，严格意义上的价格理论也随之产生，"价格理论"一词也被用于指代商品价格的确定机制。早期关于"价格理论"一词的使用更像是为了与传统的价值理论进行区分，突出经济学界对价格形成机制和变动规律的重视。❸ 但这其实也揭示了价格理论的一个显著特征，即其承认了影响价格确定的各种竞争类型，同时关注了确定适用于特定市场竞争类型的因素。

　　在完善价格理论的进程中，经济学家们可谓是"各显神通"，哈罗德·霍特林（Harold Hotelling）与保罗·萨缪尔森（Paul A. Samuelson）等学者将大量的数学工具引入了经济学，并进一步丰富了马歇尔的理论。❹弗里德曼则更加重视马歇尔的传统理论，将经济学的理论分析与实际应用相结合，这也奠定了芝加哥学派价格理论的基调，❺ 并提升了价格理论的

　　❶ 参见例如：MAS-COLELL A，WHINSTON M D，GREEN J R. Microeconomic Theory ［M］. New York：Oxford University Press，1995：733；FRANK R H，BERNANKE B. Principles of Microeconomics ［M］. 4th ed. New York：McGraw-Hill，2009：11；蒋殿春. 高级微观经济学 ［M］. 2 版. 北京：北京大学出版社，2017.

　　❷ 参见例如：FRIEDMAN D D. Price Theory：An Intermediate Text ［M］. Cincinnati：South-Western Publishing Co.，1990；JAFFE S，MINTON R，MULLIGAN C B，et al. Chicago Price Theory ［M］. Princeton：Princeton University Press，2019.

　　❸ 参见例如：STIGLER G J，BOULDING K E. Readings in Price Theory ［M］. Chicago：Association by R. D. Irwin，1952；BAIN J S. Essays on Price Theory and Industrial Organization ［M］. Boston：Little，Brown，1972.

　　❹ 参见例如：HOTELLING H. The Economics of Exhaustible Resources ［J］. Journal of Political Economy，1931，39（2）：137 – 175；SAMUELSON P A. The Foundations of Economic Analysis ［M］. Cambridge，MA：Harvard University Press，1947；HICKS J R. Value and Capital ［M］. Oxford：Oxford University Press，1939；ARROW K J，DEBREU G. Existence of an Equilibrium for a Competitive Economy ［J］. Econometrica，1954，22（3）：265 – 290；DEBREU G. The Theory of Value ［M］. New York：John Wiley and Sons，1959.

　　❺ 参见：Becker G S. Milton Friedman ［M］ // SHILS E. Remembering the University of Chicago：Teachers，Scientists，and Scholars. Chicago：University of Chicago Press，1991：142.

广度。❶

可以说，如今芝加哥学派的价格理论不光研究价格的形成，更研究价格所产生的影响。价格理论是一种经济分析方法，❷ 其不仅可以描述个体的价格定价行为，还可以用于分析定价行为对福利与最优化等问题的影响。❸ 借用哈蒙德的评价："价格理论是解决问题的工具，而非有待解决的问题。"❹

价格理论是为了解释买卖双方的行为，即从供给与需求两方面分析知识产权的价格。供给与需求可以确定均衡价格，所以价格理论也可以说是在均衡的基础上探寻价格的过程。因此，价格理论的框架主要包括需求理论与均衡理论两个部分，而其中的均衡理论涵盖了供给问题。基于此，本部分后续的研究框架也沿用相同的逻辑，将首先从实施者需求角度入手，再将权利人的定价行为引入，以研究市场均衡问题。

在正式讨论之前，我们有必要区分一下供给与供给量之间的差异，以免在讨论过程中造成不必要的混淆。简言之，价格的变动不会影响厂商对产品的供给，但会影响厂商对产品的供给量。同理，需求与需求量之间也存在差异，价格的变动不会影响人们对产品的需求，但会影响人们对产品的需求量。

（二）需求理论

需求理论描述了消费者需求变化对市场价格的影响，其体现了消费者需求与市场价格的关系。对某种价格产品的需求反映了消费者对消费该产

---

❶　参见：SNOWDON B, VANE H R. Transforming Macroeconomics：An Interview with Robert E. Lucas Jr. ［J］. Journal of Economic Methodology，1998，5（1）：120 - 121.

❷　参见：WEYL E G. A Short Summary of Price Theory as Commissioned by the *Journal of Economic Literature*［EB/OL］，2014：3［2022 - 07 - 30］. https：//hope. econ. duke. edu/sites/hope. econ. duke. edu/files/Price_Theory_Summary_6_14. pdf.

❸　参见：WEYL E G. A Short Summary of Price Theory as Commissioned by the *Journal of Economic Literature*［EB/OL］，2014：5［2022 - 07 - 30］. https：//hope. econ. duke. edu/sites/hope. econ. duke. edu/files/Price_Theory_Summary_6_14. pdf.

❹　参见：HAMMOND D J. The Development of Post-war Chicago Price Theory［M］// EM-METT R B. The Elgar Companion to the Chicago School of Economics. Cheltenham：Edward Elgar Publishing，2010：6.

品的期望满意度，这种满意程度被称为效用。效用因消费者而异，对产品或服务的需求取决于两个因素：①满足需求的效用；②消费者为产品或服务付费的能力。在既定的条件下，消费者可以通过两种方式达到利益最大化：一是在一定的预算下达到效用最大化，二是在一定的效用下达到成本最小化。下文首先从第一种情况入手。

1. 效用最大化

效用最大化最早是由杰里米·边沁和约翰·斯图尔特·米尔提出的。❶效用最大化是消费者理论的主要组成部分，其研究的是消费者如何在一定预算下分配其财富。效用最大化理论是建立在理性消费者假设的基础上，因为消费者是理性的，❷其会利用有限的预算达到最大的收益。在传统的效用最大化理论中，消费者将花费所有收入，使得每件商品所花费的价格的边际效用是相同的。但其无法解释价格悖论（the paradox of value），❸因此，经济学家尝试引入了边际效用的概念。❹效用又可以分为总效用与边际效用：总效用是指从商品或服务的消费中获得的总体满意度，边际效用是指从消费额外单位的商品或服务中获得的额外满足感。

边际效用递减规律与需求理论具有一致性。如果消费者在消费更多商品时体验到边际效用减少，那么其只会在价格更低的情况下继续购买商品。也就是说，消费者只会在价格下跌时才愿意购买额外一单位的商品，因为该额外单位提供的满意度低于他消费的前一个单位。边际效用递减规律似乎也与需求的价格弹性一致，需求价格弹性也一直沿着线性需求曲线下降。

---

❶　参见：WELCH C. Utilitarianism［M］//EATWELL J，MILGATE M，NEWMAN P. The New Palgrave：A Dictionary of Economics. London：The Macmillan Press Limited，1987：772；MILL J S. Essay on the Definition of Political Economy［M］// ROBSON J M. The Collected Works of John Stuart Mill：Vol. 4. Toronto：University of Toronto Press，1836：321－322.

❷　乔治·施蒂格勒（George Stigler）解释了理性消费者的三个属性。参见：STIGLER G. The Theory of Price［M］. New York：Macmillan Publishing Company，1987：52.

❸　价值悖论是指：许多商品即使价格高昂，似乎也没有多大用处，例如钻石等奢侈品；但最有用的商品，通常价格最低，例如米、水、盐等。

❹　参见例如：JEVONS W S. The Theory of Political Economy［M］. London：Palgrave Macmillan，2013；MENGER C. Principles of Economics［M］. Auburn：Ludwig von Mises Institute，2007；FISHER I. Mathematical Investigations in the Theory of Value and Prices［M］. New Haven：Yale University press，1892；FORSYTHE R，NELSON F，NEUMANN G R，et al. Anatomy of an Experimental Political Stock Market［J］. The American Economic Review，1992，82（5）：1142－1143.

边际效用递减规律告诉我们每个消费者如何对增加的商品消费作出反应，但它并没有告诉我们关于消费者的选择的太多信息。消费者通常消费不止一种商品，其还必须以不变的价格和有限的收入购买这些商品。为了了解消费者选择购买每种商品的数量，我们需要一个框架来帮助我们进行分析。为了创造一个单一消费者决定购买每种商品数量的环境，我们将假设消费者的目标是最大化总效用，且消费者对市场上可用的两种商品有完全的偏好，并服从边际效用递减规律。最后，我们还需假设消费者面临两种商品的收入不变和价格不变。消费者具有完全偏好的假设意味着他确切地知道他将从消费特定数量的商品或服务中获得多少效用。这些假设足以让我们分析消费者的效用最大化。

早期的新古典经济学家假设效用是可量化和可衡量的。当效用可以量化和衡量时，被称为基数效用（cardinal utility）。❶ 在 20 世纪，新古典经济学家意识到应当放弃这样的假设，他们的目标是用更简单的假设取代不太可信的可量化满意度假设。也就是说，他们拒绝了基数效用，并在他们的消费者行为模型中使用了另一种效用取代，即序数效用（ordinal utility）。❷ 序数效用意味着消费者从商品消费中获得满足感，但其只能将偏好排序。

在此基础上，经济学家进一步研究了效用最大化问题，他们分别从预算与偏好的角度研究了效用问题。❸ 预算曲线是用以研究预算的工具，预算曲线的斜率代表消费者以当前价格在市场上以一种商品换另一种商品的能力。价格的变化导致预算曲线的旋转（斜率改变），而收入的变化导致

❶ 参见例如：STROTZ R. Cardinal Utility [J]. The American Economic Review, 1953, 43 (2): 384 - 397; KAUDER E. Genesis of the Marginal Utility Theory: From Aristotle to the End of the Eighteenth Century [J]. The Economic Journal, 1953, 63 (251): 638 - 650.

❷ 参见例如：STIGLER G. The Economics of Carl Menger [J]. Journal of Political Economy, 1937, 45 (2): 240; HICKS J, ALLEN R. A Reconsideration of the Theory of Value [J]. Economica, 1934, 1 (1): 52 - 76.

❸ 参见例如：SUPPES P, WINET M. An Axiomatization of Utility Based on the Notion of Utility Difference [J]. Management Science, 1955, 1 (3/4): 197 - 281; FUCHS - SELIGER S. Budget Preferences and Direct Utility [J]. Journal of Economic Theory, 1983, 30 (1): 188 - 190; MAS - COLELL A, WHINSTON M D, GREEN J R. Microeconomic Theory [M]. Oxford: Oxford University Press, 1995.

预算曲线的平行移动（斜率不变）。无差异曲线是用来研究偏好的工具。简单来说，无差异曲线是表示当消费者获得同样效用时的消费组合的曲线，其斜率一般为负值，无差异曲线的斜率一般就是商品的边际替代率。而效用最大化要求预算曲线的斜率等于边际替代率。马歇尔需求函数也是解决效用最大化问题的主要工具。❶

2. 成本最小化

接下来，我们可以变换角度，在效用不变的情况下，研究消费者的成本最小化问题。成本最小化是与效用最大化对偶的问题。希克斯需求函数是研究成本最小化问题的常用工具，其表现出的是需求量、价格与效用的关系，其目的在于计算出在给定价格和效用的情况下的消费者最小支出成本。消费者成本函数的偏导数就是希克斯需求函数。研究希克斯需求函数的意义除了在于最小化成本外，也是为了研究希克斯替代效应。所谓希克斯替代效应，是指当价格等比变化时，消费组合不变，成本相对不会发生改变，其效用也不会发生改变，也就是说，实施者新的预算正好可以在产品组合的新价格下满足其原有的效用。希克斯替代效应可以解释知识产权定价中再次谈判的加价问题，即当权利人与实施者在首次许可到期后，其可能需要进行再次定价，而在再次定价时，实施者的产品收入或预算可能会发生改变，其有可能会对产品进行提价，而知识产权组合中的其他知识产权价格也会发生变化。

与希克斯替代效应相似的是斯勒茨基替代效应，其是描述在预算不变的情况下，价格变化对商品需求量产生影响。斯勒茨基替代效应与希克斯替代效应的不同在于对实际收入的定义，即对预算的定义。前者将预算定义为购买力，也就是说，在商品价格发生变动后，该效应是指保持消费者实际收入不变的情况下所引起的商品需求量的变化。而后者关注的是新的价格能够回到价格变动前的无差异曲线上。但二者都可以分析不同的知识产权产品属性，即分析知识产权产品是属于正常商品还是低档商品，是奢

---

❶ 参见：NICHOLSON W. Microeconomic Theory [M]. Hinsdale：Dryden Press, 1978：90 – 93.

侈品还是吉芬商品（Giffen good）。❶

（三）市场均衡：以权利人供给行为为视角

一个市场至少需要具有一个买方和一个卖方。在了解实施者的需求函数后，则需要将权利人的定价行为代入，并对市场进行分析。市场需求是一个分配函数，对市场价格的讨论其实是分析个体从不愿意交易到愿意交易的过程。当卖方的供给与买方的需求平衡时，市场会达到均衡价格。我们还是从最基本的假设开始——假设市场上的两个权利人提供的知识产权是异质的，在只有一个实施者的情况下，其一定会跟其中提供更优质交易条件（价格更低或质量更高）的权利人交易，而无法提供优质交易条件的权利人将无法获得收益。那么，将权利人由两个变为两组，每组提供的知识产权质量不同，而实施者也同样变为一组实施者，如果实施者的需求量等于一组权利人的供给量，那么交易结果同此前一样，实施者会与其中更优质的权利人交易。如果两组权利人提供的知识产权供给量足以满足实施者的需求量，但任何一组权利人的供给量都会少于实施者的总需求量，那么，部分实施者会与其中优质的权利人进行交易，而其他实施者只能被迫选择另一组劣质的权利人进行交易。

如果市场中有两组权利人与两组实施者，且每组实施者的消费偏好不同，有些实施者倾向于高质量知识产权，另一些倾向于低质量知识产权，在这种市场中，每组权利人至少都能与一组实施者交易。关于这种质量上的差异也被称为纵向差异化，与之相对应的是横向差异化。所谓横向差异化是指不同消费者对不同品牌或类型的产品具有不同的偏好，而纵向差异化是指不同消费者对同类产品的某一具体特征具有相同偏好。横向差异化更强调企业之间的差异性，而纵向差异化更强调产品质量之间的差异性。纵向差异化与横向差异化可以统称为产品差异化，其能够有效解释为何权利人有动力加大研发投入。产品差异化问题在知识产权的市场运行中非常常见。尤其是纵向差异化，许多不同知识产权替代的本质都是纵向差异化

---

❶ 关于吉芬商品的含义，请参见：JAFFE S，MINTON R，MULLIGAN C B，et al. Chicago Price Theory ［M］. Princeton：Princeton University Press，2019：38 – 41.

问题。如果说横向差异化能够解释为何同质化知识产权的权利人有动力区分其知识产权与其他知识产权的区别（如不同的外观），那么纵向差异化就能解释为何权利人更有动力提供不同质量的知识产权。

为了保持研究的连贯性，我们首先从横向差异化入手。在横向差异化定价中，最简单的模型就是位置差异化模型。该模型也被称为经典的霍特林模型，其说明了企业为了盈利会尽量区分产品的差异性。但由于其需求函数不连续，因此该模型具有一定的局限性。若将距离成本变为二次函数，则可以解决不连续性问题。二次霍特林模型能够更加充分地说明产品差异性是企业定价能力的来源，这也能解释为何在实践中许多企业都会主动区分其产品与竞争对手的产品，例如 Wi-Fi 技术与 WAPI 技术。

在纵向差异化中，消费者普遍认可同一个标准，即某种产品一定会比另一种产品的质量要好。消费者的区别在于对质量的重视程度不同，每个消费者都有自己的质量偏好。例如，即便在 5G 时代，也会有部分消费者继续选择使用 4G 技术，其原因在于预算。虽然消费者都会更加偏好高质量的产品，但受到了预算的限制，如果高质量的产品价格过高，消费者会选择用低质量的产品替代。这一部分已经在需求交叉价格弹性中讨论过，在此不再赘述。

在知识产权的纵向差异化中，权利人会面临两个选择，一个是质量选择，另一个是价格选择。我们可以推断，低质量知识产权的权利人许可其知识产权的唯一途径就是降低价格，权利人需要让实施者利用价格差弥补其质量差。高质量知识产权的价格会随着质量的提高而提高，但如果低质量知识产权的质量提高，其与高质量知识产权之间的价格差异将会缩小。在纵向差异化模型中，低质量的知识产权与高质量的知识产权差距越大时，其定价能力越强。因此，若低质量知识产权的权利人主动与高质量知识产权的权利人拉开质量上的差距，双方的定价能力都会有所提高。这种现象的产生可以理解为当低质量知识产权的权利人提高其质量时，其与高质量的知识产权之间的竞争激烈程度将会增加，而为了缓解这种竞争的激烈程度，双方有动力将产品质量进一步区分，以提高双方的定价能力。

当然，上述通过纵向差异化扩大利润的策略对于普通产品而言或许可行，但在知识产权领域中能否可行仍未可知。低质量知识产权的权利人在理论上无法进一步降低其知识产权的质量。那么，其能作的选择要么是加大研发力度，超越高质量知识产权；要么就是放弃研发，等待其他权利人进一步提高知识产权的质量。显然，不论是何种类型的知识产权权利人，都不可能放弃研发。因此，权利人只能努力提高自身研发的质量，或者尽可能多地研发知识产权，以覆盖各个等级的质量。

知识产权差异化也可以被称为知识产权的相对优势，而相对优势是知识产权交易定价中必不可少的考虑因素。横向差异化可以解释权利人为何有动力在横向上区分其知识产权。纵向差异化实现的唯一方式似乎就是加大研发投入力度。虽然纵向差异化定价行为未必能全然适用于知识产权领域，但其定价原理可以帮助我们理解知识产权之间的产品差异性对价格的影响。

（四）完全垄断市场与垄断竞争市场中的定价

不难发现，在上述价格理论的分析框架中，权利人与实施者其实都是价格的接受者而不是价格的制定者，决定价格的是市场的均衡。换言之，权利人与实施者都各自存在关于价格与供给量及需求量组合的函数，当两函数曲线相交时，会出现均衡点，该均衡点体现出的就是市场均衡时的价格。

上述价格理论的前提是知识产权具有替代性。当知识产权完全没有替代性或替代性较低时，权利人可以实施垄断定价或价格歧视。此时，权利人不再是价格的接受者，而是价格的制定者。一般来说，垄断统一定价的价格会高于完全竞争市场中的均衡价格，所以在垄断统一定价时，垄断者可以获得大于正常利润的超额收益。这种超额收益会导致无谓损失，从而减少社会整体福利，因此，垄断统一定价一般会引起反垄断执法机构的关注。价格歧视是垄断者常用的另一种定价方式，又可被称为差异性定价。价格歧视是一种销售策略，即根据卖家认为可以让客户满意的方式，向客户就相同产品或服务收取不同的价格。在一级价格歧视的情况下，企业向每位消费者收取他们愿意支付的最高价格，能够最大程度地"压榨"每个消费者的剩余价值。二级价格歧视是指，企业对不同的消费数量收取不同的价格。二级歧视包括批量购买的产品或服务的折扣等。而三级价格歧视是指企业根据某些属性将客户分组，并对每个组收取不同的价格。三级价格歧视反映的是不同消费群体的不同价格。例如，游乐场将成人与儿童分组，不同的群体票价不同。由于价格歧视不必然造成社会福利的减少，其违法性仍然有待商榷。

同样，在垄断竞争市场中的定价方式也会不同。垄断竞争市场中既会存在大型企业，同时又存在众多小型企业。从短期来看，垄断竞争市场同完全垄断市场相似，两者都会存在超额收益或亏损的情况；但从长期来看，垄断竞争市场的总收益会与总成本相等，实现收支平衡。在垄断竞争市场中，企业同样能够在边际成本之上定价，因此，其可能也会带来无谓损失。

二、价格理论在知识产权交易中的应用

价格理论在知识产权交易中的适用场景较多，不仅能够反映在常规的市场交易中，更是能够辅助司法机构进行司法干预或司法救济。由于市场自由交易中的价格本身就符合价格的形成机制，在此不作赘述。然而，当权利人与实施者无法私下达成一致时，法院可能需要确定许可费价格，以促进双方完成交易；另外，当市场处于垄断状态时，权利人定价的合理性将受到质疑，可能需要进行司法干预，以维护知识产权市场交易的秩序。因此，本部分主要探寻的是如何将价格理论应用于司法干预与救济中，从而帮助完成知识产权交易。本部分将先讨论价格理论在确定合理许可费时的应用；再将价格理论与合同理论相结合，以谈判为视角，探寻合同理论对交易价格的影响；最后将讨论价格理论在知识产权反垄断司法干预中的应用。

（一）知识产权许可中的价格理论

许可是知识产权交易中不可缺少的一部分，代表了当事人双方的缔约；而许可的核心就是价格，权利人与实施者在许可协议中最重要的就是明确许可费率。但在某些情况下，权利人与实施者可能无法针对价格问题达成一致。此时，法院可能需要帮助双方确定合理许可费，以促进交易的完成。在此过程中，法院需要面对两个问题。第一个问题是司法定价与市场定价的差异性。价格理论所描述的是市场中的价格形成机制，而在司法实践中并不存在市场，因此，法院需要明确其是否应该在司法定价中考虑市场因素。第二个问题是定价机制的设计。价格理论是建立在完全竞争市场中的，而由于知识产权（尤其是专利权）具有明显的排他性和不可替代性，并不符合完全竞争市场的条件，因此，法院无法完全照搬价格理论，而是需要综合考虑各种因素来确定合理许可费。本部分将分别讨论上述两个问题。

1. 市场定价与司法定价

市场定价与司法定价是知识产权定价中经常提到的一组概念。所谓市场定价是指通过市场运行规律由当事人双方自行确定价格的方式，价格理论就是对市场定价机制的研究。而所谓司法定价是指通过司法干预确定价格的方式。市场定价与司法定价在过去常常被法学界提到，❶ 二者看似是相互对立的概念，但实际上却并非完全水火不容。司法定价中通常要考虑到市场的因素，需要模拟市场谈判的方式。而市场定价中又何尝不会受到司法定价的干预。法院在个案中的判决思路及结果势必也会影响到市场中当事人双方的谈判策略及预期，从而影响到整个市场定价过程。正因为二者的边界其实并不清晰，市场定价和司法定价只能作为交易场景，而不能作为交易范式。其所代表的是不同的定价过程，而不是不同的方法论。实际上，司法定价与市场定价在方法论基础上几乎没有任何区别，❷ 只是在

---

❶ 例如：吴汉东. 知识产权损害赔偿的市场价值分析：理论、规则与方法［J］. 法学评论，2018（1）：65 – 74；蒋华胜. 知识产权损害赔偿的市场价值［J］. 知识产权，2017（7）：60 – 67；孔文豪. 论自由贸易背景下技术标准的司法定价规则：以市场主导为切入点［J］. 中国发明与专利，2020（1）：29 – 34.

❷ 从以往的司法实践中可以看出，法院在用假设谈判法计算合理许可费时，都需要参考市场定价中的谈判要素［参见例如：Georgia – Pacific Corp. v. U. S. Plywood Corp. 318 F. Supp. 1116（S. D. N. Y. 1970）］。而相关定价研究也可以体现出，学界在为法院提供司法定价思路时或解释知识产权价格的问题时，也会从市场定价中选择方法。例如，乔治·科斯特雷斯（Jorge L. Contreras）和迈克尔·艾克森伯格（Michael A. Eixenberger）在研究陪审团定价模型时就引入了市场定价中所参考的种种因素 ｛参见：CONTRERAS J L, EIXENBERGER M A. Jury Instructions for Reasonable Royalty Patent Damages［J］. Jurimetrics, 2016, 57（1）：1 – 24｝；纳撒尼尔·洛夫（Nathaniel C. Love）在研究司法定价时也采用了市场定价中所要考虑的替代因素，并指出当非侵权替代存在时，合理许可费不应该被支持 ｛参见：LOVE N C. Reasonable Royalties for Patent Infringement［J］. University of Chicago Law Review, 2008, 75（4）：1749 –1772｝；苏珊娜·米歇尔（Suzanne Michel）在研究标准中的合理许可费问题时同样以市场定价中的谈判方式为起点 ｛参见：MICHEL S. Bargaining for RAND Royalties in the Shadow of Patent Remedies Law［J］. Antitrust Law Journal, 2011, 77（3）：889 –911｝；伊恩·艾尔斯（Ian Ayres）和吉迪恩·帕乔莫夫斯基（Gideon Parchomovsky）在解决专利丛林问题时也以价格和销量因素为基础 ｛参见：AYRES I, PARCHOMOVSKY G. Tradable Patent Rights［J］. Stanford Law Review, 2007, 60（3）：863 – 894｝。

方法论中要参考的变量因素及采纳的信息有差异。因此，司法定价应当立足于市场之上，法院在司法定价时也应当考虑到知识产权的市场属性。

在知识产权运行的过程中，权利人通常以效用最大化为目标，可以通过利润函数，寻找将之最大化的最优价格解，并参考利润最大化时的最优价格解制定价格策略。影响权利人利润函数的因素有很多，例如成本、供给、需求、替代性等。其中，影响较大的是知识产权的替代性。知识产权的替代性决定了市场的划分情况，也直接影响到了知识产权的供给与需求。实际上，每一项知识产权在理论上都可以单独构成一个市场，因为每一项都是独一无二的。但由于达到相同或相似效果的知识产权通常不止一项，不同知识产权之间一般具有一定程度的可替代性，因此每个知识产权市场又会被相互影响，并不能完全独立于其他知识产权之外。因此，每个权利人既是垄断者，又是竞争者，其竞争程度由其知识产权之间的替代性决定，其定价能力也继而会受到影响。

当权利人的知识产权具有较高的替代性时，其定价受制于其他与之竞争的知识产权。如果处在接近完全竞争的市场中，则权利人无法自主定价，只是价格的接受者，而不是价格的制定者，❶ 决定价格的因素是供给与需求。❷ 在这种情形中，司法定价应该与市场定价一致，采用供给与需求达到均衡时的市场价格。换言之，当知识产权处于完全竞争市场时，实施者使用任何知识产权都需要支付相似的费用，因此，法院只需要按照市场标准判断许可费即可。

当权利人的知识产权不能被完全替代时，其定价需要参考可替代的知识产权定价。但这种情况下，权利人并不完全是价格的接受者，有一定的自主定价能力。这种情形可以进一步细分为垄断竞争与寡头垄断两种市场竞争情况。

在垄断竞争市场中，可能存在一个或几个市场份额较大的权利人与其他许多市场份额不大的权利人，权利人获得较多市场份额的原因有可能是

❶　参见：蒋殿春. 高级微观经济学 [M]. 2 版. 北京：北京大学出版社，2017：13.
❷　参见：MARSHALL A. Principles of Economics [M]. London：Macmillan，1890：194.

其知识产权的性价比具有明显优势或其知识产权是推荐性标准。❶ 此时，权利人的利润函数包含价格、许可数量与成本三方面因素，而许可数量又可看成关于许可价格与知识产权质量或特性的函数。在垄断竞争中，权利人之间存在的主要竞争是许可数量的竞争，因为知识产权之间具有替代性，如果实施者选择了其他的权利人，那么未被选择的权利人将没有许可费收益。而除非交易成本过高，否则权利人都愿意将其知识产权许可，以换取更高的收益，因为在具有较多可替代知识产权的市场中，权利人无论如何也无法通过拒绝许可的方式维持下游市场的垄断地位。由于许可与否不会影响其在下游市场的地位，那么，拒绝许可不仅不会为权利人带来优势地位，还意味着收益被其他权利人拿走。因此，在垄断竞争的情况下，权利人有动力进行许可，直到其许可数量达到利润最大化的条件。当司法定价涉及垄断竞争市场时，法院需要考虑权利人在垄断竞争市场中的地位，并综合考虑权利人的利润函数与许可数量函数来确定许可费价格。

在寡头垄断市场中，只存在少数几个权利人，市场价格由这几个权利人共同决定。最典型的寡头垄断模型就是伯川德模型与古诺模型。相比之下，古诺模型并不容易发生于现实中。因为权利人在寡头垄断市场中是价格的制定者而非价格的接受者，其不太容易接受过低的价格，所以伯川德模型的假设更符合现实。伯川德模型是一种典型的双寡头价格竞争模型。在该模型中，双方都会在边际成本处定价。不难想象，当市场上几个权利人提供的知识产权可以互相完全替代时，一个权利人降价意味着其会获得更多的许可数量，而一个权利人提高价格意味着其会损失更多的市场。伯川德模型体现出了在寡头垄断中，权利人的定价是基于其对竞争对手价格的估计，贸然改变价格都会引发价格战争，而价格战争对于任何一方都是不利的。因此，在寡头垄断中，权利人需要推测其竞争对手的利润函数以及许可数量函数，并估计出其可能的价格，依据该价格制定自己的价格。针对寡头垄断的司法定价相对容易，法院可以参照权利人竞争对手的价格定价。此定价方法有些类似于可比协议定价法。

---

❶　强制性标准一般不会形成垄断竞争市场，而是会形成完全垄断市场或寡头垄断市场。

然而，伯川德模型的前提是权利人与其竞争者提供的知识产权是完全同质的。这显然在知识产权领域几乎无法实现，因为知识产权之间势必不能做到绝对同质，即使不同知识产权能够达到同一效果，其手段和成本也一定有差异。对于异质性的知识产权而言，霍特林模型能更好地解释产品差异性与定价之间的关系。根据霍特林模型，产品差异性是权利人定价能力的来源，知识产权的差异性越高，权利人的定价能力越强。❶ 那么，法院在考虑异质性知识产权定价时就需要将知识产权的替代率纳入考虑范围。法院可以参考知识产权为实施者带来的效用，以确定知识产权之间的边际替代率。虽然知识产权之间很难进行直接比较，但是可以将其统一转化为效用，并以效用为单位衡量知识产权之间的替代关系。❷

当权利人的知识产权完全无法被替代时，权利人可以在边际成本之上自由定价，既可以进行垄断统一定价，也可以通过实施价格歧视获得更多的收益。理论上来说，在市场定价中，一个完全垄断的权利人在定价时不必参考其对实施者的实际贡献，几乎可以剥夺实施者的全部剩余。此时，司法定价则不能完全采用市场定价的标准，原因在于市场已经处于失灵的状态。❸ 那么，在司法定价时，法院就需要以知识产权对产品的实际贡献率为基础进行定价。

2. 司法中的定价机制设计

知识产权交易中的定价机制有很多，各界均对知识产权的定价方法有所讨论。其中最常用的是假设谈判法，即模拟出权利人与实施者在侵权前夕的谈判过程，并以此确定价格。这种方式在美国普遍适用。在 "Georgia Pacific 案" 中，美国法院提出了假设谈判中需要参考的 15 个要素。❹ 该案

---

❶ 参见：贝拉弗雷姆，佩泽. 产业组织：市场和策略 [M]. 陈宏民，胥莉，等译. 上海：格致出版社，2014：95 – 104.

❷ 在新古典主义经济学中，消费者通过购买不同的产品组合获得不同的效用，而在同一条无差异曲线上，消费者获得的效用相同，因此，效用经常被用于观测消费者的行为（参见：蒋殿春. 高级微观经济学 [M]. 2 版. 北京：北京大学出版社，2017：45 – 65）。

❸ 关于市场失灵的更多解释，请参见：蒋殿春. 高级微观经济学 [M]. 2 版. 北京：北京大学出版社，2017：271 – 272.

❹ 参见：Georgia – Pacific Corp. v. U. S. Plywood Corp. 318 F. Supp. 1116，1120（S. D. N. Y. 1970）。

的 15 要素也被称为自下而上法（bottom - up approach）。❶ 在建立假设谈判时，通常需要关注到时间问题与信息问题。所谓时间问题是指谈判发生的时间点，所谓信息问题是指在该时间点双方当事人手中所掌握的影响谈判的信息。与之相对的是自上而下法（top - down approach）。自上而下法在一些案件中也经常被使用。❷ 所谓自上而下法是指法院先确定适当的许可费基数，再决定归因于该基数的收入的数值作为总许可费，然后根据知识产权的相对重要性确定总许可费中应归于涉案知识产权的部分。此外，常用的还有分解法❸、已确立的许可费（established royalty）❹、ECPR 法和夏普利值法等。❺ 这些方法都能够对司法定价机制起到帮助作用。

此外，我们还能通过拍卖机制确定价格。丹尼尔·斯旺森（Daniel Swanson）和威廉·鲍莫尔（William Baumol）就在专利定价中使用了不完全信息的静态博弈模型——事前竞价模型。❻ 其基本思路是在专利进入标准前，各个竞争性专利的权利人就其许可费向标准组织出价，再由标准组织选择其中出价最低的专利，并将之放入标准。高质量的专利对实施者有更大的成本优势，因此其可以有更低的报价空间，而该方法的优势在于可以压低标准必要专利的价格。

然而，该方法的弊端也非常明显。首先，该方法仅考虑了技术之间的

---

❶ 参见：CONTRERAS J L, COTTER T F, JONG S J, et al. The Effect of FRAND Commitments on Patent Remedies [M] //BIDDLE C B. Patent Remedies and Complex Products. New York：Cambridge University Press, 2019：162.

❷ 参见例如：In re Innovatio IP Ventures, LLC Patent Litig., MDL Docket No. 2303 (N. D. Ill. Sep. 27, 2013) (U. S.)；Samsung Elecs. Co. v. Apple Japan LLC (IP High Ct. 2014) para. 132 – 138 (Japan)；Unwired Planet Int'l Ltd. v. Huawei Techs. Co. [2017] EWHC 711 (Pat) para. 475 – 480 (UK)。

❸ 参见：TWM Manufacturing Co. v. Dura Corp., 789 F. 2d 895, 899 (Fed. Cir. 1986)。

❹ 参见例如：Rude v. Westcott, 130 U. S. 152, 164 – 165 (1889) (U. S.)；Fulta Elec. Machinery Co. v. Watanabe Kikai Kogyo K. K. (IP High Ct. 2015) (Japan)。

❺ 参见：LAYNE – FARRAR A, PADILLA J, SCHMALENSEE R. Pricing Patents for Licensing in Standard – Setting Organizations：Making Sense of FRAND Commitments [J]. Antitrust Law Journal, 2007, 74 (3)：671 – 706.

❻ 参见：SWANSON D G, BAUMOL W J. Reasonable and Nondiscriminatory (RAND) Royalties, Standards Selection, and Control of Market Power [J]. Antitrust Law Journal, 2005, 73 (1)：15 – 21.

替代性问题，却忽略了技术之间的互补性。❶ 其次，该方法压低了权利人的利润空间，尤其是当竞价专利之间的相互替代性较高或技术差距不大时，权利人几乎无利可图。❷ 最后，该方法忽略了标准必要专利对每个产品的贡献率不同这一事实，因此统一定价势必会忽视贡献率问题。但该方法可以为我们提供一个定价思路——密封价格拍卖。该方法是通过让权利人密封竞价达到压低许可费的目的，因此在该方法下确定的价格确实会更接近知识产权的边际贡献率。但反其道而行，我们可以通过让实施者竞价观测知识产权中归于竞争力部分的价格。

密封价格拍卖也是典型的不完全信息静态博弈模型。首先，假设有 n 个实施者参与权利人的竞价拍卖，参与者 i 的类型就是它对标的物的估价 V_i，且其类型只有参与者自己知道，但其他参与者可以根据已有经验估计其类型范围，参与者 i 的行为是它的出价策略 $B_i(\cdot)$，且其实际出价 b_i 在公开前也只有自己知道，那么，我们可以写出参与者 i 的收益函数 π_i：

$$\begin{cases} \pi_i = V_i - B_i & \text{中标} \\ \pi_i = 0 & \text{不中标} \end{cases}$$

在最高价格竞价模型中暗含的假设是参与者对知识产权的估值越高，其出价越高，因此参与人的出价策略是可逆的。因此，参与者 i 中标的条件可以用概率的形式表示出来：

$$\Pr\{B_j(V_i) < b_i\} = F_j(B_j^{-1}(b_i)) \qquad i \neq j$$

其中，$F(\cdot)$ 是用于衡量概率的累积分布函数。

为了方便讨论，我们假设所有参与者的出价策略相同，即参与者的最优策略函数相同，但估价不同，我们继而可以得到参与者的期望为：

$$E_{-i}[u_i(b_i, B_{-i}(V_{-i}); V_i) \mid V_i] = [F(B^{-1}(b))]^{n-1}(V_i - b)$$

其中，u_i 代表效用函数。

参与者期望的最大化条件是其函数的一阶导数等于零，通过求导可以

❶ 参见：LAYNE-FARRAR A，PADILLA J，SCHMALENSEE R. Pricing Patents for Licensing in Standard-Setting Organizations：Making Sense of FRAND Commitments [J]. Antitrust Law Journal，2007，74（3）：688-689.

❷ 参见：SIEBRASSE N V，COTTER T F. The Value of Standard [J]. Minnesota Law Review，2017，101（3）：1187-1188.

得到参与者的出价策略函数 $B(V) = \dfrac{V_{n-1}}{n}$。此策略函数表明，当参与者的

数量足够多时，实施者的出价无限接近于实施者对知识产权的估值。

　　上述模型也被称为第一价格密封拍卖模型。在该模型中，知识产权最终的拍卖价格就是在相关市场内实施者对知识产权价值评估的上限，当参与竞拍的实施者越多时，知识产权的价格也会越高，其能够在一定程度上反映出知识产权许可的最高价格。由于该模型只有一个参与者最终获胜，因此该模型比较适合用于独占许可或排他许可中的定价。在非排他许可中，该模型只能为法院司法定价的上限提供参考，但如果结合斯旺森和鲍莫尔的事前竞价模型，理论上就能够确定知识产权许可中价格的上限与下限。

　　通过对司法定价机制的设计，我们能够发现定价过程中存在一组非常重要的概念，即"事前"（ex-ante）与"事后"（ex-post）。事前与事后通常会影响到最终的价格，反映出了合同理论对价格构建的影响。

（二）合同理论对许可价格的影响：以谈判为视角

　　上一部分讨论了知识产权交易中常见的价格机制，但并未涉及缔约问题。为了让视角更为全面，本部分将结合合同理论，从谈判的视角来看合同理论和价格理论如何共同在知识产权交易中发挥作用。事前谈判与事后谈判是知识产权许可谈判的两种基本类型，这两种谈判场景中确定的价格也有所不同。实际上，事前谈判与事后谈判不仅涉及价格理论，而且体现出了合同理论对价格的影响。在本部分，我们会沿用合同理论的分析框架，探讨其对价格形成的影响。在事前谈判与事后谈判中，影响价格的因素主要有三点：①信息因素的差异；②权利人与实施者议价能力的变化；③交易成本也会有改变。以下将分别阐明上述三个因素是如何影响事前谈判与事后谈判的结果。

1. 信息因素的差异

　　事前谈判与事后谈判最大的差异在于对信息获取程度的不同。事前谈判的信息通常具有更高的不确定性。理论上而言，在知识产权实施前的谈判过程都可以被称为事前谈判，都具有不确定性，但首次事前谈判的不确

定性会更高。在事前谈判中，权利人与实施者在对未来许可费进行确定时，通常只能估测相关数据，在估测过程中就会产生不确定性。这种不确定性不论是在统一定价还是在差异性定价中都是存在的。一方面，实施者在事前一般无法确定知识产权对产品的贡献是否真的能够与其价格相匹配。虽然这种不确定性可以通过重复博弈的方式减少，但即便在无数次的重复博弈后，也无法完全根除不确定性。另一方面，实施者也无法完全确定知识产权是否真的有效。❶ 这些不确定性也可以理解为是知识产权的质量在事前谈判时具有的信息不对称性，❷ 会直接影响双方的交易价格。

在事前谈判中，实施者为了减少信息不对称性带来的不利影响，通常会采用压低价格的方式。❸ 具体可能表现为实施者在与权利人谈判时要求在许可费中乘以相应的折扣系数，以降低不确定性带来的不利影响。对于权利人而言，其最终目的是将自身利益最大化，加入折扣系数显然不符合其利益，但由于权利人在事前谈判时，尤其在首次事前谈判时，也不确定其知识产权的价值，很有可能同意适当降低价格。随着双方重复交易次数的增加，权利人与实施者会陆续调整费率。即双方通过观察前一阶段的实施效果，确定下一阶段的许可费率。其虽然对下一阶段来说是事前谈判，但本质上是基于前一阶段的事后信息。此时，前一阶段的事后谈判效果可能与下一阶段的事前谈判效果相似。

在事后谈判中，双方对于已经发生的知识产权实施行为掌握了一定程度的确定性，可以减少部分事前谈判的不确定性。比如，在使用知识产权后，权利人与实施者都可以更为准确地估计知识产权的价值，从而更加确定归于贡献率的价格。但事后谈判也不必然能够消除所有不确定性。例如，在市场定价类的事后谈判中，实施者依旧无法确定知识产权的有效性或其使用行为的侵权性问题。这些问题只有在司法定价时方能确定。相比

---

❶ 商标权与著作权的确定性较高，但专利权的确定性较低，即使权利人获得了专利权，专利权也有可能被宣告无效，且实施者的产品并不必然落入专利权的保护范围。

❷ 当然，在这种情况下，权利人也未必会更加了解其知识产权的质量；换言之，权利人对知识产权质量的估计可能同样具有不确定性。

❸ 参见：AKERLOF G A. The Market for "Lemons": Quality Uncertainty and the Market Mechanism [J]. Quarterly Journal of Economics, 1970, 84 (3): 489.

之下，事后谈判意味着实施者已经使用了一段时间的知识产权，其对贡献率等方面有了较为全面的了解。因此，事后谈判在理论上可以确定更为符合知识产权实际贡献的价格。❶

2. 议价能力的变化

议价能力是谈判中经常提到的概念，有别于议价的概念：议价能力理论仅关注于对协议条款形成的影响，而议价理论关注范围更广。❷ 可以说，议价是一个过程，而议价能力仅是影响过程的因素。约翰·康芒斯（John R. Commons）将议价能力定义为在所有权转让谈判之前扣留产品或生产的专有能力。❸ 萨姆纳·斯利克特（Sumner H. Slichter）将议价能力定义为 A 对 B 造成损失的成本。❹ 查尔斯·林德布鲁姆（Charles E. Lindbloom）认为议价能力是指买卖双方设定或维持价格的能力。❺ 尼尔·张伯伦（Neil W. Chamberlain）和詹姆斯·库恩（James W. Kuhn）在前人的基础上将议价能力定义为让己方提议获得另一方认可的能力，❻ 这一概念也广泛被接受与适用。❼

张伯伦关于议价能力的定义源自其提出的计算议价能力的方式，他将 A 的议价能力定义为 B 拒绝 A 提议的成本，并将 B 的议价能力定义为 A 拒绝 B 提议的成本。在这种定义下，如果 B 拒绝 A 提议的成本高于其接受 A 提议的成本，那么 B 将接受 A 的提议；反之，B 则不接受。同理，如果 A 拒绝 B 提议的成本高于其接受 B 提议的成本，那么 A 将接受 B 的提议；反

---

❶ 当然，权利人可能会利用知识产权的竞争力获取超额利润，但事后定价至少能让双方更加确定归于贡献率部分的价格。

❷ 参见：MABRY B D. The Pure Theory of Bargaining [J]. Industrial & Labor Relations Review, 1965, 18, (4): 479.

❸ 参见：COMMONS J R. Institutional Economics: Its Place in Political Economy [M]. New York: Macmillan, 1934: 331.

❹ 参见：SLICHTER S H. Impact of Social Security Legislation Upon Mobility and Enterprise [J]. American Economic Review, 1940, 30 (1): 57.

❺ 参见：LINDBLOOM C E. Bargaining Power in Price and Wage Determination [J]. Quarterly Journal of Economics, 1948, 62 (3): 402 - 403.

❻ 参见：CHAMBERLAIN N W, KUHN J W. Collective Bargaining [M]. 2nd ed. New York: McGraw - Hill Book Co., Inc., 1965: 162 - 190.

❼ 当然，后续的研究中也有其他观点，例如，有学者认为议价能力是采取罢工的相对意愿和能力的函数 {参见：LIVERNASH E R. The Relation of Power to the Structure and Process of Collective Bargaining [J]. Journal of Law & Economics, 1983, 6: 18}，但张伯伦的概念显然更容易被接受。

之，A 则不接受。❶

在张伯伦计算方式的基础上可以发现，议价能力在事前谈判与事后谈判中是有变化的。在事前谈判中，双方考虑更多的是知识产权价值与买卖双方各自的可替代性问题；而在事后谈判中，实施者还增加了沉没成本问题。

博弈论中对威胁点（threat points）的应用是事前谈判对议价能力最直接的体现，所谓的威胁点，是指一方在未能成功议价后得到的效用。威胁点也可以理解为双方的机会成本。❷ 只有交易成功后的收益高于双方各自的威胁点，双方才会达成交易。但我们所关注的并非威胁点的数值大小，而是关注不同选择之间的效用差异。比如，假设权利人对其专利技术独家许可的估值是 60 万元，实施者有 100 万元并且需要权利人的专利技术或其他类似的技术，实施者对权利人专利技术独家许可的估值是 70 万元。此时，如果双方交易未达成，权利人得到的是其专利技术，实施者得到的是 100 万元，因此，权利人的威胁点是 60 万元，而实施者的威胁点是 100 万元。如果双方交易达成，额外利益是 10 万元（70 万元与 60 万元之差）。这部分额外利益也是双方达成交易后社会福利的增加部分，双方的议价可以看成对额外利益的分割。假设，权利人与实施者的议价能力相当，双方可能会选择平分 10 万元的利益，即将价格定为 65 万元。在交易达成后，权利人获得的效用等于其威胁点减去其对专利技术的估值后，再与成交价格相加，即 65 万元。实施者的效用是其威胁点加上其对专利的估值再减去成交价格，即 105 万元。此时，权利人的议价能力是实施者拒绝权利人的成本，也是实施者因无法达成交易的损失，即 5 万元；同理，权利人的议价能力也是 5 万元。可见，议价能力在博弈中直接反映在双方对额外利润的分配上。

不难发现，在分配过程中，双方估值的差异性要比威胁点的数值更加重要，估值的差异性决定了议价范围，也是可分配利润的大小。在上述例子中，权利人之所以有 60 万元的估值，可能是因为有其他实施者的出价为

---

❶ 参见：CHAMBERLAIN N W，KUHN J W. Collective Bargaining ［M］. 2nd ed. New York：McGraw‐Hill Book Co.，Inc.，1965：222.

❷ 如果成功议价的话，双方则需要放弃各自的威胁点（利益）。

60万元。同理，实施者估值70万元也一定会受到专利可替代性的影响：如果可以完美替代该专利技术的替代品价值50万元，那么实施者对专利的估值也会降低；相反，如果权利人的技术无法被替代，在实施者必须进入市场的情况下，其对专利技术的估值可能会更高。可以说，议价能力随着对手对谈判关系的依赖程度的增加而增加。❶ 双方对谈判关系的依赖程度一方面受到了其他产品或技术的影响，另一方面也受到了专利技术本身价值的影响。

在事后谈判中，双方对知识产权的价值估值都会更加准确。对于实施者而言，选择其他知识产权不仅意味着支付许可费，还会导致实施者现有投入成为沉没成本，这增加了实施者选择其他技术的成本。对于权利人而言，事后谈判不会影响其拒绝许可的成本。因此，事后谈判仅增加了实施者的拒绝成本，降低了实施者的议价能力，而权利人的议价能力相对提高了。❷

3. 交易成本的改变

事前谈判与事后谈判也会对交易成本产生影响。所谓交易成本，通常包括搜寻成本、谈判成本与执行成本。❸ 搜寻成本是指定位目标交易者所花费的成本，可能包括为之所付出的金钱成本，但更多可能是指所付出的时间成本。谈判成本是指在权利人与实施者谈判过程中产生的成本，包括双方为谈判投入的人力、物力、财力等。谈判成本既有可能包括金钱成本，也有可能包括时间成本。执行成本是指确保双方完成交易的成本。一般情况下，执行成本发生于违约的情况。在双方在达成一致后，一方违约时，另一方为了维护自身权益所支付的成本是执行成本。

在搜寻成本方面，实施者需要搜寻可能覆盖其产品属性的知识产权，权利人同样需要搜寻可能侵权的实施者。但事前谈判意味着实施者还未开始真正实施，对于权利人而言，其通常较难定位目标实施者，因此，事前

---

❶ 参见：BACHARACH S B, LAWLER E J. Bargaining: Power, Tactics, and Outcomes [M]. San Francisco: Jossey–Bass, 1981: 59–79.

❷ 在模型中，我们通常用价格的形式代替议价能力；但在现实中，议价能力不仅会体现在价格上，其还包含非价格因素 {参见：CHOI A, TRIANTIS G. The Effect of Bargaining Power on Contract Design [J]. Virginia Law Review, 2012, 98 (8): 1667}，例如一些附加协议或条款。然而，这些非价格因素只是部分学者狭义上的解读，广义上讲，这些因素都可以说是价格的体现。

❸ 参见：COOTER R, ULEN T. Law & Economics [M]. 6th ed. Boston: Pearson, 2012: 88.

谈判中的搜寻成本主要是由实施者承担。而在事后谈判中，实施者通常不会主动定位权利人，一般都是由权利人定位侵权的实施者，所以事后谈判中的搜寻成本通常是由权利人承担。

在谈判成本方面，实施者首先需要判断权利人的知识产权是否有效，以及估计其实施行为构成侵权的概率，并最终决定是否与权利人进行谈判以及相应的谈判策略和合理的价格区间；而权利人也要对实施者的产品与其知识产权之间的关联性作出判断，并制定相应的谈判策略。事前谈判与事后谈判通常对谈判成本不会产生太大的改变，双方在谈判过程中仍然会依据知识产权的可替代性与价值定价，只不过事后谈判对知识产权的价值会有更直观的了解，有可能会减少部分的谈判成本。❶

在执行成本方面，实施者通常不用担心权利人的违约；相反，权利人需要防止实施者违约的情况。因此，执行成本一般是权利人的成本。事前谈判与事后谈判对执行成本不会有太大影响，一旦实施者违约，权利人需要承担相应的成本。但相较于事后谈判而言，事前谈判可能更容易出现违约的情况，当实施者在实施后发现事前谈判中对知识产权价值估值过高时，其可能会在事后拒绝付费或要求支付更低的费用。

总体来看，事前谈判与事后谈判对交易成本的影响通常体现在交易成本的转移。从交易成本的转移中可以看出，权利人更希望事前谈判，因为事前谈判可以减少其在事后谈判支付的搜寻成本；而实施者一般希望事后谈判，这样既可以拖延支付费用，转移搜寻成本，也能够对知识产权价值有更准确的估值，更有利于谈判成本的减少。

（三）知识产权反垄断中的价格理论

上述讨论是从正向的角度来观察交易中的价格问题。若市场出现了失灵的情况，则需要从逆向的角度看待交易问题，即知识产权交易中的反垄断规制。当知识产权权利人滥用权利，从而对市场的竞争秩序、消费者利益及社会整体福利产生不利影响时，就需要动用反垄断法对其进行规制，

---

❶　然而，当实施者的产品中包含多项知识产权，而权利人的知识产权只是其中之一时，使用最小可售单元法计算贡献率甚至可能还会增加谈判成本。

以维护市场秩序，保障交易环境。而知识产权反垄断分析仍可以放入价格理论的框架中。表面来看，反垄断案件中所涉及的大多是关于经济效应的分析，例如被诉行为对市场竞争的影响、对消费者福利的影响以及对社会整体福利与效率的影响，但仔细分析后不难发现，这里所说的被诉行为通常是指竞争行为，而竞争行为大部分可以被归类为定价问题。只不过这里的"价"并不一定是指货币，而是泛指一切具有价值的对价物。因此，在知识产权反垄断的司法定价中，不光要注意货币形式的定价问题，同样也要注意非货币形式的定价问题。实际上，已有不少学者主张将反垄断执法转化为定价问题。例如，有学者提出可以通过 ECPR（Efficient Component Pricing Rule，有效成分定价法）解决拒绝交易问题。❶ 当然，也有学者并不赞同 ECPR。❷ 例如，史蒂文·萨洛普（Steven C. Salop）认为 ECPR 原则存在不足。他提出了 PPB（Protected Profits Benchmark，保护利润基准）标准来代替 ECPR。❸ 但 PPB 标准本质也是对价格的分析。因此，将知识产权反垄断分析转化为定价问题具有合理性，而价格理论对定价分析有明显帮助。本部分将依次讨论知识产权反垄断中的价格理论问题。

1. 垄断高价

通常来说，垄断定价可以分为统一定价与价格歧视两大类定价模式。在统一定价中，权利人会为不同的实施者制定统一的价格，其定价策略是为了最大化其利润。在传统的垄断统一定价模型中，一方面，垄断的价格与完全竞争市场中的价格相比会造成无谓损失，意味着总剩余未被最大化，因此，其会降低效率。另一方面，垄断定价也意味着权利人对实施者

---

❶ 参见例如：ORDOVER J A，WILLIG R D. An Economic Definition of Predation：Pricing and Product Innovation［J］. Yale Law Journal，1981，91（1）：8 - 53；BAUMOL W J，SIDAK J G. The Pricing of Inputs Sold to Competitors［J］. Yale Journal on Regulation，1994，11（1）：171 - 202；ALBON R. Interconnection Pricing：An Analysis of the Efficient Component Pricing Rule［J］. Telecommunications Policy，1994，18（5）：414 - 420.

❷ ECPR 是一种通过强调垄断者的机会成本来解决定价的方法。其中，机会成本将取决于市场条件，具体包括产品差异化、绕过和替代可能性等。在最基本的情况下，如果垄断者从互联和接入中获得的利润与从零售产品销售中获得的利润相同，则只有在新进入者比垄断者更有效时，其才能进入市场。ECPR 也一度成为检验拒绝交易合法性的主流方法。

❸ 参见：SALOP S C. Refusals to Deal and Price Squeezes by an Unregulated，Vertically，Integrated Monopolist［J］. Antitrust Law Journal，2010，76（3）：709 - 740.

剩余的剥夺。因此，总体而言，垄断统一定价一般情况下都会被认为违反反垄断法，除非能证明垄断统一定价与完全竞争市场中的定价相近似。但这一结论未必能适用于知识产权垄断定价中。

传统厂商的垄断定价之所以会得到利润最大化是因其在边际收益等于边际成本时定价。在知识产权许可中，权利人许可的边际成本为零，权利人的总收益等于价格与销量（许可数量）之积减去总固定成本（研发知识产权的成本投入）。此时，权利人只需要决定在哪种许可次数下可以达到收益最大化即可。有时，权利人的价格可能不会受到许可协议数量的影响，即独家许可价格、排他许可价格与非排他许可价格完全相等，那么，在二级市场（实施者与其消费者之间的市场）饱和之前，权利人许可的次数越多，其收益越高。❶ 但更多时候，权利人许可的价格与其许可的次数相关，权利人许可价格可以记作是关于许可次数的函数 $[P(Q)]$，即独家许可、排他性许可与非排他性许可的价格不同，甚至许可实施者数量也会影响许可价格的高低，比如：权利人许可 4 个实施者，每个实施者的费率为 5 万元/年；许可 6 个实施者，每个实施者的费率是 4 万元/年；许可给 10 个实施者，每个实施者的费率是 3 万元/年。

在这种情况下，法院对权利人统一定价的效率不能妄下论断，也不能认为统一垄断定价必然有损于效率，而需要判断统一垄断定价是否属于垄断高价。其实，"高"与"低"的区分是相对的，对"高"的判断本质上也是效应分析的结果。在知识产权反垄断中，我们可以将垄断高价定义为造成效率降低或分配不均的定价。反之，如果定价不会造成效率的降低或分配的不均，则应视为合理定价。其中，判定效率可以通过观测社会整体

---

❶ 此处的前提是知识产权为实施者进入市场之必要。当实施者的数量饱和之后，多许可一个实施者进入市场可能意味着其他实施者离开市场，而其他实施者的离开意味着相对应许可费的减少。当知识产权并非进入市场之必要，而只是提高效率或降低成本时，即便二级市场饱和，权利人亦可以通过许可的方式让更多实施者进入。只要知识产权许可费略低于其提高的效率或降低的成本，且不存在替代技术，与权利人有许可协议的实施者便有机会将未使用其知识产权的实施者挤出市场。如果知识产权的可替代性较高，则需要进一步考察知识产权与其替代之间的替代性及许可费的差异，以决定权利人何时才能最大化收益。但由于本部分是关于知识产权垄断定价的研究，一切讨论应以垄断为前提，因此，笔者假设知识产权为实施者进入市场之必要。

福利的变化，而判断分配可以观察消费者剩余与生产者剩余的变化。❶在价格理论的框架下，分析效率问题是为了观测垄断高价行为是否会产生无谓损失，而分析分配问题是为了观察价格压榨或财富转移的合理性。

如果权利人在定价过程中采用了垄断统一定价，那么法院则需要将价格拆分成归于知识产权贡献率的部分与归于知识产权竞争力的部分，❷ 并观测实施者对归于竞争力部分的价格的接受程度，以及归于竞争力部分的价格对市场的影响。例如，假设权利人将价格定为 30 万元/年，而在相关市场内，归于其平均贡献率的收入为 10 万元，剩下的 20 万元都可归于其竞争力的部分。在交易成本为零的情况下，消费者或许会愿意支付更多的费用让垄断者增加满足市场需求的产量。❸ 如果该知识产权是实施者进入市场之必需品，那么也会有实施者愿意支付更多的费用，法院则需要观测实施者对权利人获得 20 万元超额利润的接受能力。如果 20 万元的超额利润阻碍了大部分实施者进入市场，法院则应认定权利人的定价行为不合理。反之，该定价仅涉及分配问题，法院可再从分配的角度考虑。如果该知识产权并非实施者进入市场之必要，那么无论定价是否合理都不应该被认为违反反垄断法，因为知识产权的许可与否不会影响效率。

法院在判断价格高低时，需要参考行业内的平均水平，因为相同的知识产权在不同的实施者手中会产生不同的效率。我们可以依旧采用上述例子：在高效率实施者的产品中，归于贡献率部分的收入可能会达到 15 万元，但在低效率实施者的产品中可能只有 5 万元。此时，法院则需要考虑该知识产权在行业的平均贡献率。如果在行业平均水平下，归于贡献率的收入能够达到 10 万元，那么，即使该价格会阻碍部分实施者进入市场，也

---

❶ "福利"与"剩余"的概念最为贴合，学者在讨论"福利"时也通常将其与"剩余"划等号{参见例如：LANDE R H. Wealth Transfers as the Original and Primary Concern of Antitrust：The Efficiency Interpretation Challenged [J]. Hastings Law Journal, 1999, 50 (4)：871-958；FARRELL J, KATZ M L. The Economics of Welfare Standards in Antitrust [J]. Competition Policy International, 2006, 2 (2)：3}。

❷ 归于贡献率部分的价格等同于边际成本，垄断者一定会在边际成本之上定价，我们只需要观测其超过边际成本的价格是否合理即可。

❸ 参见：CALABRESI G. Transaction Costs, Resource Allocation and Liability Rules [J]. Journal of Law & Economics, 1968, 11 (1)：67.

应该被认为合理。

2. 价格歧视

相比于统一垄断定价，价格歧视是更为常见的知识产权定价策略。所谓价格歧视，是指权利人在同一时期内，就同一技术向不同的实施者索要不同价格的行为。价格歧视策略是源自权利人对效用最大化的追求。当实施者完全同质时，权利人是不会实施差异化定价的。正因为实施者存在异质性，每个实施者为获得知识产权许可愿意出的最高价格有差异，权利人才能通过获得实施者的全部剩余达到效用最大化。

价格歧视的前提是权利人具有市场支配地位，因为在完全竞争的市场中无法实施价格歧视。换言之，如果权利人的知识产权可替代性较高，其无法实施价格歧视策略。价格歧视可能存在另一个前提——权利人需要掌握实施者的需求函数或获得关于实施者需求的信息；但这一前提不是必备的，即使在没有实施者信息的情况下，权利人也可以实施价格歧视。但随着权利人与实施者的重复交易过程进行，权利人可以逐步获得实施者的信息，并在之后选择价格歧视的方式。价格歧视有三级❶，下文将逐一讨论。

（1）一级价格歧视

一级价格歧视是指权利人为每个不同的实施者制定不同的价格。这也是目前知识产权许可中比较常用的定价方式。从效率的角度来看，一级价格歧视非常有效率。理论上说，一级价格歧视的均衡点与完全竞争市场的均衡点相同，一级价格歧视可以最大化总剩余，因此，一级价格歧视并不会减少效率，反而有可能达到帕累托最优。从分配的角度来看，一级价格歧视虽不会影响效率，但是会影响分配，一级价格歧视是将消费者剩余转换为生产者剩余的过程。权利人可以通过一级价格歧视将实施者的剩余转换为权利人的剩余，但实际上，权利人不可能知道每一个实施者的价格保留，所以无法完全实施一级价格歧视。即便如此，权利人依然可以通过近似一级价格歧视的方式获得部分的实施者剩余。

接下来则需要判定这种剩余转换是否违反反垄断法。如前所述，知识

---

❶　更多关于价格歧视的介绍，请参见：贝拉弗雷姆，佩泽. 产业组织：市场和策略［M］. 陈宏民，胥莉，等译. 上海：格致出版社，2014：169 - 171.

产权的价格构成包含两个部分，法院应该首先剥离出其中归于贡献率的部分，再分析归于竞争力的部分是否合理。这种关于分配的判定其实存在较高的主观性，也受到国家主导政策的影响。如果国家当前追求科技发展，那么应该允许权利人获得更多的剩余；反之，则不应该。

（2）二级价格歧视

二级价格歧视中最常见的就是非线性定价策略，即根据不同的数量索要不同的价格。一级价格歧视需要权利人完全掌握实施者的消费偏好信息，但更多情况下，实施者的消费偏好并不明显，尤其是在首次交易时，权利人可能无从获得实施者的偏好信息。在这种情况下，二级价格歧视可以让实施者选择自己的消费偏好，并让权利人获得实施者的偏好信息。二级价格歧视在知识产权交易中也较为常见，其主要表现为折扣的形式。有些权利人会根据知识产权产品的生产或销售数量定价，知识产权的使用次数与产品的生产或销售数量相关，权利人可以通过计算产品的生产或销售数量间接获得知识产权的使用量。权利人可以根据不同的使用量划分等级，制定不同的许可费。例如，权利人可以将生产或销售数量低于1000个的价格定为10元/次，将生产或销售数量在1000～10000个的价格定为8元/次，将生产或销售数量超过10000个的单价定为5元/次。

折扣形式的效率是有机会达到最优状态的，比统一定价增添了更多的定价选择，使其有可能触及边际成本。当其最低价格等于边际成本时，其总剩余与一级价格歧视和完全竞争市场中的总剩余相同。因此，对折扣形式的效率需要分析其最低价格。如果最低价格与边际成本相等，则其是有效率的；但如果高于边际成本，则会产生无谓损失。在知识产权许可中，需要用归于贡献率的价格替代边际成本，因为知识产权许可中的边际成本为零。从分配角度来看，折扣形式不会完全压榨实施者，对比一级价格歧视的优势在于留下了部分的消费者剩余，因此，折扣形式更有利于分配。笔者认为，折扣形式在接受度上应该高于一级价格歧视，其在多数情况下不应该被认为违反反垄断法。

除了折扣的形式外，两部定价（two-part tariff）也是非线性定价的一种形式。所谓两部定价，是指权利人在定价时采用以固定的基础费用与变动费用结合的形式确定知识产权许可费的总价格。其表达式可以写为：

$$T(q) = T + pq$$

其中，$T(q)$ 是知识产权许可费的总价格，T 是固定的费用（基础费率），p 是基于数量的单价，q 是生产销售的数量。

两部定价法的表达式也可以写为：

$$T(q) = T + p_1q_1 + p_2(q_2 - q_1) + \cdots + p_k(q_k - q_{k-1})$$

这种表达式可以解释大部分非线性定价问题。其中，基础费率 T 可以用于区分目标消费者。如果权利人只想要与价格敏感度较低的实施者交易时，其可以设置较高的基础费率；如果权利人想要接受部分价格敏感度较低的实施者，其可以降低基础费率；如果权利人愿意与任何实施者交易，其可以将基础费率设置为零。当基础费率为零的情况下，两部定价形式与折扣形式基本相同。例如，权利人可以采用类似于会员费的方式，筛选出一部分愿意支付会员费的实施者，并只对这部分会员签订许可协议。这种方式可以有效阻止低效率的实施者进入市场，因为低效率的实施者有可能连基础费率都无法收回，而留在市场上的实施者至少说明其收益一定大于基础费率。

虽然我们并不知道现实中是否真实存在这种许可方式，但这种方式似乎也是可行的。从效率的角度来说，这种方式的效率在某些情况下可以达到完全竞争时的总剩余。设想一下，只要让最低限度的总许可费价格（$T + p_1q_1$）等于边际成本（归于知识产权贡献率的收入），就能够达到总剩余最大化。因此，其比垄断市场中的统一定价要更有效率。从分配的角度来看，两部定价属于将部分的消费者剩余转换为生产者剩余。与一级价格歧视相比，两部定价并未完全剥夺消费者剩余，形式与折扣形式有着相似的分配效果。笔者认为，判断两部定价形式是否违反反垄断法的关键在于观察最低许可费（$T + p_1q_1$）与后续的划分 $[p_2(q_2 - q_1) + \cdots + p_k(q_k - q_{k-1})]$ 是否合理。最低许可费可以视为市场的准入门槛，如果市场准入门槛过高且造成了无谓损失时，则应该视其为不合理。而后续的划分是属于分配问题。当划分得足够细时，其与一级价格歧视无异，此时则需按照一级价格歧视中提到的分配问题考虑两部定价形式是否违反反垄断法。但总体而言，两部定价形式在大部分情况下也不应该被认定违反反垄断法。

（3）三级价格歧视

三级价格歧视是指将实施者分组并为每组制定不同的价格。在现实中，权利人有可能没有足够的信息基础，无法完全掌握消费者的偏好或需求函数。在这种情况下，一级价格歧视通常很难实施。但权利人有可能掌握了部分关于实施者的需求信息，此时，权利人可以选择不实施二级价格歧视，而是根据这些信息把不同的实施者划分到不同的组别并对每组实施差异化定价。例如，Wi-Fi技术的权利人可以将实施者划分为电脑类别、手机类别、打印机类别等，并分别对三种类别的实施者收取不同的价格。三级价格歧视本质上是区分了实施者的市场，对不同市场的实施者群体收取不同的价格。在三级价格歧视的定价中，权利人会对需求弹性较大的实施者群体制定较低的价格，对需求弹性较小的实施者群体制定较高的价格。在上述例子中，若采用三级价格歧视的方式，Wi-Fi技术在手机上的许可费要高于其在电脑上的许可费，也会高于其在打印机上的许可费。当然，这里的高低是指相对价格而不是绝对价格，因为许可费价格还受到产品总价的影响。

从效率的角度来看，对于三级价格歧视中的总剩余情况需要具体判断，原因在于其相当于在不同市场中实施统一的垄断定价，如果其价格与其贡献率相对称，那么将不存在无谓损失，但如果其定价高于其贡献率的基础价格，那么则会产生无谓损失。在垄断定价中，影响权利人利润最大化的因素是实施者的需求函数，权利人在技术替代性较低的情况下会完全按照实施者的需求函数计算价格。因此，针对三级价格歧视是否会损害效率需要个案判断。从分配的角度来看，三级价格歧视也存在压榨实施者的情况，具体的判断过程可以参考一级价格歧视的判断过程。

反垄断执法是从知识产权外部解决权利滥用问题，从而达到促进交易的目的，但执法成本通常较高。相比之下，从权利内部解决滥用问题更加有效。当权利人与实施者无法达成交易时，法院可以在一些情况下直接判定合理许可费价格，从而帮助双方完成交易，例如在标准必要专利许可中。

三、本章小结

价格理论所研究的是价格的形成机制，而确定价格是知识产权交易的核心。一旦当事人双方能够针对价格达成一致，则意味着交易的基本完成。然而，在很多情况下，权利人与实施者无法达成统一价格。此时，需要法院帮助双方确定合理许可费。对价格理论的梳理能够使法院在定价时更加贴近市场。此外，当权利人的定价过高而可能触发反垄断法时，法院也可以利用价格理论判断权利人定价的合理性。实际上，上述两种情况只是知识产权交易中的两个常见的应用场景，价格理论的实际应用场景远不止于此。

第五章
知识产权交易具体类型中的理论体现

经济学家在审视市场经济运行时将价格作为其核心要素加以关切，对交易结果（均衡价格）的重视程度已经超越了对行为本身的关注，开篇必论"市场"及其"均衡"，因为他们认为如果不澄清任意物品的市场均衡（价格），就很难界定该物品的成本（代价）。[1] 而本书则转换思路，将焦点聚焦于对市场交易行为过程的研究，即均衡价格的博弈形成过程，力图厘清"制度"、"市场"与"行为"的内在逻辑。对交易的解构并非一个简单的优化问题，市场各方主体的行为选择都会随着交易进展过程而发生变化，其本质是一个博弈行为，而最终达成的合意（如合同）则是博弈行为的具体体现。本章在前两章所讨论的合同理论和价格理论基础上，针对知识产权交易的具体行为进行分析，分析现有制度下市场主体的行为选择，将知识产权交易类型划分为自愿和非自愿行为，主要选取知识产权许可、转让、资本化作为典型的交易行为分析对象。

一、知识产权交易中的市场、制度与行为

知识产权交易通过调节剩余价值，实现市场资源的流通运转。知识产权交易市场的构建不仅仅涉及市场主体双方的利益博弈，同样也存在交易成本利益的考量。合同理论关注知识产权交易中的博弈行为以及制度构建作为知识产权交易中的关键问题，涉及市场主体行为高效率运转以及市场

---

[1] 参见：汪丁丁. 行为经济学要义 [M]. 上海：上海人民出版社，2015：12.

成效高质量收益的实现。知识产权交易中市场作为交易发生的场所，目的在于为市场主体参与市场活动提供便利，以其公平有序的运转环境促进市场资源的有效配置以及市场主体利益最大化的实现。就知识产权交易中的制度构建来看，其本质是激励理论在市场规则设计的集中体现。无论是知识产权保护的公共政策，还是知识产权保护的法律规范，其本质在于通过规则的设计激励知识产权交易主体双方尽最大努力参与博弈，以便达成交易行为效用最大化的效果。至于知识产权交易中的行为，本质上是市场运转内容通过交易主体的外在化。市场主体在考虑信息因素差异、交易成本等多方因素的基础上，通过合同实现博弈行为，以此实现均衡价格，达到市场资源配置的最优解。

（一）以知识产权为中心形成的交易市场

1. 知识产权市场属性的认知

我国学界对知识产权的属性认知可以分为三个层次，即政治属性、法律属性和市场属性。知识产权的市场价值在我国最早引入知识产权制度时并未被认可。20 世纪 80 年代我国开始引入知识产权制度，其主要目的在于紧跟国际发展动态，对接国际发展需求。由于此时的中国迫切希望加入世界贸易组织（WTO），在其他发达国家的要求下必须建立起知识产权的保护制度，以顺应国际知识产权保护整体趋势，因此第一个阶段的知识产权制度建立带有浓厚的政治色彩。第二个阶段在中国市场经济发展的蓬勃时期。为了有效提升社会公众对知识产权的认可程度和企业知识产权的运营能力，我国学界不断强化知识产权的私法属性。其强调知识产权属于个人的私有权利，创作出的知识产权作品会受到法律的严格保护，并为其带来经济价值。第三个阶段是随着科技创新时代的发展，学者们发现知识产权不应当单纯作为私权保护，还应当重视知识产权对于社会创新的促进作用以及对于市场竞争的影响能力的影响，❶ 此时知识产权的市场属性才得以体现。

---

❶　参见：张晓煜. 从国务院机构改革看企业知识产权的市场化运营［EB/OL］.［2022 - 07 - 23］. http://www.iprdaily.cn/article_18536.html.

2. 知识产权对经济增长的作用

2021年10月，国务院印发《"十四五"国家知识产权保护和运用规划》，其中在"指导思想"中明确提出对未来国家知识产权工作的战略规划，明确要求"全面提升知识产权创造、运用、保护、管理和服务水平"，通过加强知识产权的各环节的应用，有力支撑经济社会高质量发展。可见，在知识产权强国建设中，知识产权的"运用"已经成为与"创造""保护"同等重要的环节。而知识产权良好运用的前提离不开知识产权交易市场的构建。对此，有学者针对知识产权对市场经济的作用程度进行了实证分析：知识产权体系对经济增长的贡献可以区分为两部分，即知识产权本身数量对经济增长的促进，以及知识产权市场对经济的推动。经过测算，2001～2015年，知识产权积累对经济增长的贡献率为4.4%，知识产权市场对经济增长的贡献率为4.1%。❶对具体的数据进行函数分析得出，从长远来看，知识产权市场对经济的贡献终将超越知识产权积累对经济增长的贡献，提升知识产权对经济增长的贡献水平，将更多依靠知识产权市场体系的不断完善，而不仅是知识产权数量的增加。

3. 知识产权交易市场的主要类型及发展态势

近年来，我国知识产权交易市场的建设已初具规模。以"交易平台""交易所""交易网""交易中心""公共服务平台"为名称的知识产权交易市场陆续成立并运转。以成立方式为标准，知识产权市场有企业自发设立和政府批准设立两种类型；以业务为标准，知识产权市场大致可分为综合类知识产权交易市场、专利类知识产权交易市场、商标类知识产权交易市场和版权类知识产权交易市场四种类型。❷这四种市场的运营模式较为类似，即通过交易双方之间的信息共享、实现对接，从而将产权以市场化形式转变成可流转、交换的产品。从当前我国知识产权交易类型来看，依据传统分类方式，可以划分为知识产权许可、转让和以知识产权质押、信托、证券化为中心的知识产权资本化等方式。

---

❶ 参见：姬鹏程，孙凤仪，赵栩. 知识产权对经济增长作用的实证研究［J］. 宏观经济研究，2018（12）：54.

❷ 参见：陈蕾，徐琪. 知识产权交易市场建设态势与路径找寻［J］. 改革，2018（5）：122.

其中，综合类知识产权交易市场具有政府扶持、企业参与、合理布局、规模最大的特点；专利类和版权类知识产权交易市场具有较强的政策导向性，起步时间早，区域分布广，层次清晰，功能齐备；商标类知识产权交易市场运营时间较长，总体以企业为主导，线上运行更为成熟。❶ 不过我国知识产权市场建设中现存问题仍然较为突出，还存在竞争失衡、安全欺诈、效率不高、形式单一、市场结构不合理等问题，仍需得到进一步治理与协调。

（二）与知识产权交易有关的制度体系

2008 年国务院颁布和实施了《国家知识产权战略纲要》，这标志着知识产权上升至国家战略。随后一系列政策和法律规范推行，知识产权事业得到迅速发展。然而，知识产权市场规模大而不强、研发创新的产品质量不高仍是我国知识产权发展和创新能力提升的核心问题。基于此，2015 年国务院发布《关于新形势下加快知识产权强国建设的若干意见》，其中明确提及要加快建设知识产权强国的目标。所谓知识产权强国建设，就是要在充分考虑科学技术和经济社会发展背景的基础上，建立一整套能够清晰界定并保障知识产权运行的法律制度和监管体系，并在相对稳定的基础上对其进行动态调整。❷ 2021 年中共中央、国务院印发《知识产权强国建设纲要（2021—2035 年）》，再次统筹推进知识产权强国建设进程。因此，针对我国知识产权发展过程中所出现的问题，急需通过完善的制度体系予以系统规范，从而实现知识产权发展和创新的整体跃升，而这无疑是建设知识产权强国的必然要求。

法律运行是指按照一定的意图和特有方式的运动状态，即从创制到实施再到实现的运动过程。❸ 具体而言，法律运行的过程包含三个必要阶段：法律创制、法律实施以及法律实现。知识产权运行作为法律运行的特殊形

---

❶ 参见：薛秀娟，彭长江. 知识产权交易市场的健全与完善 [J]. 人民论坛，2019（7）：85.

❷ 参见：梁正，罗猷韬，邓兴华. 基于价值链视角的知识产权强国建设路径研究 [J]. 中国科学院院刊，2016（9）：1011.

❸ 参见：张文显. 法理学 [M]. 2 版. 北京：高等教育出版社，2003：213.

态，也包括知识产权创造、运用、管理、保护和服务多个环节。❶ 因此，可以将知识产权交易有关的制度体系划分为知识产权保护政策和知识产权立法制度体系两大板块的内容，具体如下。

1. 知识产权保护的公共政策

公共政策是由公共机关制定的关于公共事务管理的规范性文件，形式上主要表现为法令、条例、规章、计划、规划、措施、项目等构成的具有统一性和关联性的制度系统。在知识产权政策体系中，存在三组概念：本体政策主要是与知识产权创新、运用、保护、管理相关的政策文件，包括发展规划、战略纲要、年度推进计划等；关联政策指与创新成果产权化、知识产权产业化、对外贸易"知识化"等相关的政策，包括科技发展规划、成果转化措施、产业发展目录、企业促进办法等；支持政策表现为财政、金融、税收、人才扶持辅助等方面的政策手段，包括税收优惠、质押融资、人才奖励等。❷ 具体而言，我国的知识产权公共政策体系的构建存在四个时期，分别是初创时期、发展时期、提升时期以及战略时期。❸

20 世纪 80 年代是初创时期。此时的主要任务是在相关法律法规的引导下，建立知识产权管理框架。该时期主要的政策文件包括 1986 年原国家经济委员会、原国家科学技术委员会、财政部和原中国专利局共同发布的《关于加强企业专利工作的规定》，要求企业把保护专利权、建立企业的专利工作作为企业管理的改革内容。1988 年国务院发布《关于深化科技体制改革若干问题的决定》，1990 年原国家科学技术委员会、原中国专利局发布《关于加强专利管理工作的通知》，这两份政策文件中明确了专利管理机关的执法职能和管理职能，建立起政府知识产权管理的框架。

20 世纪 90 年代是发展时期。这一时期强调在知识产权的管理框架下推动加强知识产权创造、运用、保护和管理。在这个发展阶段中，《科学技术进步法》《促进科技成果转化法》等法律法规相继出台，《中共中央

---

❶ 参见：吴汉东. 中国知识产权法律变迁的基本面向 [J]. 中国社会科学，2018（8）：112.
❷ 参见：刘华，孟奇勋. 知识产权公共政策的模式选择与体系构建 [J]. 中国软科学，2009（7）：11.
❸ 参见：张鹏. 知识产权公共政策体系的理论框架、构成要素和建设方向研究 [J]. 知识产权，2014（12）：70.

国务院关于加强技术创新，发展高科技，实现产业化的决定》《关于加强当前知识产权保护工作实施意见要点》等政策文件陆续发布。

进入 21 世纪后，知识产权公共政策体系进入提升时期。2001 年国家知识产权局陆续发布了《全国专利工作"十五"计划》和《全国专利队伍建设和人才资源开发"十五"计划》两份政策文件，标志着知识产权本体政策逐渐形成。

2008 年国务院发布《国家知识产权战略纲要》，意味着我国知识产权公共政策体系建设进入战略时期。此时知识产权的工作开始融入国家发展战略部署，《"十二五"国家战略性新兴产业发展规划》《中共中央　国务院关于深化科技体制改革加快国家创新体系建设的意见》等文件都融入了知识产权的内容。2021 年中共中央、国务院发布《知识产权强国建设纲要（2021—2035 年)》，再次强调全面提升知识产权保护水平，进一步推进知识产权强国建设进程。中国知识产权运行的重要经验，就在于建立一个比较系统且更为有效的公共政策体系。❶ 在公共政策的体系建构中，中国不断强化知识产权在各项经济和社会民生政策中的导向作用，同时也不断注重加强知识产权政策与其他政策的有效衔接。

2. 知识产权保护的法律规范

关于我国知识产权的立法形式，一直以来都有"法典化"和"去法典化"的争议。所谓的法典化，包括单独制定统一的知识产权法典或者如同"债法""侵权责任法"在《民法典》中独立成编的模式。❷ 但目前基于立法技术和立法成本等因素的考量，我国并未实现法典化，而是形成了"《民法典》总则编知识产权条款＋各分编知识产权条款＋知识产权单行法律"❸ 的知识产权立法体系。

第一，《民法典》涉知识产权的条款。知识产权法与民法典的关系始终是学界的关注焦点，在《民法典》正式发布前，学界对于知识产权法如

---

❶ 参见《国家知识产权战略纲要》（国发〔2008〕18 号，2008 年 6 月 5 日发布）。

❷ 参见：吴汉东. 知识产权立法体例与民法典编纂［J］. 中国法学，2003（1）：50.

❸ 参见：刘强，孙青山.《民法典》知识产权条款立法研究：兼论"民商知合一"立法体例的构建［J］. 中南大学学报（社会科学版），2020（6）：62.

何在法典中进行呈现进行了激烈的讨论。具体而言，主要包括分离式、纳入式、链接式和糅合式这四种观点。❶ 2020 年公布的《民法典》中，知识产权规则表现形式为链接条款，其中包括狭义链接条款和广义链接条款两种类型。❷ 狭义链接条款指的是本身不针对知识产权的创造、运用及保护设立权利义务，仅具有链接知识产权单行法功能的条款，如《民法典》第 123 条通过"7 + N"❸ 列举知识产权的范围。而广义链接条款是兼具链接单行法和设立具体权利义务的双重功能，例如知识产权质押条款、知识产权惩罚性赔偿条款等。

第二，知识产权单行立法。通过对知识产权制度的立法历史回顾，可以发现知识产权的无形性特征与知识产权规则的法定主义是密切相关的。同时值得注意的是，无论是英美法系还是大陆法系国家，基本采取了单行立法的模式来规范知识产权体系。❹ 目前我国关于知识产权的单行立法主要基于专利、商标、著作权等类型的知识产权进行规范。此外，司法机关也根据实务情况的发展出台了专业化和针对性的解释或规范性文件，逐渐丰富知识产权的法律体系。

与此同时，随着时代的进步与发展，我国知识产权法律体系也在不断更新迭代。尤其是近年来我国知识产权领域开始密集修法，逐步形成了较为完备的保障体系。❺ 但目前我国单行的立法模式仍然受到学界诟病。以吴汉东教授为代表的学者认为，单行的知识产权立法相互之间存在冲突和

❶ 参见：曹新明. 知识产权与民法典连接模式之选择：以《知识产权法典》的编纂为视角 [J]. 法商研究，2005（1）：27.

❷ 参见：刘强，孙青山.《民法典》知识产权条款立法研究：兼论"民商知合一"立法体例的构建 [J]. 中南大学学报（社会科学版），2020（6）：63.

❸ 参见：易继明. 知识产权法定主义及其缓和：兼对《民法总则》第 123 条条文的分析 [J]. 知识产权，2017（5）：9.

❹ 参见：朱艺浩. 论知识产权法定主义存在的缺陷及其克服 [J]. 私法，2020（2）：279.

❺ 《商标法》根据 2019 年 4 月 23 日第十三届全国人民代表大会常务委员会第十次会议《关于修改〈中华人民共和国建筑法〉等八部法律的决定》第四次修正，修改条款自 2019 年 11 月 1 日起施行；《反不正当竞争法》根据 2019 年 4 月 23 日第十三届全国人民代表大会常务委员会第十次会议《关于修改〈中华人民共和国建筑法〉等八部法律的决定》修正，修改条款自 2019 年 11 月 1 日起施行；《专利法》根据 2020 年 10 月 17 日第十三届全国人民代表大会常务委员会第二十二次会议《关于修改〈中华人民共和国专利法〉的决定》第四次修正，修改条款自 2021 年 6 月 1 日起施行；《著作权法》根据 2020 年 11 月 11 日第十三届全国人民代表大会常务委员会第二十三次会议《关于修改〈中华人民共和国著作权法〉的决定》第三次修正，修改条款自 2021 年 6 月 1 日起施行。

抵触，❶ 一系列的单行规范缺乏协调性和统一性，在法的实施过程中，很难通过修改某一单行规范以达到知识产权领域的"良治"。❷ 因此，为减少不同类型知识产权单行立法之间的矛盾和冲突，确保法律体系的整体性，需要从整体视角考虑知识产权的制度安排，通过对知识产权相关规则和问题的整合处理，最终制定出一部提纲挈领的、在知识产权法领域起到基本法作用的通则性规范。❸ 2021 年国家知识产权局在其答复函中对"制定知识产权法典"建议提出赞同，❹ 并表示自 2009 年起，围绕着统一立法的可行性、必要性和立法内容的相关立法工作已经初具成果，统一立法工作正在持续开展。

（三）知识产权交易的类型化

知识产权的运行机制是指引导知识产权效用得以实现的基本准则及相应制度，通常以权利行使的方式表现出来，从而发挥知识产权应有的经济价值和社会功能。❺ 按照客体对象分类，知识产权运行可以分为专利运行、版权运行、商标运行和其他知识产权的运行；按照主体分类，知识产权运行可以分为政府机关、商事主体和科研组织的运行；按照实际运行（交易）方式分类，知识产权运行主要存在转让、许可、资本化等模式。

尽管知识产权强国政策强调了知识产权广义上的促进创新、增强公众福祉的作用，但不可忽视的是，知识产权是一种私权利，仍具有与物权相同的专有性、排他性和垄断性。❻ 这意味着知识产权的运行规则同样要以意思自治为基本原则，以双方要约承诺为必经过程，使用他人的知识产权必须以存在同意或授权为前提。但从另一方面而言，立法上基于利益平衡

---

❶ 参见：吴汉东. 国际变革大势与中国发展大局中的知识产权制度［J］. 法学研究，2009（2）：16.

❷❸ 参见：林威宇. 论民法典时代《知识产权法通则》的制定［J］. 重庆广播电视大学学报，2022（1）：45.

❹ 参见《国家知识产权局对十三届全国人大四次会议第 1632 号建议答复的函》（国知建提法函〔2021〕17 号，2021 年 7 月 15 日发布）。

❺ 参见：吴立建. 论知识产权的扩张与限制［D］. 太原：山西大学，2005：17.

❻ 参见：戴芳芳. 知识产权滥用规制的理论基础及制度完善［J］. 知识产权，2022（3）：112.

原则或基于公共利益和降低交易成本的考量，也存在无须经过允诺亦可被利用的特殊规则。这种特殊规则按照是否需要权利人的同意为标准，可以分为自愿交易与非自愿交易。

1. 自愿交易

自愿交易是指交易双方基于意思表示一致而实施的法律行为。以契约自由为核心的意思自治是自愿交易的基本属性和制度优势。私权的自治体现出现代私法的基本理念——自我决定、自我约束和自我负责。在经济学上，正因任何人都具备趋利避害的本性，契约自由于是成为实现个体利益的重要途径。因此，在知识产权交易市场中，以契约自由为基本原则有利于各主体利益的实现，同时也有利于市场机制的充分发挥。❶

在知识产权运行中，通过合同的形式进行明示同意和授权是自愿交易的常规模式，但是一种以默示许可的交易模式也在实践中广泛存在。默示许可制最早出现在1911年英国专利法的判例中。❷后续随着互联网传播信息技术的更迭和网络社区规则的更新，默示许可的模式也逐渐被应用于著作权交易中。

然而，默示许可的法律性质上应当如何界定，在本部分的分类中应当属于"自愿交易"还是属于权利限制中的"非自愿交易"类型，学界对此一直存在争议：有学者认同权利限制的观点，默示许可中存在法律拟定的规则，类似于专利的强制许可；❸有学者认为默示许可可以成为侵权的抗辩事由，类似于著作权中的合理使用制度；❹但有学者对此表示怀疑，默示许可虽然并未存在权利人的明示授权，但通过对于其他行为或者许可协议中其他条款的推定，权利人依然可以被判定存在允许他人使用的事实。况且，如果默示许可成为对权利限制的范畴，那么权利人的利益无疑会被进一步限缩，实际上也是对知识产权专有性的损害。❺对此，基于对默示

---

❶ 参见：赵锐. 互联网环境下版权许可制度研究［M］. 北京：知识产权出版社，2021：107.
❷ 参见：陈瑜. 专利默示许可研究［D］. 重庆：西南政法大学，2018：54.
❸ 参见：德雷特勒. 知识产权许可：上［M］. 王春燕，等译. 北京：清华大学出版社，2003：181 - 183.
❹ 参见：吕炳斌. 网络时代的版权默示许可制度：两起 Google 案的分析［J］. 电子知识产权，2009（4）：74.
❺ 参见：赵锐. 互联网环境下版权许可制度研究［M］. 北京：知识产权出版社，2021：108.

许可实际情况的考量，应当将其归于自愿许可的类型，不仅是法院基于公平、合理和政策的原因引入合同中的自愿许可，❶ 更是促进知识产权市场交易便捷的制度设计优化。

2. 非自愿交易

从静态上看，某项权利的确定固定了特定主体的利益，但权利的行使是动态的，权利的运行也是分配利益的过程。从本质上讲，权利应当是一种社会的利益平衡机制，其设立的根本目的在于实现社会正义。

知识产权的权利内容正随着时代的变迁逐渐扩张，从商业秘密❷、植物新品种❸，再到目前热议的数据。如果说知识产权的本质含有社会公共资源的属性，那么知识产权客体扩张的过程，其实也是社会公共资源以权利客体形式不断被纳入私人利益范畴的过程。基于此，如何对两种属性进行平衡成为关键问题。如果将知识产权如同物权加以绝对的保护，便会产生损害社会公共利益的可能性：例如技术专利控制着市场，医药专利损害着正义，基因专利动摇着伦理观念等。所以，当知识产权仅仅被当作固定和分配利益的客体而存在时，就会被权利人工具化，就会完全受到市场的支配，会出现知识产权被滥用的情形。

在作为制度产物的知识产权法中，法律为了实现社会利益的目的，可以通过制度的设计来对知识产权进行限制。知识产权运行中的非自愿交易规则，其本质在于通过法律规定来排除某些行为侵权性的认定，扩大社会信息和知识产权的自由使用。知识产权法中的非自愿交易规则主要集中在许可制度，典型如著作权中的法定许可、合理使用制度，专利法中的强制许可、开放许可制度。

虽然拥有知识产权并不意味着一定会产生限制社会竞争的行为，但在知识产权运行的过程中易被主观化。因此，在知识产权不断发展和范围不

---

❶　参见：陈健. 知识产权默示许可理论研究［J］. 暨南学报（哲学社会科学版），2016（10）：84.

❷　2017 年 3 月 15 日，第十二届全国人民代表大会第五次会议以高票表决通过《中华人民共和国民法总则》，将"商业秘密"正式纳入知识产权保护范围。

❸　2020 年 5 月 28 日，第十三届全国人民代表大会第三次会议审议通过《民法典》，将植物新品种作为与作品、专利、商标、商业秘密等并列的知识产权客体。

断扩大的时代，对知识产权的限制也应当是全面且持续的。

二、知识产权许可的基本理论、制度及其完善

知识产权许可的产生源于产权人追求经济利益价值的需要。本质上，知识产权许可作为产权利益与经济价值利用的连接点，其中同样涉及市场主体之间的利益博弈与价值权衡。在知识产权许可的模式下，许可人通过与被许可人订立合同实现知识产权权利的许可授权。这其中不仅仅涉及许可人与被许可人基于知识产权价值的许可期限、种类以及模式，还涉及所许可知识产权的价值评估。价值评估的目的在于对所许可的知识产权客体价值进行市场判断。然而，这种评估判断涉及主观性的判断与综合的利益博弈，而且在交易的不同阶段呈现不同的变化态势。在市场交易前期，相较于被许可人而言，许可人往往因信息因素差异而占据谈判优势地位，同时因知识产权客体的无形性、市场价值评估的不确定等因素遭受阻碍，市场主体无法对知识产权的交易价格形成稳定的预期。在知识产权市场价值不确定的情况下，被许可人难以享有足够的信息资源衡量知识产权价值，对于知识产权的许可交易将负担更高的交易成本。此外，就算对于知识产权交易中的不确定性质予以解释或明确，仍有可能造成额外的交易成本或意外的冲突。❶ 在市场交易后期，因知识产权的进一步实施利用，市场已对所许可的知识产权的价值产生相应的标准，弱化了许可人与被许可人之间的信息差异，知识产权许可使用费的价格理论上与市场实际贡献价值趋于一致，价值评估的不确定性降低。

（一）知识产权许可使用权的性质

1. 知识产权许可的产生与发展

知识产权许可制度在我国现行的法律体系中并没有规范的概念释义。由于我国知识产权法是单行立法的模式，因此更常见的表述为"著作权许

---

❶ 参见：WEBER L, MAYER K. Transaction Cost Economics and the Cognitive Perspective：Investigating the Sources and Governance of Interpretive Uncertainty ［J］. The Academy of Management Review, 2014, 39（3）：344–363.

可使用""专利实施许可""注册商标的使用许可"。❶ 因此，学界在知识产权许可的定义上并没有统一表述，而在对其属性的认定上也有不同的看法。本部分首先将对知识产权许可产生的历史背景和发展沿革进行梳理，以便更好地界定知识产权的权利属性。

知识产权最早出现在 13～14 世纪的欧洲封建时期，相比物权、人格权而言，历史并不算悠久。但知识产权作为物权在智力成果客体中的延伸自产生之日起便与市场产生了密切联系，经济利益成为权利价值的重要体现。其中，知识产权许可是连接产权与市场的主要结点。当知识产权与市场中的生产要素联系越紧密，彼此在市场中的需求程度越迫切时，许可的价值与作用便会越明显。

对著作权（版权）而言，早期英国认为该权利的利益主体在于出版商而非作者，由政府或君主授予出版商出版特权。这种特许制度未体现出平等主体之间的自由意志，并不是现在意义上的许可。1710 年，英国颁布世界上第一部现代意义的著作权专门法《安妮女王法令》，废除了之前对知识作品的封建垄断制度，承认作者是其智力成果的权利主体，作者的利益才开始受到保护。在该法中，著作权的许可规则初见雏形："鉴于印刷商、书商和其他人近来经常擅自印刷、重印、出版他人书籍或其他著述，未获得该书籍或著述之著作者同意，对其造成极大损害，而且经常导致他们和他们的家庭蒙受损失，为防止将来此等行为的发生，同时为了勉励学人撰写著作及写作有益的书籍……现规定作者及其受让人，自该书籍首次出版之日起算应享有印刷、重印该书籍的唯一自由，期限为 14 年。"❷ 可以从中推定出：出版商在法定期限内出版作品的内容需要得到享有专有权作者的许可授权。

对专利权而言，专利制度不仅自产生时起便授予了专利权人独占垄断权，相应地也明确了"许可"制度。1474 年，世界上第一部专利法《威尼斯专利法》出台，其中规定："任何人在本城市制造了本城市前所未有

---

❶　参见：刘筠筠. 知识产权许可限制性条款反垄断规制研究 [M]. 北京：知识产权出版社，2016：2.

❷　参见：The Statute of Anne, 1710, Sec. Ⅰ&Ⅱ [EB/OL]. (2022 - 07 - 18) [2023 - 10 - 31]. https：//avalon. law. yale. edu/18th_century/anne_1710. asp.

的、新且精巧的装置，应在完善后立即将其通知市政机关，以便可以使用和应用。本城其他人在 10 年内没有得到发明人的同意和许可，不得制造与该发明相同或者相似的装置。如有任何制造者，上述发明人有权在本城市任何机关告发，该机关可以命令侵权者赔偿 100 达克特金币（Ducat），并将侵权装置立即销毁。"❶

从上述背景中可以看出，无论是著作权还是专利权，权利许可的规则都是与权利人的保护规则同时出现的。英美法系国家中并不存在"物权"的概念而是使用"财产"的概念，因此知识产权这一"无形客体财产"的权利内容同样主要包括占有、使用与处分。为了激励产生更多发明创作，必定要从法律上严格保护权利人的合法利益，授予权利人对其发明创作内容的独占性。同时也是为了实现和扩大发明创作对于社会整体的增益效果，规则的制定者大多会鼓励知识产权进入市场，实现其经济价值。因此我们可以从历史沿革中合理推断：知识产权的许可实际上是权利人处分私权的方式，也是一种财产的交易模式。❷

需要强调的是，上述知识产权许可可以被看作财产交易的模式，但是依然要明确区别实物商品的交易。在实物交易中，买方获取商品后即拥有占有、使用、收益、处分完整的物权。而在知识产权许可中，当事人交易的是无形知识产权，并且权利人只允许被许可人行使或者实施该知识产权，被许可人并不拥有处分该知识产权的权利。

2. 知识产权许可类型及法律性质

（1）著作权许可类型及法律性质

著作权人对权利的运用分为自行实施、转让和许可三种方式。然而，本人自行实施、实现其价值常常会受到其他生产要素的限制，著作权转让又会让本人丧失主要的财产性权利，无法继续控制其作品。因此在实践中，著作权的许可成为最主要的实施方式。著作权许可主要分为自行许可和集体管理组织许可两大类型。

---

❶　MCENIERY B. Patent Eligibility and Physicality in th Early History of Patent Law and Practice [J]. UALR Law Review, 2016, 38（2）：183.

❷　参见：董美根. 知识产权许可研究 [M]. 北京：法律出版社，2013：18.

第一，自行许可分为一般许可和专有许可。现有民事权利按照其权利形式，有静态（享有）和动态（行使）的划分。在德国民法学说中，动态权利行使指权利人基于意思表示针对权利本身进行的法律行为，主要分为处分行为与负担行为。❶ 所谓负担行为，是指"一个人相对于另一个人或另若干人承担为或不为某一行为义务的法律行为"。❷ 负担行为的法律效果不发生权利的变动，而仅是权利人针对自己的权利行使设定了限制。处分行为是指"直接作用于某项现存权利的法律行为，如变更、转让某项权利，在某项权利上设定负担或取消某项权利等。处分的对象永远是一项权利或一项法律关系"。❸ 处分权行使的后果是"直接发生权利的得丧与变更"。❹

目前我国按照德国民法分类的思路进行专有许可与非专有许可的调整与界定：著作权专有许可是著作权人对具体著作财产权进行的处分行为，即著作权人将具体著作财产权授予他人行使；但非专有许可是著作权人对具体著作权财产权设立的负担。此为二者根本性的区别。❺

第二，著作权集体管理组织许可。著作财产权的内容多样，在实践中，权利人一般难以自行完全实施，更多时候是著作权集体管理组织对其进行集体管理——常见的如电影著作权协会、音乐著作权协会等。知识产权的授权包括委托授权、信托授权和许可授权三种类型。而著作权集体管理组织许可的性质应当属于信托授权。

根据《信托法》第 2 条的定义❻可知，信托存续期内，受托人实际享有财产的所有权，并可以自己的名义对财产进行管理和处分。这实现了权利主体与利益主体的分离，也保证了自身决策的独立性。基于信托的特

---

❶ 参见：董美根. 英美法系与大陆法系中版权被许可人诉权问题比较研究：以《侵权责任法》为出发点 [J]. 知识产权，2011（8）：90.
❷ 参见：拉伦茨. 德国民法通论 [M]. 王晓晔，等译. 北京：法律出版社，2003：435.
❸ 参见：拉伦茨. 德国民法通论 [M]. 王晓晔，等译. 北京：法律出版社，2003：436.
❹ 参见：高富平. 民法学 [M]. 2 版. 北京：法律出版社，2009：192.
❺ 参见：董美根. 知识产权许可研究 [M]. 北京：法律出版社，2013：30.
❻《信托法》第 2 条："本法所称信托，是指委托人基于对受托人的信任，将其财产权委托给受托人，由受托人按委托人的意愿以自己的名义，为受益人的利益或者特定目的，进行管理或者处分的行为。"

点，著作权集体管理组织对外的授权并不能如同权利人自行许可权限那么完整，其自身的特点在于：①集体管理组织只能进行一般许可，而不可进行专有许可；②著作权权利人要求集体管理组织对其财产性权利进行管理时，在合理的条件下，集体管理组织不可拒绝；③著作权集体管理组织对外许可的期限一次性不可超过2年；④权利人与集体管理组织订立管理合同后，不得在合同约定期限内自行对外许可代管的权利。同理，权利人在与著作权集体管理组织签订管理合同之前也不得对外进行著作权转让和著作权专有许可。

（2）商标权许可类型及法律性质

商标不同于创作作品和专利，实际上与主体的商业信誉紧密联系，具有一定的人身属性。但是不同于著作权中的人身权无法转让和许可，按照《商标法》的规定，商标可以依法被许可和转让。商标权和专利权被称为工业产权，其价值在于使用。在实践中，商标权主体常常为了扩大商品市场，同时也为了增强自身商标的知名度和影响力，会授权给其他地域的本土企业使用其商标，在这其中以国际知名商标为典型。商标许可根据内容可以分为独占许可、排他（独家）许可以及一般（普通）许可。独占许可和排他许可的区别在于商标权人自己是否可以继续使用该商标。

对于商标许可的法律性质而言，商标的一般（普通）许可类似著作权中的一般许可，同样属于负担行为，一般被许可人原则上无法获得商标的专用权和禁止权（以自己名义提起侵权诉讼的权利）。但《最高人民法院关于审理商标民事纠纷案件适用法律若干问题的解释》第4条第2款规定：商标的一般被许可人在得到商标权人明确授权时，可直接以自己名义提起侵权诉讼。著作权和专利权的一般许可中并未存在此规则。事实上，从商标法与反不正当竞争法的关系纠辨中可窥见原因。商标侵权之诉源自英美法系的仿冒之诉或大陆法系的反不正当之诉，即便商标法单独立法，商标侵权中同时仍会出现对竞争规则的破坏。当商标权人提起侵权诉讼时，是基于对民事权利的救济。而一般被许可人诉讼权利的行使实质上承担着反不正当竞争的功能。商标权的一般被许可人在授权情形下可自主提起诉讼是基于商标权本身特有的属性，但该规则无法类推到其他的知识产权中。

（3）专利许可类型及法律性质

专利许可的分类与商标权相同，可分为独占许可、独家（排他）许可与一般许可。按照德国民事权利处分规则以及英美法系对许可和专有许可的不同界定，一般许可仅仅是专利权人在许可合同中约定的范围内放弃对被许可人行使排除权的负担行为。独占许可与独家许可则是专利权人对专利权进行的处分行为，目的在于将除被许可人外的其他单位和个人甚至是权利人自己排除在行使专利的范围外。

独家许可与独占许可的区别在于权利人保留了自己实施专利技术的权利，但对这一保留的法律性质需要单独讨论。从逻辑上看，由于专利权是"排除任何单位或个人"实施专利技术的权利，无论是独占许可，还是独家许可，基于专利权具有不可分割性，授予的权利只能是"排除任何单位或个人"实施专利技术的权利。这样，专利权人在独占许可范围保留自己实施专利技术的权利的应单独取得被许可人同意，而非专利权人授予的排除权不完整。但由于专利权人在谈判过程中常处于优势地位，被许可人当然会在要约阶段就同意专利权人保留实施专利技术的权利。因此，我们可以将这一保留的性质认定为在专利权上的合同债权。

（二）许可合同缔结中的基本问题

知识产权许可合同是以知识产权具体权能为合同标的，许可他人在约定的范围内合理使用知识产权的合同。知识产权许可合同属于民事合同的一种，基本适用合同法的有关规定。由于知识产权本身的特性，知识产权合同仍有其本身的特殊法律规则。

1. 许可合同的要素

（1）许可合同形式

许可合同应当被理解为要式合同。《民法典》第 469 条中规定合同既可以采用口头形式，也可以采用书面形式或者其他形式。但《民法典》同时明确了对技术许可合同的书面形式要求[1]：由于专利许可合同属于技术

---

[1] 《民法典》第 863 条第 3 款："技术转让合同和技术许可合同应当采用书面形式。"

许可合同的范围，因此应当采用书面形式。对于著作权许可合同，《著作权法实施条例》仅对著作权专有许可❶要求书面形式，对于一般许可并未有所要求，原则上著作权的一般许可既可采用书面形式也可采用口头形式。对于商标权的许可，法律并未对其合同形式进行强制性要求。但值得注意的是，《著作权法实施条例》《专利法实施细则》《商标法实施条例》中有关于许可合同备案的规定❷，以口头约定的合同形式事实上很难完成备案材料的报送要求。同时，在实务中，为了避免不必要的法律风险与纠纷，无论是著作权、专利权还是商标使用权的许可合同，当事人都倾向于以书面形式签订合同。

（2）要约与承诺

合同的签订包含要约和承诺两个阶段。知识产权许可合同的标的及其归属较一般民事权利及其客体更为复杂，加上知识产权产品化—商品化—商业化的过程是一个非常复杂且漫长的过程，需要大量的人员、设备、技术、资金等的支持，因此，在许可合同签订之前，被许可人应对许可合同的知识产权进行必要的评估，包括许可标的有效性、许可的价金与技术含金量是否吻合、技术实施的难易程度、技术后续改进的可能性、知识产权商品化后的市场销售预测、是否存在替代知识产权（市场竞争的激励程度）、资金的承受能力等。在许可合同签订过程中，应对相关条款进行充分的协商，特别是合同的价金及其支付方式、标的（被许可的权利及该权利所指的对象）、许可的性质（是独占许可、独家许可还是一般许可）、许可的公示、许可人对被许可的权利保证等合同必要条款及其他需要特别约定的条款。❸

（3）许可合同的条款

知识产权许可合同的内容主要包括被许可人对权利的使用范围、使用方式以及许可人获得的许可费用。知识产权合同首先应当符合《民法典》

---

❶ 《著作权法实施条例》第23条："使用他人作品应当同著作权人订立许可使用合同，许可使用的权利是专有使用权的，应当采取书面形式，但是报社、期刊社刊登作品除外。"

❷ 《著作权法实施条例》第25条、《专利法实施细则》第15条第2款、《商标法实施条例》第69条都有关于对许可进行备案的规定。

❸ 参见：董美根．知识产权许可研究［M］．北京：法律出版社，2013：98.

第 470 条的规定，具有一般合同的主要条款。同时，由于知识产权许可合同的复杂性、专业性等特点，不同类型的许可合同的条款也应当有所差异。

第一，许可人保证条款。被许可的知识产权有效与稳定是合同得以生效、存续及合同得以履行的前提与基础。由于不同类型的知识产权的稳定性在法律上的体现并不完全相同，因此权利保证条款也应有所差异。此外，特别是与技术有关的知识产权，在权利有效的基础上是否能够如同预想地进行商业化应用并不明确，双方可以通过保证条款进行风险的分摊。因此，保证条款中包括许可人保证权利有效条款和保证商业可实施性条款。其中许可人保证权利有效条款又主要包括两方面内容：一是保证权利真实有效性；二是保证自身享有被许可知识产权且该知识产权未侵犯第三人权利，即合法性。

第二，被许可使用的标的及其对象。许可合同的标的应当同许可合同的对象进行区别。标的指的是知识产权的具体权利，例如著作财产权中的复制权、传播权。许可合同的对象指的是专利技术商标或作品本身。由于知识产权所有的财产权能数量众多，因此在合同中应当按照约定对许可的特定权利进行明确或保留。美国也存在对许可对象的来源进行区分，如区分内部开发的专利和从外部获得的专利，以使得一群使用特定技术的公司可以购买一个新兴竞争对手开发的专利的专有权并同意不将其转让给任何人，从而保护它们自己的技术不受竞争的影响。❶ 因此，由于知识产权客体具有无形性，在合同中明确具体的名称、专利号、著作权登记证书号、商标注册证号等尤为重要。

第三，许可的类型。上述"知识产权法律性质"章节中对知识产权许可的类型作了较为系统的介绍，基本是按照排他性进行两种或者三种类型的区分。同时，许可合同中不仅需要对哪种类型的许可进行规定，还应当对被许可人是否可以分许可一并予以规定。

第四，许可的范围。许可的范围包括权利范围、使用方式范围、地域

---

❶ BOHANNAN C，HOVENKAMP H. Concerted Refusals to License Intellectual Property Rights [J]. Harvard Business Law Review Online，2010 – 2011，1：23.

范围、技术范围等。其中使用方式范围较为少见，例如可以双方约定是商业使用还是非商业使用，甚至可以更具体地约定产品范围，例如医药专利是用于临床治疗还是医学研究。

第五，许可的期限。时效性是知识产权的典型特征。许可合同约定的使用期限原则上不得超过知识产权保护的期限，否则超过保护期限的部分因为违反法律的强制性规定而无效。但对于商标权许可合同而言，应当区别看待。商标权的保护期限为 10 年，但是商标权人只要在法定期间内进行续展申请就可以无限延长商标权的保护期限。因此在商标权许可合同中，对于超出期限的约定部分，在法律性质上应当属于附生效条件的合同，当保护期限通过申请延长时，合同中的该部分约定仍然有效。

第六，许可的费用。知识产权的许可使用费是知识产权合同中的争议焦点之处。许可人在对许可费用进行议价前应当对产权的价值进行适当评估。

第七，其他条款。除了以上主要的合同条款，针对不同的知识产权类型和用途，许可合同中一般还包括以下条款：技术名词和术语的解释；技术情报（例如专利技术的设计图纸、使用说明、数据）；改进成果的归属与分享❶；保密条款；违约责任等。

2. 许可合同的效力

根据《民法典》合同编的规定，合同的效力分为有效、效力待定和无效三种情形。

（1）有效的知识产权许可合同

依法成立的合同自成立时生效，但是应当办理批准等手续的依照其规定。该条规则中明示是否需要履行登记或备案的相关手续是某些合同的生效要件。根据现有规则，著作权许可、商标许可和专利许可中都存在备案的要求，然而备案手续是否会影响合同的生效等问题一直备受争议。国家知识产权局于 2011 年 6 月 27 日公布的《专利实施许可合同备案办法》第

---

❶ 《民法典》第 875 条："当事人可以按照互利的原则，在合同中约定实施专利、使用技术秘密后续改进的技术成果的分享办法；没有约定或者约定不明确，依据本法第五百一十条的规定仍不能确定的，一方后续改进的技术成果，其他各方无权分享。"

19 条规定："经备案的专利实施许可合同的种类、期限、许可使用费计算方法或者数额等，可以作为管理专利工作的部门对侵权赔偿数额进行调解的参照。"根据这一规则，专利许可合同备案的意义在于证据的固定和合同约定的许可使用费作为案件处理的依据。据此，在专利许可合同领域是否备案并不能也不应影响专利许可合同的效力。

就商标许可合同的备案而言，根据《最高人民法院关于审理商标民事纠纷案件适用法律若干问题的解释》第 19 条规定，❶ 商标许可合同不论是否备案都不影响商标许可合同本身的效力。但商标许可合同备案却具有对抗善意第三人的效力。原因在于通过备案可以有效公示商标权人与商标使用者，从而保护消费者利益。

（2）效力待定的知识产权许可合同

效力待定的知识产权许可合同所引发的市场交易不确定性和现有法律框架的高交易成本也是国外学者关注的重点问题。❷ 知识产权许可合同效力待定情形常出现在三种情形中。一是附生效条件或者附期限合同，其中以上述的商标许可合同为典型。二是民法上规定的效力待定事由：超越民事行为能力、超越代理权以及无权处分行为，其中较为特殊的是无权处分行为，具体问题在于当第三人是善意的时候是否可以适用善意取得制度，继续使用被许可的知识产权（本章的第三部分会重点论述知识产权中的善意取得制度）。三是发明专利临时保护期内的许可合同。

由于我国专利制度对发明专利申请采用早期公开延迟审查的制度，当国务院专利行政部门收到发明专利申请后，经形式审查认为符合要求的，应自申请日起满 18 个月即行公布，任何人皆可审查。自公布后，该项申请专利的发明创造便进入临时保护状态。发明专利申请自申请日起 3 年内，申请人可以随时向国务院专利行政部门提出实质审查的请求。问题可归纳为：在临时保护期的发明许可合同应当是有效还是效力待定状态（附生效条件）？处于临时保护期的发明是被公开的状态，公众在进行异议审查的

---

❶ 《最高人民法院关于审理商标民事纠纷案件适用法律若干问题的解释》第 19 条："商标使用许可合同未经备案的，不影响该许可合同的效力，但当事人另有约定的除外。"

❷ TOSATO A. Intellectual Property License Contracts：Reflections on a Prospective UNCITRAL Project［J］. University of Cincinnati Law Review，2018，86（4）：1272.

同时也可以实际接触该发明，如果不对其进行保护，则给授权后的侵权行为提供了可能性。但同时也考虑到该专利申请仍有无法获得授权的可能性，因此法律选择了给予其适当保护。《最高人民法院关于审理侵犯专利权纠纷案件应用法律若干问题的解释（二）》第 18 条❶实质上也否认了在临时保护期内对发明进行实施侵权的性质。对于试图实施该发明的个人或组织而言，即便事后专利申请被授权且实施范围也落入了专利权的保护范围，也只需要按照法定要求给予适当的费用即可。但实务中仍存在临时保护期的许可合同，其原因及目的主要在于经济成本的考量。一方面，在权利授予之前，司法解释中并未对实施人应当给予的"适当的费用"进行明确，而是建议"人民法院可以参照有关专利许可使用费合理确定"。但如果存在许可合同，被许可人就可以在实施前对实施费用进行明确，也避免了陷入授权后的侵权诉讼风险。另一方面，即便实施授权前的发明并不属于侵权行为，但权利被授予后实施人必须停止继续使用该发明专利，否则构成侵权行为。实施人基于沉没成本的考量，仍然大概率要与专利人去签订许可合同。但两种阶段下的许可合同签订，被许可人存在明显差别的价格博弈空间。基于此，在临时保护期内针对发明进行许可合同的签订，对于被许可人而言，容易获得更低的许可成本。对该合同的性质，可参照《最高人民法院关于审理技术合同纠纷案件适用法律若干问题的解释》第 29 条认定。❷ 因此临时保护期内发明专利的许可合同原则上应属于有效合同。

---

❶ 《最高人民法院关于审理侵犯专利权纠纷案件应用法律若干问题的解释（二）》第 18 条第 1 款："权利人依据专利法第十三条诉请在发明专利申请公布日至授权公告日期间实施该发明的单位或者个人支付适当费用的，人民法院可以参照有关专利许可使用费合理确定。"

第 2 款："发明专利申请公布时申请人请求保护的范围与发明专利公告授权时的专利权保护范围不一致，被诉技术方案均落入上述两种范围的，人民法院应当认定被告在前款所称期间内实施了该发明；被诉技术方案仅落入其中一种范围的，人民法院应当认定被告在前款所称期间内未实施该发明。"

❷ 《最高人民法院关于审理技术合同纠纷案件适用法律若干问题的解释》第 29 条第 1 款："当事人之间就申请专利的技术成果所订立的许可使用合同，专利申请公开以前，适用技术秘密许可合同的有关规定；发明专利申请公开以后、授权以前，参照适用专利实施许可合同的有关规定；授权以后，原合同即为专利实施许可合同，适用专利实施许可合同的有关规定。"

第 2 款："人民法院不以当事人就已经申请专利但尚未授权的技术订立专利实施许可合同为由，认定合同无效。"

（3）无效的知识产权许可合同

知识产权许可合同的无效事由在类型化上基本等同于民法上的事由，分别为行为人无民事行为能力、意思表示不真实、违反法律和行政法规的强制性规定或违背公序良俗、恶意串通。

同时，还存在另外一种较为特殊的事由，即被许可权利的不存在，主要分为合同自始不存在和嗣后不存在两种情形。第一，合同自始不存在。在知识产权许可领域，常发生标的客观自始即不存在的情形。常见情形包括：超过注册商标核定的商品范围进行注册商标许可、以不存在的商业秘密签订许可合同等。对于该类许可合同的效力，理论上存在两种观点。一种观点认为：由于合同标的自始不存在，合同自始未成立，被许可人可向许可人主张缔约过失责任。另一种观点认为：该合同应归无效。此时被许可人可基于缔约上的过失责任向许可人主张权利，也可基于合同向许可人主张违约。第二，合同嗣后不存在，即知识产权在许可合同签订时有效，但在许可合同期内归于消灭。知识产权消灭的原因较多，如权利保护期届满、权利人放弃权利、权利被宣告无效、商业秘密丧失秘密性。其一，保护期届满。由于许可合同的有效期一般不超出知识产权保护期，因此一般情况下保护期届满之日即为合同有效期届满之日，合同终止。其二，权利人放弃权利。权利人在合同有效期内主动声明放弃权利的，权利自放弃之日起消灭，此时许可合同终止。其三，技术秘密丧失秘密性。一项技术构成技术秘密应当具有保密性。当出现该技术因第三人合法公开等情形时，技术秘密性丧失，从而该合同标的消灭，合同终止。

3. 许可使用费

知识产权许可合同作为典型的双务有偿合同，许可使用费是许可人基于产权获得收益的主要方式之一，也是实务中当事人最为关注且最具争议的问题。❶ 许可使用费的注意要点主要包括支付方式和计算方式两项。一方面，就支付方式而言，许可使用费的支付方式多样，实践中被许可人对许可费用的支付并不限于金钱，还包括交叉许可、股权、期权等方式；另

---

❶　参见：傅宏宇，谭海波. 知识产权运营管理法律实务与重点问题诠释［M］. 北京：中国法制出版社，2017：19－22.

一方面，许可费的计算方式在很大程度上与具体的交易情况关联。由于在知识产权具体投产前其经济价值并不明显，尽管被许可人在请求许可前需要对知识产权进行审慎的实用性评估和价值评估，但为了降低风险，存在提前支付部分费用，等到投产实施过程后再根据现实状况进行费用调整的情形。因此，本部分将对许可使用费的支付方式以及计算方式予以梳理归纳。

（1）支付方式

第一，前向支付（预支付）。以该方式进行许可费用支付的被许可人实际上承担着更低的注意义务，不必对许可人的信誉状况、经营状况以及专利进行更为细致的评估。其本质特点是简便、易于操作。其操作内容是：被许可人首先给予一部分预付款，在知识产权投产且产生实际效益后，再支付正式的款项。而许可人也可以以收到的预付款弥补前期研发的成本，更具效率地实现知识产权的资本化。基于此，双方应在协议中明确何种情形下预付款仍可以退还以及是否可用预付款抵消后期的部分许可费用等。

第二，分期支付。该方式在专利技术的许可合同中更为常见，被许可人可以依据技术的开发情况向许可人支付使用费。由于技术研发周期较长，且在开发阶段技术人员可能面临许多技术壁垒，技术具有不稳定性，被许可人通常不会贸然一次性支付所有的费用，而是选择分阶段或者在技术研发出现显著进展时进行支付。这样不但可以对许可人的技术研发产生激励作用，调动研发人员的积极性，而且可以缓解被许可人的资金压力。

（2）计算方式

许可使用费的计算一般与使用所许可知识产权的产品实际销售情况密切相关。更准确地说，根据销售状况来设定许可费率是十分常见的费用计算方法。这种计算方式将实际运营情况（被许可人的收益）与许可人的许可收益相挂钩，类似于作价入股的方式，使得双方共担风险，共享收益。关于许可费用的具体考量因素，一般包括以下三种方式。第一，基于产品数量。单纯以产品的销售数量作为计算基准较为容易计算，并且不受价格与汇率波动的影响。第二，基于产品销售额。该方法更加灵活多变，它取决于被许可人对于产品的定价以及产品的销售数量。这意味着被许可人有更大的调整产品销售价格的空间，从而保证其市场地位，保护许可人免受市场波动的影响。在使用该方法时需要注意净销售价的范畴，是否包含关税、运费、保险、其他手续费等；如果仅有零部件上使用了知识产权，是以部件的价格还是以成品的价格来计算净销售额；由于关联企业内部的价格远低于市场价，那么这一部分的销售额是否也应该囊括其中等。诸如此类的问题都是需要在许可费计算方式中明确约定的。第三，基于净利润。这种方法能够更好地反映被许可人的经济效益，但是从许可人的角度而言，应该尽量避免这种做法。因为净利润的确定必然涉及成本的大小，虽然销售额较为容易确定，但与销售额直接相关的成本却是一个十分模糊的概念，如何将这部分的成本与被许可人整个运营过程中产生的成本加以区分，如何确保被许可人不会对其中的数据进行操纵、篡改、虚报账目等，都非常棘手，给许可人带来诸多不确定性。

由于许可使用费的计算方法非常复杂，为了保护各方利益，许可当事人往往会采取诸多措施，例如在协议中附上演算方法的模板、约定最低使用费与最高使用费的标准等。最低使用费可以确保许可人免受被许可人不佳业绩的影响：即使被许可人没有获得良好的经济效益，也需要向许可人支付最低许可费。如果没有最低使用费的规定，许可人至少要在合同中约定：在被许可人无法完成业绩要求的情况下，许可人有权终止合同，避免因为被许可人的懈怠，在获得许可后不积极实施而使得知识产权的价值难以实现。许可当事方还应当就许可费的支付日期、货币种类、财务审计日期及相关费用等事项进行约定。

（三）特殊类型的知识产权许可

1. 著作权法定许可

法定许可制度指的是根据法律的直接规定，不经著作权人的许可而以某些方式使用他人已经发表的作品，但应当向著作权人支付使用费的制度。❶ 该制度被认为目的在于限制著作权人的绝对权，避免著作权人由于对作品的绝对控制而使得对社会公共有益的作品无法发挥其社会价值，造

---

❶ 参见：刘春田. 知识产权法［M］. 5 版. 北京：中国人民大学出版社，2014：122.

成资源的浪费。但著作权人作为法定权利人，其劳动成果依然需要被法律尊重，因此权利人可以获得相应的报酬。

《伯尔尼公约》允许成员国作出特别规定，对著作权人的复制权、广播权及音乐作品录制权等权利进行限制。有关条款主要是第 9 条第 2 款关于复制权限制的规定、第 11 条之二第 2 款关于广播权限制的规定、第 13 条第 1 款有关音乐作品录制权限制的规定。《伯尔尼公约》并没有具体就法定许可适用情形作出规定，只是笼统地概括了著作权限制的"三步检验法"原则，即无论是合理使用、法定许可，还是强制许可，对著作权的限制都应属于某种特殊情形且不得损害作品的正常使用，也不过分损害作者的合法权益。我国目前的著作权法定许可分为六种情形，分列在《著作权法》《信息网络传播权保护条例》中的不同法条，包括：编写教科书的法定许可、报刊转载的法定许可、制作录音制品的法定许可、播放已发表作品的法定许可、制作课件的法定许可和扶助农村贫困地区的网络传播法定许可。

2. 商标权特许经营

特许经营作为一种营销商品和服务的商业模式起源于 19 世纪 80 年代的美国，后逐渐被推广至世界范围，至今已有一百余年的历史。但至今"特许经营"的概念仍未得到统一，国际特许经营协会、世界知识产权组织等国际组织以及美国联邦贸易委员会、欧洲商业特许经营联合会、日本连锁加盟协会给出的定义都有所区别。❶ 我国 2007 年公布的《商业特许经营管理条例》第 3 条对特许经营给出了界定：商业特许经营，是指拥有注册商标、企业标志、专利、专有技术等经营资源的企业（特许人），以合同形式将其拥有的经营资源许可其他经营者（被特许人）使用，被特许人按照合同约定在统一的经营模式下开展经营，并向特许人支付特许经营费用的经营活动。同时被特许人还应当在经营模式和运作模式上和特许人保持统一，一般具体表现为接受特许人的指导和控制，从而形成特许经营体系。

---

❶ 参见：张帅梁. 论商业特许经营中的知识产权法律保护［J］. 经济与法制，2010（6）：234.

在所有特许经营模式中，最有价值的资产之一就是其运营的原始商标。商标实际上是公众对该经营者商品和服务水平的印象的承载体。如果被特许人获得了具备影响力和认可度的商标使用权，实际上在经营的起步阶段就可获得更大的市场优势，因此商标也成为特许经营体系中的关键要素。

在特许经营协议中，为了保证商标的价值不因被特许人的经营而受到贬损，商标权必须实现对商标恰当的监督控制。在协商的过程中，双方应当明确被特许人与标志相关的义务。在起草特许经营权协议时，商标条款方面必须包括标志的具体使用、质量标准和统一标准条款。被特许人由此会有一本详细的使用指导或者使用手册。

特许人还应当关注可获得的信息来源，包括商标注册处和网络域名注册处，以防止相同或混淆商标的侵权使用。冲突使用会导致法律保护的减损、保护商标不能或者商标的技术放弃。实际上，被特许人可能会对特许人提起诉讼，主张其未能监督和保护商标而导致商标价值和特许经营体系的减损。特许人也必须监督自己的被特许人，确保其未侵犯其他商标权，否则特许人要承担混合责任。❶ 特许经营终止或期限届满时，特许经营协议应当规定被特许人丧失对特许经营相关货物的经济利益，包括被特许人关于商标、包装和其他知识产权许可的权利义务。特许经营协议终止后，被特许人应自觉按照诚实信用原则和交易习惯履行相应附随义务，如当特许经营协议终止后，被特许人有义务去除品牌标志以及遵守协议中的保密和竞业限制条款。

3. 专利权开放许可与强制许可

（1）专利开放许可

专利开放许可的操作流程包括声明与申请。具体而言，专利权人首先向国务院专利行政部门声明开放许可并进行备案，同时明确许可费用与支付方式以及其他条件，即可向公众开放其专利的许可；公众在请求获取改专利的许可时，只需满足专利权人事先发布的条件并向其发出通知即可使

---

❶ 参见：傅宏宇，谭海波. 知识产权运营管理法律实务与重点问题诠释［M］. 北京：中国法制出版社，2017：128 - 129.

用专利。相比于一般的许可，开放许可实质上是对流程进行格式化和统一化，将原本双方协商博弈的过程转化为更便捷的交易方式。❶

专利开放许可制度在《专利法》的第四次修正中被引入，并规定在《专利法》第 50 条❷。同时后续的条文中也对专利开放许可的实行、获取、效力以及纠纷解决一并进行了法律规定。该制度的目的是通过降低许可的成本，推动专利技术的社会应用。从比较法的角度看，专利开放许可制度已被许多国家所认可，其中在英国和德国具备较好的制度效果。❸ 据统计，英国每年授权专利的登记中有 3% 以上是通过当然许可（同"开放许可"）的方式；德国专利商标局每年的当然许可专利登记占全年申请的 5% ~ 7%，且基本保持持续上升的趋势。❹ 由此可见，专利开放许可制度对于市场主体而言具有一定的制度价值。

自 2021 年 10 月以来，包括浙江、湖北、四川等省份逐步发布专利开放许可试点首批专利。❺ 专利开放许可制度在我国刚刚确定，仍处于有待完善阶段，是否能够发挥预想的促进科技创新的作用还有待数据检验。

（2）专利强制许可

目前，知识产权的强制许可制度在我国仅限于专利法领域。当出现以下几种情形时，可以不经过专利权人的意思许可或者同意，而由政府或者政府依法授权具有相同实施能力的第三人实施专利并支付合理使用费，即为专利强制许可。

---

❶ 参见：陈春雨. 论专利开放许可制度在我国实施中的问题与解决方案［J］. 东南大学学报（哲学社会科学版），2022（S01）：106.

❷ 《专利法》第 50 条第 1 款："专利权人自愿以书面方式向国务院专利行政部门声明愿意许可任何单位或者个人实施其专利，并明确许可使用费支付方式、标准的，由国务院专利行政部门予以公告，实行开放许可。就实用新型、外观设计专利提出开放许可声明的，应当提供专利权评价报告。"

❸ 参见：张扬欢. 责任规则视角下的专利开放许可制度［J］. 清华法学，2019（5）：187.

❹ 参见：易继明. 专利法的转型：从二元结构到三元结构［J］. 法学杂志，2017（7）：46.

❺ 参见：陈和秋. 浙江推进"专利开放许可"制度［EB/OL］.（2022 - 04 - 26）［2022 - 07 - 20］. http：//www. mzyfz. com/html/1993/2022 - 04 - 26/content - 1561214. html；佚名. 湖北省知识产权局召开专利开放许可试点工作推进座谈会［EB/OL］.（2022 - 07 - 28）［2022 - 07 - 28］. https：//www. cnipa. gov. cn/art/2022/7/28/art_57_176884. html；佚名. 四川省专利开放许可十点工作进入全面推进阶段［EB/OL］.（2022 - 07 - 05）［2022 - 07 - 20］. http：//scip-spc. sc. gov. cn/ztzl/cycj/202207/t20220705_30705. html。

第一，防止滥用的强制许可。依据《专利法》第53条，防止滥用的强制许可存在两种类型。一是一般强制许可，适用情形为"专利权人自专利权被授予之日起满三年，且自提出专利申请之日起满四年，无正当理由未实施或者未充分实施其专利的"。该规定源于《巴黎公约》第5条第1款第4项："自提出专利申请之日起届满四年以前，或自授予专利之日起届满三年以前，以后满期的期间为准，不得以不实施或不充分实施为理由申请强制许可；如果专利权人的不作为有正当理由，应拒绝强制许可。"❶二是反垄断的强制许可，适用情形为"专利权人行使专利权的行为被依法认定为垄断行为，为消除或者减少该行为对竞争产生的不利影响的"。该规定源于TRIPS第31条第11项："若是为补救经司法或行政程序确定为反竞争的做法而允许此类使用，则各成员没有义务适用上述第2项和第6项所规定的条件。"❷ 其中第2项规定的就是强制许可的情形。因此，在出现滥用专利权而导致非法垄断的情形时，强制许可可以作为一种规制手段。

第二，从属专利的强制许可。该制度规定在《专利法》第56条。该条的第2款同时提及，在给予强制许可后，前一专利人可以依法向国务院专利行政部门申请后一专利的强制许可，其本质类似于强制性的交叉许可。

第三，公共利益需要的强制许可。《专利法》第54条规定，在国家出现紧急状态或者非常情况时，或者为了公共利益的目的，国务院专利行政部门可以给予实施发明专利或者实用新型专利的强制许可。

第四，药品专利强制许可。该制度规定在《专利法》第55条。在我国法律体系之下，药品专利强制许可应同时适用于传染病和非传染病防治的公共健康需求，关键点在于药品的可及性。在适用标准上，实则可以借鉴南非、巴西、印度等已具有较为成熟适用经验的发展中国家。❸ 药品专

---

❶ 参见《巴黎公约》（1979）官方正式中文译本：https：//www.wipo.int/wipolex/en/text/287559。

❷ 参见TRIPS（2017）官方正式文本：https：//www.wto.org/english/docs_e/legal_e/31bis_trips_04C_e.htm#5。

❸ 参见：李宗辉. 论公共健康需求下的药品专利强制许可［J］. 中国发明与专利，2021（8）：71.

利制度是现代人权理念的必然要求，同时也符合专利制度的内在发展逻辑。在新型冠状病毒（COVID - 19）肺炎疫情防控期间，该制度的具体适用标准更是成为学界关注的焦点。

三、知识产权转让的制度缺位与补充

知识产权转让制度的缺位实际体现为激励制度设计的缺失。知识产权因具备市场属性，通过转让能更好地促进市场流动价值流通提升。目前，知识产权转让中相关制度的缺失导致市场主体在出现纠纷情况时无法有效获得保护，市场主体之间的交易容易因制度的缺失而无法产生对自身权利保障的合理预期，知识产权转让的交易率容易因此下降。典型如知识产权转让中善意受让人制度的缺失，知识产权被无权处分且完成变更登记手续后，善意受让人由于缺失必要信息资源且主观善意，难以对交易的全部信息予以掌握，此时善意相对方是否能因此受到保护？知识产权转让方所转让之权利存在的不确定性增加了市场主体双方的交易成本，❶ 信息因素的差异和所转让权利的不确定也加重了交易风险。合同理论作为解释知识产权交易中所存在的各种问题的理论依据，其目的在于促进双方交易的顺利实现，提高交易效率。然而，知识产权转让不同于知识产权的其他处分行为，不仅涉及权利的移转，还涉及可能存在的善意第三方。由于市场激励制度设计的缺失，无法促使交易双方自行披露交易信息，当事人双方在交易时无法明确选择效用最大化的合同设计，权利转让的稳定性和安全性无法保障。因此，有必要就知识产权转让中所存在的具体问题予以明确，以便清晰判断知识产权转让中交易各方所可能面临的实务难题，探索可能存在的处理方法。

（一）知识产权转让的具体问题

知识产权转让作为促进知识产权流通利用的重要环节，涉及多方主体

---

❶ CELTEKLIGIL K. Transaction Cost Theory ［M］//DINCER H, YÜKSEL S. Strategic Priorities in Competitive Environments: Multidimensional Approaches for Business Success. Cham: Springer, 2020: 141 - 154.

利益的衡量和权利义务的分配。不同于《民法典》中对于物权转让的详细规定，关于知识产权转让还没有完善的法律法规规定。对于司法实务中出现的知识产权转让难题，如知识产权的无权处分、善意相对方的保护等内容，法院态度不一，导致司法实务难以形成统一、完善的裁判思路。影响司法实务判决的一个重要原因便在于知识产权客体的特殊性以及不同类型知识产权权利变动模式的差异性，因此有必要针对知识产权转让中存在的问题予以探究思考，厘清知识产权转让与现行物权法体系可能存在的协调与冲突，为完善知识产权转让制度提供参考。

1. 理论争议

知识产权作为一项兼具人身性和财产性的权利，其本质逃脱不了民事权利的范畴，虽然法律上将不同类型的知识产权单独立法，但在发生相关知识产权纠纷后，如知识产权法律没有作出规定，仍可以适用《民法典》的规定。❶ 与物权转让相似，知识产权转让作为法律意义上的民事法律行为，其转让同样涉及对权利的处分，因而物权的相关规定也常被司法实践所参考。然而，知识产权客体的无形性以及不同类型知识产权权利变动模式的差异性，使得知识产权转让的相关问题没办法很好地与物权转让的规定适配，导致了传统民法某些制度在知识产权领域的"不适用"。❷ 因此，厘清知识产权转让与物权转让之间的区别与联系，对于了解和掌握知识产权转让中存在的具体问题有着一定的借鉴意义。

（1）知识产权转让与物权转让的区别

在传统民法体系中，对于权利的转让意味着权利主体、客体和内容的变更，同时也涉及权利变动的方式以及变动后的效力，知识产权转让同样如此。知识产权类型多样，法律对其权利变动的相关规定有所不同，这也导致了知识产权转让与物权转让的差异性。目前，学术界对于知识产权转让与物权转让之间区别的争议主要集中在权利客体、权利变动的方式和权利转让后的法律效果，具体如下。

第一，权利客体不同。不同于物权的客体"物"，知识产权客体为智

---

❶ 参见：王利明，杨立新，等. 民法学［M］. 6版. 北京：法律出版社，2020：164.

❷ 参见：史尚宽. 物权法论［M］. 北京：中国政法大学出版社，2000：8.

力成果，具有非物质性的特点，这也是知识产权区别于物权最主要的特征。在物权的转让中，以动产为例，出让人只需通过交付动产这一物质载体便可实现对物的所有权的变动。而在知识产权转让中，知识产权所转让的并非物质载体本身，而是转让物质载体之上所"承载"的非物质性成果。❶ 以著作权转让为例，受让人在与出让人签订著作权转让合同后，受让人所获得的并非作品这一物质载体，而是作品所体现的著作权的财产性权利，也即作品所体现的无形的智力成果；反之，受让人获得作品所有权的同时并不当然地享有作品的著作权。因此，由于权利客体的不同，直接导致了知识产权与物权的不同，进而造成了知识产权转让与物权转让的差异。

第二，权利的变动方式不同。根据《民法典》第 209 条第 1 款❷ 和第 224 条❸ 的规定，我国法律对于基于法律行为发生的物权变动原则上采取登记或交付作为物权变动的生效要件，其中不动产的物权变动以登记为生效要件，原则上未经登记不发生效力；动产物权以交付为生效要件，原则上自交付时发生效力。与物权变动的生效要件不同的是，知识产权的权利变动因知识产权类型的不同而存在差异性。以知识产权中的著作权、专利权和商标权为例：对于著作权财产性权利的转让，《著作权法》第 27 条和《著作权法实施条例》第 25 条明确转让著作权中的财产性权利应当订立书面合同，同时规定"可以向著作权行政管理部门备案"，并未明确备案的对抗效力；对于专利权的转让，《专利法》第 10 条第 3 款明确规定专利申请权或专利权的转让自登记之日起生效，即专利权转让的生效要件与不动产转让相同，均以登记作为生效要件；对于商标权的转让，根据《商标法》第 42 条第 1 款和第 4 款规定转让注册商标应当签订转让协议，同时以公告作为商标权转让的生效要件。因此，知识产权类型的多样性导致了知识产权在权利变动的生效要件上较之物权更加复杂，这也成为知识产权转让与物权转让之间的不同之处。

---

❶　参见：王迁. 知识产权法教程［M］. 7 版. 北京：中国人民大学出版社，2021：5.

❷　《民法典》第 209 条第 1 款："不动产物权的设立、变更、转让和消灭，经依法登记，发生效力；未经登记，不发生效力，但是法律另有规定的除外。"

❸　《民法典》第 224 条："动产物权的设立和转让，自交付时发生效力，但是法律另有规定的除外。"

第三，权利转让后的法律效果存在差异。物权转让后的法律效果与知识产权不同。以所有权为例，出让人将享有所有权的动产或不动产通过交付或登记的方式转让给受让人，此时受让人则享有对该动产或不动产全面和永久的支配权。而知识产权的转让则不同，受让人取得知识产权的权利内容不一定是全面的，典型如著作权的转让仅能转让其财产性权利，对于著作权中的人身性权利无法转让。造成这一现象的主要原因在于二者权利性质不同，物权的性质为财产权，而知识产权不仅有财产权的性质，而且兼具人身权的色彩。不同于动产或不动产的存在、利用和处分形态，知识产权作为无形财产权，其客体不仅包含财产权的内涵，同时蕴含着权利人独特的人身价值。❶ 这意味着知识产权虽能以转让的方式对其财产权予以处分，同时也受限于人身权这一"无形"的内涵。因此，物权和知识产权在权利性质上的不同导致了两种权利在转让时的差异。

（2）知识产权转让与物权转让的联系

在了解知识产权转让与物权转让之间的区别后，还应注意二者存在的联系。作为传统民法法律体系下的内容，知识产权与物权权利客体、性质的不同并不意味着二者之间不存在联系，知识产权在转让的过程中实际上也存在与物权转让之间的相似之处。

第一，二者脱离不开传统民事法律体系的范畴。在社会生活中，人与人之间充满联系，共同造就社会和经济生活。❷ 纷繁复杂的社会关系需要以法律予以规范调整，由此诞生了民事法律关系。作为民事主体的权利义务关系，民事法律关系以主体、客体、内容三个要素搭建了整体民事法律体系的框架，使得民事主体的人身关系和财产关系能以一个统一、明确的体系予以规范调整。知识产权和物权作为民事法律体系中的一部分，二者之间天然具备"血脉"联系。法律之所以划分知识产权法、物权法等部门法律的原因主要在于法学体系化、系统化的考虑。❸ 对于二者之间的应用

---

❶ 参见：吴汉东. 知识产权制度基础理论研究［M］. 北京：知识产权出版社，2009：25.

❷ 参见：郑玉波. 民法学［M］. 北京：中国政法大学出版社，1997：224.

❸ 参见：谷丹. 知识产权诉讼中物权法规范的类推适用［M］//贺荣. 司法体制改革与民商事法律适用问题研究：全国法院第 26 届学术讨论会获奖论文集. 北京：人民法院出版社，2015：1161.

应注重考虑同属民事法律体系下的互动和联系，❶ 避免脱离现实生活。

第二，知识产权与物权转让的权利内容存在联系。值得注意的是，知识产权与物权一样具备强烈的财产权色彩，知识产权法调整的正是基于平等主体之间围绕智力成果或其他非物质性成果的财产关系。❷ 知识产权中的人身权部分因其具备人身专属性，不允许转让，《著作权法》也明确著作权转让仅限转让著作权的财产权部分。虽然知识产权和物权在客体形态上存在很大的差异，但二者对财产价值的强调无疑减少了这种差异性，甚至随着经济社会的发展，不同客体形态的财产权之间还出现了融合的趋势。❸ 从立法体系上看，我国民法体系与德国法相同，将物权的客体"物"限定为有体物，知识产权因其客体的非物质性当然不包括在物权的客体范围内。然而，随着经济社会的发展和财产关系的复杂化，各类无形财产的出现极大地冲击着现有的财产法律体系。有学者认为，知识产权的客体实际已通过其物质载体具备了固定的范围，成为"有形化"的存在;❹ 也有学者主张，现有的物权法已容纳了无体财产的存在，相关制度体系应及时回应经济社会需求。❺ 因此，知识产权与物权并不能仅根据客体的差异性而割裂二者可能存在的联系，其转让的权利内容实际上也体现着当今经济社会发展的趋势。

2. 实践难题

在了解知识产权转让与物权转让的理论争议后，还应关注司法实务中知识产权转让的具体问题，主要包括知识产权转让中的无权处分、善意相对方的保护以及转让中的市场风险。我国现行知识产权法律已对知识产权转让事宜予以完善的规定，然而随着经济社会发展的复杂性，知识产权转让并非简单的"一权一卖"的过程，而是存在知识产权转让中的"一权数

❶ 参见：周剑浩，沈杨. 合同法在知识产权侵权案件中的适用模式初探：以法理省思及实例考察为研究依托 [M] //公丕祥. 思考与探索：我们走过的路. 北京：中国法制出版社，2008：1427.

❷ 参见：王迁. 知识产权法教程 [M]. 7 版. 北京：中国人民大学出版社，2021：13.

❸ 参见：王国柱. 知识产权善意取得的合理性分析：兼论知识产权制度与物权制度的兼容性 [J]. 海南大学学报（人文社会科学版），2012（4）：88.

❹ 参见：孙宪忠. 中国物权法总论 [M]. 2 版. 北京：法律出版社，2009：205.

❺ 参见：李国强. 无体财产概念对现代所有权观念的影响 [J]. 当代法学，2009（4）：46.

卖"、无权代理等情况。此时如何保护善意相对方的合法权益，平衡真正权利人与善意相对方之间的利益关系成为司法实务难题。因此，有必要就知识产权转让中的实务难题予以深入研究，为促进知识产权应用提供稳定、安全的法律环境。

(1) 知识产权转让中的无权处分认定标准模糊

传统民法体系中的无权处分行为指的是行为人在没有处分权的情况下，处分他人的财产并与他人订立转让财产的合同。[●] 知识产权转让中的无权处分在构成要件上与传统民法体系相同，指的是无知识产权处分权的行为人处分他人的财产并订立相应合同的行为，在构成要件上包括两方面因素：一是无知识产权处分权的行为人实施了处分行为，二是行为人与相对人就处分行为订立了相应合同。虽然知识产权转让中的无权处分行为的概念和构成要件与传统民法体系中的无权处分行为相近，但这并不意味着可以直接依照相关无权处分规则处理知识产权转让中涉及无权处分的纠纷。造成这一情况的主要原因在于知识产权类型的多样性和适用规则上的差异性。一方面，知识产权涉及著作权、专利权、商标权等权利类型，不同类型的权利其权利性质也有所差异。以著作权为例，法律规定的著作权权利不仅包括复制权、发行权、出租权等财产性质权利，还包括发表权、署名权等人身性质的权利；另一方面，鉴于不同类型权利在权利性质上的差异，我国法律对于知识产权转让的相关适用规则也存在不同。专利申请权和专利权的转让以登记为生效要件，商标权以公告为生效要件，著作权则规定应订立合同而未规定强制登记和公告的程序。

(2) 知识产权转让中善意相对方的保护规则不一

面对知识产权转让中所发生的无权处分情况，还需注意的一个问题便是对于善意相对方的保护。现行民法体系里中针对无处分权人的无权处分行为，通过设立善意取得制度保护第三人的合法权益，典型如《民法典》第311条的规定。只要善意相对方符合法律规定的善意取得要件，则可以依照规定取得动产或不动产的所有权，原权利人丧失对物的所有权。鉴于知识产权与物权的差异以及法律的规定，目前就知识产权能否实现善意取

[●] 参见：王利明. 论无权处分 [J]. 中国法学，2001（3）：77.

得这一问题，理论界存在不同的观点。持肯定说的学者认为，知识产权可以参考适用物权法上关于善意取得的规定。持该观点的学者主要从知识产权与物权的客体形态、财产规则的价值取向、促进交易安全和增进社会福祉等方面进行考虑。❶ 持否定说的学者则认为，知识产权不适用善意取得制度。持该观点的学者主要从知识产权客体信息的不可消耗性、知识产权占有的权利外观以及可归责性要件的缺失等角度入手，得出善意取得制度不适合应用于知识产权之结论。❷ 此外，司法实务中也呈现出两种截然不同的裁判思路。以注册商标善意取得的判决为例，支持适用善意取得制度的判决包括福建省厦门市中级人民法院（2016）闽02民终3857号、福建省高级人民法院（2015）闽民终字第188号、河北省高级人民法院（2015）冀民三终字第114号民事判决，法院主要基于注册商标经过国家商标行政主管部门核准登记，认可商标登记的公信力，同时考虑到市场交易的安全和稳定，最终认为善意取得制度可适用于商标权的应用中；与上述判决结果相反的是山东省高级人民法院（2015）鲁民提字第72号、重庆市高级人民法院（2005）渝高法民终字第187号民事判决，法院主要着眼于现行善意取得的法律规定，认为商标权不属于善意取得制度的适用范围，从而排除善意取得制度的适用。因此，理论界和实务界关于知识产权能否适用善意取得存在不同的看法，对善意相对方的保护存在不确定性。

（3）知识产权转让中的市场风险

知识产权转让中的问题除了无权处分和对善意相对方的保护外，还应关注知识产权转让可能带来的市场风险。根据法律规定，无论是专利权的转让，还是商标权、著作权的转让，都应签订相应的转让协议。通过签订转让协议来确保知识产权流转的稳定性和安全性实际上是法律发挥保障作用的应有之义，然而知识产权转让作为知识产权参与市场化交易的一环，不可避免地存在相应市场风险，同时不同类型知识产权权利变动的差异性

---

❶ 参见：王国柱. 知识产权善意取得的合理性分析：兼论知识产权制度与物权制度的兼容性 [J]. 海南大学学报（人文社会科学版），2012（4）：87.

❷ 参见：刘家瑞. 论知识产权与占有制度 [J]. 法学，2003（10）：56 - 63；彭诚信. 智力成果、知识产权与占有制度 [J]. 法商研究，2002（6）：91 - 97；王晓芬. 专利权属纠纷中善意受让人保护问题研究 [J]. 科技与法律，2020（2）：24 - 30.

也加大了风险的可能性。这种风险的产生主要基于两方面的原因：第一，经济利益的诱导，使得行为人企图通过转让知识产权获取违法利益，❶ 具体表现为知识产权中的无权处分和"一权数卖"；第二，风险的产生主要为不可抗力或情势变更所造成的合同履行不能，由此阻碍了知识产权的转让进程。市场风险的产生无疑会给合同缔约双方带来极大的不便，甚至损害其合法利益：一方面，容易造成转让人产品的市场份额减少。在签订知识产权转让合同的过程中，如出让人无权处分相关权利，同时受让人也符合善意取得的构成要件，一旦法院认定受让人可通过善意取得制度获取知识产权权属，那么知识产权权属的移转将会导致真正权利人所涉知识产权的产品市场份额减少，极大损害真正权利人的市场利益。就算法院认定不适用善意取得制度，诉讼期间该知识产权权属不明确也容易影响真正权利人的市场利益。另一方面，受让人承担权利瑕疵审查义务增大。根据《民法典》第 612 条规定，出卖人应承担权利瑕疵担保义务，确保所交付的标的物无第三人的权利负担。然而在知识产权转让中，如发生了无权处分行为，当善意取得制度无法适用时，此时作为标的物的受让人的合法权益难以得到保障。因此，为确保交易安全，在合同的缔结过程中，受让人难免将更多精力与时间花在审查所转让知识产权的权属确定上，这无疑增大了受让人的权利瑕疵审查义务。

（二）知识产权转让中的无权处分

1. 效力认定

自原《合同法》第 51 条规定无权处分制度以来，关于无权处分制度的争议便从未停止，无论是理论界还是实务界，纷纷就无权处分制度展开了激烈的争论，而无权处分中的合同效力问题更是成为诸多争论中的焦点。在原《合同法》时代，理论界以原《合同法》第 51 条和原《最高人民法院关于审理买卖合同纠纷案件适用法律问题的解释》第 3 条的规定为基础，就无权处分中的合同效力开展讨论，最终形成三种主流观点：第

---

❶　参见：杨利华，朱泽楷. 技术类知识产权交易违约风险防范研究［J］. 南都学坛（人文社会科学学报），2020，40（1）：78.

一，合同有效说。主张有效说观点的学者主要基于物权行为与债权行为的区分原则，承认无权处分中的合同的效力，同时将无权处分中的物权行为认定为效力待定的状态。❶ 第二，合同效力待定说。与合同有效说相反，主张该学说的学者认为应对买卖合同一体把握，不能脱离处分行为而单独判断负担行为的效力状态。如果出卖人对标的物不具有处分权，由于缺失处分权要件，那么合同效力待定。❷ 第三，善意恶意区分说。主张该学说的学者认为应就无权处分行为具体情况具体分析，注重保护善意相对方的合法利益。如果相对人符合善意取得的适用条件，即使权利人拒绝追认，那么该合同仍为有效。❸ 面对各种观点的激烈争锋，此次生效的《民法典》第597条第1款❹对无权处分行为的规则予以重新界定，在吸收原《合同法》第51条以及原《最高人民法院关于审理买卖合同纠纷案件适用法律问题的解释》第3条的规定并结合司法实践的具体情况后，《民法典》第597条第1款坚持债权行为与物权行为的区分原则❺，明确规定无权处分不影响买卖合同的效力，确保法律制定的科学性。

　　将《民法典》关于无权处分行为的最新规定应用到知识产权转让中，即会产生以下两个法律效果。第一，知识产权转让中的无权处分合同有效。这意味着无知识产权处分权人与相对人签订知识产权转让合同，即便出让人不具有知识产权的处分权，也不影响该转让合同的效力。典例如著作权转让中的"一权数卖"，即便著作权人在后续的转让合同中已经丧失了著作权权属，但仍不影响其与相对人签订的多份转让合同的效力。第二，如真正权利人追认则可发生知识产权变动的效果。依照《民法典》的

---

❶ 参见：韩世远. 合同法总论［M］. 4版. 北京：法律出版社，2018：312-319；吴光荣. 论无权处分的适用范围［J］. 中外法学，2005，17（3）：337；章正璋. 统一的无权处分制度之构建及其方法［J］. 苏州大学学报：法学版，2018（2）：55；彭诚信，李建华. 善意取得合同效力的立法解析与逻辑证成［J］. 中国法学，2009（4）：87-91.
❷ 参见：梁慧星. 如何理解合同法第五十一条［N］. 人民法院报，2000-01-08（3）；崔建远. 无权处分辨：合同法第51条规定的解释与适用［J］. 法学研究，2003（1）：3.
❸ 参见：王利明. 论无权处分［J］. 中国法学，2001（3）：90.
❹ 《民法典》第597条第1款："因出卖人未取得处分权致使标的物所有权不能转移的，买受人可以解除合同并请求出卖人承担违约责任。"
❺ 孙宪忠. 关于无权处分问题的几点看法：评民法典草案对《合同法》第51条的放弃［EB/OL］.（2020-01-12）［2022-07-22］. https://www.163.com/dy/article/F19KKAR00516C2P4.html.

相关规定，知识产权转让中的无权处分适用物权行为与债权行为的区分原则，这意味着知识产权权属是否变动取决于真正权利人的追认。❶综上所述，在知识产权转让合同中，虽然出让人不具备知识产权的处分权，但这并不影响合同的效力，知识产权最终是否变动仍取决于真正权利人的追认。

2. 具体类型

尽管《民法典》中对于无权处分行为的相关问题予以规定，但司法实务中各类特殊情况层出不穷，仍需结合司法案件实际情况，坚持"一事一议"的观点，具体问题具体分析。以下针对知识产权转让过程中的"一权数卖"、狭义的无权代理以及表见代理的情况展开分析，探索其中可能存在的适用难点和处理思路。

（1）知识产权转让中的"一权数卖"

与有体物的"一物数卖"的含义相似，知识产权转让中的"一权数卖"指的是权利人多次将知识产权转让给他人。不同之处在于，知识产权中的"一权数卖"往往因知识产权自身的特殊性而更加难以判断。这种特殊性主要体现在无论是专利、商标，抑或是作品，其本质均为信息，信息天然具备的流动性和可复制性使得信息一旦被传播，就容易导致信息被大量地复制和流动，权利人也因此丧失了对该信息的排他性控制。之所以信息能成为财产，能被知识产权的权利人予以排他性的控制，则归因于国家基于特定公共政策的需求所出台的法律规定。❷此外，由于知识产权类型的不同，对于不同类型知识产权转让中的"一权数卖"还应分别就具体情况予以针对性分析。以著作权为例，由于著作权领域缺失权利登记制度和著作权自动产生的特点，著作权领域的"一权数卖"现象十分频繁。❸实践中，著作权人多次转让自己的著作权，由此产生了多个著作权转让合同，如不存在相应的合同无效事由，这些转让合同则均为有效。然而最终能够履行的合同仅有一个，对于其他无法履行的合同，合同相对方可以通

---

❶ 参见：刘欢欢. 知识产权无权处分问题初探［J］. 时代经贸，2018（9）：91.
❷ 参见：王迁. 知识产权法教程［M］. 7版. 北京：中国人民大学出版社，2021：3.
❸ 参见：吕炳斌. 版权"一女多嫁"的解决之道：以善意第三人保护为中心［J］. 暨南学报（哲学社会科学版），2017（12）：34.

过主张违约责任或侵权责任维护自己的合法权益。同时，考虑到知识产权的特殊性，对于知识产权转让中的"一权数卖"情况，司法实践在进行针对性处理的同时还应考虑知识产权的立法目的，❶ 从促进市场交易和维护市场安全的角度保障善意相对方的合法利益。

（2）知识产权转让中"狭义的无权代理"

在知识产权转让的过程中，不单单会出现无权处分的行为，还容易产生狭义的无权代理。与无权处分行为不同，狭义的无权代理指的是无权代理人以本人的名义实施民事行为。❷ 如果应用到知识产权转让的过程中，则指的是无权代理人以知识产权权利人的名义实施了知识产权转让行为，此时应适用《民法典》第 171 条关于无权代理的规定❸，而非《民法典》第 597 条关于无权处分的规定。❹ 对于知识产权转让中的"狭义的无权代理"现象，此时被代理人即知识产权权利人享有追认的权利，无权代理行为未经追认不对被代理人产生效力；同时，相对人享有催告的权利，善意的相对人还享有撤销权以及对代理人的请求权，请求代理人履行债务或获得赔偿。然而，司法实践的情况并非如此简单明了，还有可能出现无权处分与无权代理重合的情况，此时应就案件具体情况展开分析，结合所涉知识产权的类型和立法目的，保障真正权利人和善意相对方的合法利益。

（3）知识产权转让中的"表见代理"

《民法典》为维护交易安全、保护善意相对方的信赖利益，还规定了表见代理制度。从广义上讲，表见代理属于无权代理的一种。❺ 但与之不同之处在于，虽然表见代理在本质上同样违反了被代理人的意志，但因为善意相对人对代理权的授权外观产生合理信赖而并不当然无效，被代理人需承担该无权代理行为产生的法律效果。❻ 由《民法典》第 172 条可知，

❶ 参见：王海燕，侯国跃. 无权处分与一物数卖的理论和实践问题："无权处分与一物数卖"专题学术研讨会综述 [J]. 西南政法大学学报，2013（5）：26.

❷ 参见：王利明. 论无权处分 [J]. 中国法学，2001（3）：78.

❸ 参见《民法典》第 171 条。

❹ 参见：崔建远. 无权处分再辨 [J]. 中外法学，2020（4）：868.

❺ 参见：王利明，杨立新. 王轶，等. 民法学：上册 [M]. 6 版. 北京：法律出版社，2020：261.

❻ 参见：史尚宽. 民法总论 [M]. 北京：中国政法大学出版社，2000：547.

表见代理的构成要件主要包括三方面内容：第一，代理人未获得被代理人授权，主要包括行为没有代理权、超越代理权或代理权终止；第二，代理人实行了无权代理行为；第三，相对人有理由相信行为人有代理权，据此产生了信赖利益。在知识产权转让的过程中，表见代理的现象常见于公司法定代表人转让公司知识产权的情况。在此种情况下，虽然知识产权归属于公司所有，法定代表人也未取得公司授权，但是如果法定代表人通过其权利地位使得相对人有理由相信其获得公司授权，相对人因此与之签订转让合同，此时合同仍有效并直接约束公司。然而对表见代理的认定并非易事，司法实务中也常常因相对人是否"善意"而争执不下，因此针对知识产权转让中的表见代理行为不能一概而论，而应落实到具体案件情况中，具体案件具体分析。

诚然，无权处分制度所涉及的内容复杂晦涩，理论界因无权处分制度所引起的争论更是令人叹为观止。知识产权作为民法体系下的重要部分，其无权处分行为更是具有其独特的研究价值和意义。解决知识产权转让中无权处分行为时，不仅需要关注不同类型知识产权下转让规则的差异，结合具体案件的实际情况，针对性分析无权处分行为的各个要点，以确保善意相对方的利益得以维护；还应从知识产权的立法目的和维护市场交易安全的角度出发，促进知识产权的流通转让，发挥知识产权的市场价值。从立法层面上看，目前知识产权无权处分的行为还与民法体系存在协调层面的问题，司法实务还未能形成统一的裁判思路。如何恰当地处理知识产权转让中的无权处分行为，真正保护知识产权权利人和善意相对人的利益，值得我们进一步研究。

（三）知识产权转让中的善意相对方保护

1. 存在的问题

（1）"善意"的判断问题

对于知识产权转让中善意相对方的保护，《民法典》不仅规定了善意取得制度（第311条），也规定了无权代理情况下善意相对方的救济（第171条）。然而如果以上规范可以适用到知识产权转让的相关案件中，还面临一个关键的问题，即如何判断相对方为"善意"。其实，在最高人民法

院颁布的《关于适用〈中华人民共和国民法典〉物权编的解释（一）》第
14 条已对"善意"的标准予以明确规定，即构成"善意"应包括两方面
内容：一是受让人对转让人无处分权不知情，二是无重大过失。然而，在
知识产权转让中适用该标准并非易事。以专利权转让为例，如果公司的总
经理将属于公司的专利权转让给他人，如果此时相对方并不知情，那么在
经过签订转让协议并加盖公司印章后，此时能否直接认定相对方为"善
意"？相对方是否还需要获得该公司授权总经理的证明文件或者公司股东
会的决议文件呢？❶ 此外，不同于专利权转让，著作权转让并不存在强制
登记的要求，而且著作权具备较强的人身属性，如果作品著作权人在转让
著作权后，仍以作者身份与他人签订转让协议，此时协议中相对方的"善
意"应如何判断又将成为难题。因此，尽管目前司法实务中已有支持知识产
权善意取得的相关判决，但这并不意味着善意取得制度可以应用到所有
类型的知识产权案件中，尤其是对相对方"善意"的判断上，还需结合具
体司法实践予以分析。

（2）知识产权转让的公信力问题

在通过善意取得制度保护善意相对方的合法利益时，还需关注知识产
权转让的公信力问题。由于知识产权类型的多样性和权利的特殊性，法律
上对于不同类型知识产权的权利变动规定了不同的适用规则。在知识产权
善意取得的过程中，专利权和商标权分别因登记和公告产生了对外的公示
效果，❷ 行为人可据此对专利权、商标权的权属予以知情。然而著作权和
商业秘密由于其权利的特殊性无法采取相应的办法予以公开。一方面，以
著作权为例，根据目前法律规定，我国著作权采用自动产生制度，只要创
作了作品，则著作权自动产生。同时根据《著作权法》第 12 条规定，作
品的登记并不是强制性登记，作品著作权人可以向登记机构自行办理登

---

❶ 参见：谢黎伟. 专利权无权处分与善意第三人保护 [J]. 哈尔滨师范大学社会科学学报，
2018（1）：44.

❷ 参见：刘期家. 商标权善意取得制度研究：以注册商标专用权的转让为考察视角 [J].
政治与法律，2009（11）：133 - 141；袁博. 注册商标善意取得的法律依据 [J]. 人民司法，2011
（22）：44 - 45；蔡睿. 善意取得制度在专利法中转用的合理性分析 [J]. 中国发明与专利，2019，
16（1）：84 - 87.

记。另一方面，著作权和商业秘密因其特殊性也不适合以登记或公告的方式公开其内容；一旦登记或公告，不可避免地面临内容暴露的风险，容易损害到权利人的合法利益，❶ 不符合知识产权保护的目的。因此，缺乏明显的公示环节和权利的特殊性，行为人很难识别著作权或商业秘密的最终权属，更不用说构成"善意"。此外，虽然专利权和商标权的转让分别通过登记或公开获得了公示，但这不意味着二者的转让具备公信力。登记的公信力除了必须由法律规定外，还应有相应配套措施，现行专利登记簿和商标登记簿并未能满足该条件。❷ 因此，对于善意相对方的保护并非一蹴而就，而是应就知识产权转让中可能出现的问题逐一妥善分析，寻求保护善意相对方合法权益的最佳路径。

（3）实务中对善意相对方的保护态度不一

针对知识产权转让过程所出现的无权处分行为，如何保障善意相对方的合法利益，如何平衡真正权利人和善意相对方之间的利益平衡，已然成为实务界关注的焦点。目前，实务中对于善意相对方的保护存在不同的态度，主要体现为制度规范不完善和司法裁判态度不一两种情况。第一，制度规范不完善。目前从立法层面上，关于知识产权能否适用善意取得的制度规定还不完善，现有已出台的涉及知识产权善意取得的文件主要为北京市高级人民法院所发布的《北京市高级人民法院关于审理商标民事纠纷案件若干问题的解答》。该解答第 40 条规定对于擅自转让的商标，受让人不能因此取得商标权，明确否定了注册商标的善意取得。❸ 然而，该解答的所涉内容仅限注册商标，并未包括专利、著作权等其他类型的知识产权。同时，由于该解答效力位阶较低，也未能给予司法实践统一、明确的指引。第二，司法裁判态度不一。以注册商标的善意取得为例，目前司法实践中呈现出不同的裁判态度。支持注册商标可以适用善意取得制度的法院认为：虽然商标权不属于物权，但商标注册、转让经过了国家商标行政主

---

❶　参见：刘欢欢. 知识产权无权处分问题初探［J］. 时代经贸，2018（9）：91.

❷　参见：卜元石. 知识产权的善意取得［M］//邵建东，方小敏. 中德法学论坛：第 8 辑，北京：法律出版社，2010：306.

❸　参见《北京市高级人民法院关于审理商标民事纠纷案件若干问题的解答》（京高法发〔2006〕68 号，2006 年 3 月 7 日发布）。

管部门的核准和登记，实际上已经具备了一定的公信力，基于保护市场安全和促进交易的角度考虑，善意取得制度可以适用于商标的流转中。❶ 主张反对观点的法院则参照北京市高级人民法院所出台的文件，认为擅自转让注册商标为商标侵权行为，受让人不能因此取得该商标权，从而否认了善意取得制度的适用。❷ 总而言之，无论是立法层面抑或是司法层面，就知识产权能否适用善意取得以保障善意相对方的合法权益这一问题，不同地区法院面对不同案件情况的态度仍有差异。如何真正保障善意相对方的合法利益还需回归司法实践本身，就具体问题展开针对性分析。

2. 处理的规则

目前针对知识产权转让过程中善意相对方的保护问题并不能一概而论，而是应当立足于整个民法体系，发现知识产权与物权的差异与贯通之处，并结合不同类型知识产权的立法目的和立法机理，以实践中所出现的具体情况为基础，妥善地采取针对性措施保护善意相对方的合法权益。

（1）立法应关注善意相对方的保护问题

针对知识产权转让过程中所出现的违法行为，如无权处分、无权代理等，立法应及时回应现实关切，关注对善意相对方的保护问题。就知识产权的善意取得而言，涉及的不仅仅是制度的适用问题，还包括对促进知识产权市场交易和维护市场安全等价值的考虑。目前立法层面就知识产权的善意取得还存在不足，无论是不同类型知识产权转让的权利变动方式还是善意取得的适用问题，本质上都涉及对善意相对方的保护以及知识产权立法目的的实现。立法及时关注知识产权转让中可能出现的问题将有助于从法律层面减少善意相对方可能受到的风险，确保市场交易安全和市场良好秩序的实现；同时也将有助于回应知识产权与物权的协调与冲突问题，确保整体立法体系的完善与畅通，为司法实践提供明确的指引和规范。

（2）司法判决坚持"一事一议"

鉴于目前立法层面还没有统一、明确的制度指引，同时考虑到不同类型知识产权转让规则及知识产权客体的特殊性，司法实践中判决仍应以案

---

❶ 参见福建省厦门市中级人民法院（2016）闽02民终3857号民事判决书。
❷ 参见山东省高级人民法院（2015）鲁民提字第72号民事判决书。

件实际情况为基础，结合法律上关于善意相对方保护的相关制度规定，注重不同案件的差异性，在司法判决中坚持"一事一议"的原则，具体问题具体分析。在司法判决中坚持"一事一议"，贯彻落实以事实为依据、以法律为准绳的司法原则，将能切实保障知识产权真正权利人和善意相对人的合法利益，妥善地处理知识产权转让中可能出现的适用难题。

四、知识产权资本化运行的制度安排及其完善

知识产权资本化是从智力资本、知识资本化等概念和知识产权商品化、知识产权产业化等实践中延伸形成的一个新概念。知识产权资本化是指在充分重视并利用知识产权的基础上，将知识产权从产品要素转化为投资要素并对其进行价值评估，将知识产权作为一种要素投入，参与生产与经营过程，并量化为资本及价值增值的过程。❶ 在当前知识经济一路高歌，国家推动建立高效的知识产权综合管理体制，打通知识产权创造、运用、保护、管理、服务全链条的背景下，知识产权资本化可以丰富知识产权运用，促进知识产权和金融资源融合，拓宽企业融资渠道，激励知识创新。但是知识产权的非物质性、地域性、时间性等自身特殊性质和现有金融系统复杂性的叠加，导致在当前我国知识产权资本化运行尚不成熟的背景下，知识产权资本化存在较多风险，需要慎重对待并进行系统研究，以保证知识产权资本化的顺利运行。因此归纳当前知识产权资本化的问题表现、分析问题之成因、寻找问题之对策具有重要的实践意义。本节从知识产权资本化运行现有形式、知识产权资本化运行难点和痛点、解决对策等方面分析当前知识产权资本化相关法律法规制度，为我国金融资本法律制度和知识产权制度的完善以及企业进行知识产权资本化的实践提供借鉴。

（一）知识产权资本化运行的主要形式

1. 知识产权质押

（1）概念

知识产权质押融资是以知识产权设定质押的一种融资活动，是指债务

---

❶　参见：陈静. 知识产权资本化的条件与价值评估［J］. 学术界，2015（8）：91.

人或第三人以其特定的知识产权向债权人出质以担保债权的实现，当债权没有如期履行时，债权人得就债务人或第三人出质的知识产权以拍卖、变卖等形式优先受偿的贷款融资形式。❶ 国家发展和改革委员会官网中给出的解释如下："知识产权质押融资是指企业以专利权、商标权、著作权中的财产权经评估作为质押物从银行获得贷款的一种融资方式，旨在帮助科技型中小企业解决因缺少不动产担保而带来的融资难问题。"❷ 知识产权质押融资是一种权利质押担保类型，是知识产权融资中最常见的模式。❸ 只不过因为质押物在形态上不同于一般的担保物，所以知识产权质押融资具有一定的特殊性。

（2）相关法律依据

由于知识产权质押融资发展历程相对较长，是当前知识产权资本化最常见的模式，国家出台了不少法律法规和政策予以调整。但是当前对于知识产权质押融资并未形成统一、完善的法律体系，一方面现有立法层级较低，缺乏高层级的立法指引，另一方面缺乏完整的操作指引和评估标准，影响了知识产权质押融资的实践发展。❹

目前相关的法律法规，一方面是知识产权基本法律相关的一些规定，如《专利法实施细则》第 106 条规定国务院专利行政部门设置专利登记簿，登记与专利申请和专利权有关的事项，其中就包括专利权的质押、保全及其解除信息。国家知识产权发布的《专利权质押登记办法》对专利权质押进行了专门规定。《著作权质权登记办法》中规定著作权以及与著作权有关权利中的财产权可以出质，并规定国家版权局负责著作权质权登记工作。《注册商标专用权质押登记程序规定》规定了注册商标专用权的质

❶ 参见：冯晓青. 我国企业知识产权质押融资及其完善对策研究［J］. 河北法学，2012，30（12）：40.

❷ 参见：国家发展和改革委员会. "十四五"规划《纲要》名词解释之 34｜知识产权质押融资［EB/OL］.（2021－12－24）［2022－07－18］. https：//www.ndrc. gov. cn/fggz/fzzlgh/gjfzgh/202112/t20211224_1309284. html.

❸ 参见：陶丽琴，阮家莉. 我国知识产权质押融资：实践样态和立法制度审视：基于知识产权战略和民法典编纂的背景［J］. 社会科学研究，2017（5）：111.

❹ 参见：郭航. 我国知识产权质押融资的现实障碍与路径探讨［J］. 金融发展研究，2019（8）：88.

押登记。另一方面是与质押相关的法律，如《民法典》第 440 条、第 444 条规定了债务人或者第三人可以出质的权利类型，其中包括"可以转让的注册商标专用权、专利权、著作权等知识产权中的财产权"，同时规定了"以注册商标专用权、专利权、著作权等知识产权中的财产权出质的，质权自办理出质登记时设立"以及"知识产权中的财产权出质后，出质人不得转让或者许可他人使用"等内容。此外，一些知识产权运用相关法律中也有提及知识产权质押融资，如《促进科技成果转化法》第 35 条第 1 款❶、《电影产业促进法》第 40 条第 1 款❷。

政策层面，《知识产权强国建设纲要（2021—2035 年）》中提及："积极稳妥发展知识产权金融，健全知识产权质押信息平台，鼓励开展各类知识产权混合质押和保险，规范探索知识产权融资模式创新。健全版权交易和服务平台，加强作品资产评估、登记认证、质押融资等服务。"《"十四五"国家知识产权保护和运用规划》中提出："优化知识产权质押融资体系，健全知识产权质押融资风险管理机制，完善质物处置机制，建设知识产权质押信息平台。支持银行创新内部考核管理模式，推动银行业金融机构用好单列信贷计划和优化不良率考核等监管政策，在风险可控的前提下扩大知识产权质押贷款规模。"《知识产权强国建设纲要和"十四五"规划实施年度推进计划》中提出要推进知识产权质押信息平台建设，探索知识产权质押融资风险分担新模式，完善知识产权质押登记和转让许可备案管理制度。

此外，相关政府部门还开展了一些专项活动，如 2021 年国家知识产权局、原中国银行保险监督管理委员会、国家发展和改革委员会联合制定《知识产权质押融资入园惠企行动方案（2021—2023 年）》，提出通过三年行动，力争实现知识产权质押融资惠及"百园万企"的目标。同时，在新

❶《促进科技成果转化法》第 35 条第 1 款："国家鼓励银行业金融机构在组织形式、管理机制、金融产品和服务等方面进行创新，鼓励开展知识产权质押贷款、股权质押贷款等贷款业务，为科技成果转化提供金融支持。"

❷《电影产业促进法》第 40 条第 1 款："国家鼓励金融机构为从事电影活动以及改善电影基础设施提供融资服务，依法开展与电影有关的知识产权质押融资业务，并通过信贷等方式支持电影产业发展。"

冠疫情防控期间，为缓解中小企业的经营现状，相关部门还共同开展了一系列帮扶活动，如通过商标质押助力重点行业纾困的"知惠行"专项活动。❶

（3）知识产权质押融资实践

2009 年我国开始进行知识产权质押融资试点工作，首批确定了 6 家试点单位，之后共批复了 3 批共 16 个城市开展知识产权质押融资试点工作。❷ 2016 年国家知识产权局又启动了 40 个专利权质押融资试点地区和单位。❸ 我国知识产权质押融资实践有着较为丰富的经验，在各试点中形成了各有特色的知识产权质押融资模式。目前实践中已形成"银行 + 企业专利权、商标权质押""银行 + 政府基金担保 + 专利权反担保""银行 + 科技担保公司 + 专利权反担保"等多种知识产权质押模式。❹ 从主导主体的角度进行划分，知识产权质押融资又可以分为政府主导模式、市场主导模式、政府引导模式几类。政府主导模式下，政府制定相关政策，设定相关融资工具，并且承担了知识产权质押融资的主要风险，实践中较为典型的有上海模式和成都模式。❺ 市场主导模式适用于知识产权发达、产权清晰、市场信息充分流动的环境，这种模式下政府承担服务者的角色，提供一些公共服务。❻ 政府引导模式下，政府主要通过搭建公共服务平台、投入财政基金、专项基金等提供贴息补偿、金融激励优惠等引导银行、企业、中介机构等开展知识产权质押融资活动。❼

---

❶ 参见：国家知识产权局. 国家知识产权局 中国银行股份有限公司关于开展商标质押助力餐饮、文旅等重点行业纾困"知惠行"专项活动的通知 [EB/OL]. （2022 - 06 - 28）[2022 - 07 - 18]. https：//www. cnipa. gov. cn/art/2022/6/28/art_550_176262. html.

❷ 参见：中国政府网. 知识产权局批复第三批知识产权质押融资试点名单 [EB/OL]. （2017 - 07 - 13）[2022 - 07 - 18]. http：//www. gov. cn/gzdt/2010 - 07/13/content_1652676. htm.

❸ 参见：中国政府网. 知识产权局启动专利权质押融资和专利保险试点示范工作 [EB/OL]. （2016 - 08 - 26）[2022 - 07 - 18]. http：//www. gov. cn/xinwen/2016 - 08/26/content_5102624. htm.

❹ 参见：国家发展和改革委员会网站. "十四五"规划《纲要》名词解释之 34 | 知识产权质押融资 [EB/OL]. （2021 - 12 - 24）[2022 - 07 - 18]. https：//www. ndrc. gov. cn/fggz/fzzlgh/gjfzgh/202112/t20211224_1309284. html.

❺ 参见：宋光辉，田立民. 科技型中小企业知识产权质押融资模式的国内外比较研究 [J]. 金融发展研究，2016（2）：52.

❻ 参见：崔宏轶，潘梦启，张超. 知识产权质押融资走向高效市场化的路径研究：以广东省为例》[J]. 江淮论坛，2019（6）：84.

❼ 参见：张海宁. 构建市场主导型知识产权质押融资模式 [J]. 人民论坛，2020（30）：118.

综上，鉴于各地知识产权发展状况、市场环境、金融水平、当地发展定位等因素的不同，知识产权质押融资模式并无最优方案，知识产权质押融资多元化、区域化发展是较为适合当前我国发展阶段的方向。

2. 知识产权信托

（1）概念

关于信托的概念已在《信托法》第 2 条予以明确界定❶，而知识产权信托是信托在知识产权领域的应用，是指知识产权权利人基于对受托人的信任，将其知识产权委托给受托人，由受托人以自己的名义，遵从委托人的意愿，为委托人的利益进行知识产权管理或者处分的行为。❷

（2）相关法律依据

目前我国信托业相关法律法规较少，也尚未有专门规定知识产权信托的法律法规。

知识产权信托的设立要件并无明确的法律规定，但是可从《信托法》第 7 条获得启发。❸ 该条款从整体宏观的视角明确了信托的设立要件，虽没有明确知识产权信托，但也并未排除知识产权信托的可能性。

值得注意的是，2001 年中国人民银行发布施行的《信托投资公司管理办法》第 21 条明确规定知识产权可以作为信托投资公司的经营业务范围，❹ 这实际上肯定了知识产权具有信托的可能性。然而，虽然该条款使得知识产权信托有了明确的法律依据，但是目前该办法已经失效且同样未规定相应的具体实施规则，因此知识产权信托的实施规则依旧处于空白阶段。

政策层面，国务院知识产权战略实施工作部际联席会议办公室印发的《2019 年深入实施国家知识产权战略 加快建设知识产权强国推进计划》中提到："鼓励信托公司综合运用股权、债权、投贷联动、产业基金、知识产权信托等方式开展知识产权投融资业务。鼓励融资担保公司开发适合知

---

❶ 参见《信托法》第 2 条。

❷ 参见：张文春. 基于知识产权介质的科技型中小企业专利产业化融资的机理分析 [J]. 财会通讯，2011（30）：130.

❸ 参见《信托法》第 7 条。

❹ 参见《信托投资公司管理办法》第 21 条。

识产权的信用担保产品，加大对小微企业知识产权融资的支持力度。"其中明确提及了知识产权信托这一投融资形式，但是政策宣示意味更强，也未涉及具体落实。

（3）知识产权信托实践

相比于知识产权质押融资时间跨度长、试点范围广的丰富实践，知识产权信托的实践显得较为单薄。2011 年 4 月 30 日，国内首例自主创新知识产权融资信托计划——中粮信托"中关村自主创新知识产权融资集合资金信托计划（一期）"正式成立。❶ 2018 年，合肥市探索推进知识产权信托交易试点，建立"高企 + 园区 + 担保 + 信托"的知识产权信托融资新模式——这是我国首个知识产权信托试点。2022 年南京市推出"江北科投 - 绿色担保灵雀知识产权 1—5 期资产支持专项计划"，不过这其实是采取信托架构的知识产权证券化。可见目前我国知识产权信托还处于起步阶段，还需要推动试点工作的继续进行以积累相关领域的专业实践经验。

3. 知识产权证券化

（1）概念

知识产权证券化是证券这一融资工具在知识产权领域的应用，具体是指知识产权权利人将其拥有的、具有可预期现金流的知识产权作为基础资产转移给特殊目的载体（Special Purpose Vehicle，SPV），SPV 基于该基础资产所产生的现金流而发行一种可以出售、流通的权利凭证。❷ 知识产权证券化丰富了资本市场投资类型，为企业融资提供了更多可能，为知识产权运用提供了一条新的可行途径。

（2）相关法律依据

当前我国尚未出台知识产权证券化的专门法律，与知识产权证券化有关的规定散见于不同的法律文件：一方面是知识产权基础法律、关联法律法规和相关司法解释，如《专利法》《商标法》《著作权法》《民法典》《最高人民法院关于审理融资租赁合同纠纷案件适用法律问题的解释》等；

---

❶ 参见：中粮集团有限公司. 中粮信托发起设立国内首例自主创新知识产权融资信托计划 [EB/OL]. （2011 - 05 - 09）[2022 - 07 - 19]. http：//www. sasac. gov. cn/n2588025/n2588124/ c3981306/content. html.

❷ 参见：张华松，黎明. 知识产权证券化之基础资产探析 [J]. 法律适用, 2016（9）：36.

另一方面是交易、监管主要适用证券化业务相关法律法规，如《公司法》《证券法》《证券公司及基金管理公司子公司资产证券化业务管理规定》《证券公司及基金管理公司子公司资产证券化业务信息披露指引》《上海证券交易所资产证券化业务指引》《深圳证券交易所资产证券化业务指引》等。

除了法律法规和司法解释，部分政策也涉及知识产权证券化。2015 年 3 月，《中共中央 国务院关于深化体制机制改革加快实施创新驱动发展战略的若干意见》中提出探索开展知识产权证券化业务。2017 年 9 月，《国务院关于印发国家技术转移体系建设方案的通知》中提出开展知识产权证券化融资试点。2019 年 3 月，中国首个知识产权证券化项目"第一创业 – 文科租赁一期资产支持专项计划"在深圳证券交易所成功发行，知识产权证券化设想落地成现实。此后多项知识产权证券接连发行，知识产权证券化实现量的突破。2019 年 8 月《中共中央 国务院关于支持深圳建设中国特色社会主义先行示范区的意见》中提出探索知识产权证券化，规范有序建设知识产权和科技成果产权交易中心，为我国知识产权证券化发展朝着规范的路径实现高质量发展提供了指引。

（3）知识产权证券化实践

理论上，根据《证券公司及基金管理公司子公司资产证券化业务管理规定》第 3 条，基础资产的定义和范围较为宽松，并未严格限制知识产权作为基础资产实现证券化的可能性。根据该条规定，从理论上讲，只要是独立的、可特定化的、能够产生可预测现金流的知识产权都可以进行证券化。

实践上，国外知识产权证券化实践中能作为证券化资产的类型包括：现有知识产权、现有知识产权衍生的债权、将来知识产权、将来知识产权衍生的将来债权。❶ 根据我国目前的实践，从产品类型的角度，常见的可证券化的知识产权有应收账款证券化、质押贷款证券化、许可费收益权证券化、融资租赁证券化。这些常见的可证券化类型也影响了相应的知识产

---

❶ 参见：孔令兵. 知识产权证券化中可证券化资产的选择及风险防控［J］. 科技与法律，2017（1）：72.

权证券化交易模式。目前我国知识产权证券化模式主要有以下几种：贷款与质押模式❶、专利权二次许可模式❷、供应链模式❸、融资租赁模式❹、信托模式❺。在各种常见模式中，贷款与质押模式是占比最多的。根据《2018—2021 年中国知识产权证券化市场统计报告》，截至 2021 年底，在上海证券交易所和深圳证券交易所发行的 59 单知识产权证券中，小额贷款公司发行 37 单，发行规模 84.87 亿元，所占比例均为最高；专利许可费支付请求权类的发行单数和规模占比均为第二位，其余依次为应收账款债权、融资租赁债权、商标许可费支付请求权类知识产权证券。❻

4. 知识产权出资

（1）概念

知识产权出资是指知识产权所有人将评估作价后的知识产权所有权转让给公司获得股东地位，并依据知识产权出资占据注册资本的比例享有股东权利、承担股东义务的一种出资方式。❼

（2）相关法律依据

目前有关知识产权出资这一知识产权资本化形式并无单独、统一的规定，散见于相关法律法规中，主要的法律依据是《公司法》中有关股东出资的规定以及知识产权基本法律制度中和出资相关的一些规定。

《公司法》第 27 条第 1 款明确了知识产权可以经评估作价后出资，成为知识产权出资的明确依据。《公司法》第 28 条规定了"以非货币财产出资的，应当依法办理其财产权的转移手续"——这一条所提及的转移就和知识产权基础法律制度中知识产权转让的规定相联系。关于知识产权出资

---

❶ 具体交易结构可参见"平安证券 - 高新投知识产权 1 号资产支持专项计划"。
❷ 具体交易结构可参见广州开发区"兴业圆融 - 广州开发区专利许可资产支持专项计划"项目。
❸ 具体交易结构可参见"奇艺世纪知识产权供应链金融资产支持专项计划"。
❹ 具体交易结构可参见"第一创业 - 文科租赁一期资产支持专项计划"。
❺ 具体交易结构可参见"江北科投 - 绿色担保灵雀知识产权资产支持专项计划"。
❻ 中国技术交易所. 中国知识产权证券化市场统计报告（2018—2021）[EB/OL]. [2022 - 07 - 22]. https：//zzr.ctex.cn/down/中国知识产权证券化市场统计报告（2018—2021）（中技所发布版）. pdf.
❼ 参见：孙昌兴，于运杰. 知识产权出资缩水时的股东责任 [J]. 技术经济与管理研究，2008（4）：72.

所占比例的规定,《公司法》两度修改逐步提高了知识产权出资所占比例,现行《公司法》更是取消了比例限制,也即知识产权出资占注册资本的比例可以达到 100%。这体现了国家对于知识产权运用的重视,为知识产权出资创造了一个更为宽松的政策环境。

在知识产权基础法律制度中,和出资紧密相关的规定散见于《著作权法》《专利法》《商标法》等单行法律法规中,主要涉及知识产权转让、知识产权有效期限、知识产权效力等规定。以专利权为例,《专利法》第 10 条规定了专利权转让的程序。根据该条,如果是以专利权出资,按照《公司法》第 28 条办理财产权转移手续时需要进行登记,否则将会影响出资效力。《专利法》第 42 条第 1 款是关于专利权有效期限的一般规定,同时在第 2 款和第 3 款还就授权过程中的不合理延迟、新药审批补偿期限作了规定。因此,专利权存在期限限制,然而专利权出资获得的股权——只要专利权人没有被清退股权或被除名——理论上却是没有时间限制的,专利权人通过出资实际上获得了延长专利权价值的机会。❶ 另外,专利权具有不稳定性——《专利法》第 45 条、第 46 条、第 47 条规定了专利权无效宣告的程序和自始无效的后果。如果知识产权在出资后被确认无效,有关主体是否有权要求股东补足出资的问题❷实则会影响知识产权整个交易过程的展开。

(二) 难点和痛点

在知识经济背景下,知识产权资本化将知识产权从产品要素转化为投资要素,并在价值评估的基础上实现对知识产权的充分利用和资本价值的量化增值。价值评估作为实现知识产权资本化的重要路径,不可避免地需要在结合市场环境以及供需双方利益需求的基础上实现对知识产权价值的客观定价。实际上,对于知识产权产品的价值定价不仅仅取决于消费者的产品需求,还容易受到消费者自身为产品或服务的付费能力影响。在知识

---

❶ 参见:马碧玉. 论公司注册资本登记制度改革对专利权出资的影响 [J]. 法学杂志, 2015 (4):61.

❷ 参见青海威德生物技术有限公司与北京威德生物科技有限公司、殷某、张某公司增资纠纷案,最高人民法院 (2019) 最高法民终 959 号民事判决书。

产权资本化的过程中，禀赋效应作用的发挥使得供给方对其所拥有的知识产权产品或服务往往抱以过高的价格期待，希望以高于市场正常价格的水平交换自身产品或服务，以实现价格的最大化；与此相反，需求方往往希望支付更低的价格以避免因过高的成本而使得利益受损。供需双方围绕产品或服务的价格实现博弈，但往往知识产权客体的无形性以及权利的不稳定性使得博弈的进展并不顺利。典型如知识产权出资入股，虽然法律已有针对知识产权出资的相关规定，但知识产权出资不仅仅面临价值评估困难的问题，而且容易因权利的不稳定性而使得后续出资义务履行困难，进而导致交易风险的产生。因此，有必要明确知识产权资本化过程中可能导致的难点和痛点，以便及时为知识产权资本化的顺利实现解决发展阻碍。

1. 权利稳定难

稳定是发展的基础。知识产权权利的稳定性意味着在法定的保护期限内权利的稳定存在，不会因任何原因被宣告无效或撤销而导致权利丧失。❶具体包括权利是否存在、权利是否有效、权利范围、权利归属以及是否存在权利瑕疵等内容。❷然而知识产权的性质和制度设计使得知识产权天然地具有权利不稳定性，主要表现为以下几个方面。

（1）权利存在的不稳定性

在当前知识产权法律制度框架下，区别于一般有形财产权的设定，知识产权的种类和范围由国家进行规定，知识产权经由国家进行形式审查或实质审查后才能获得法律的保护。❸但是由于知识产权数量激增、审查制度设计、审查资源有限等原因，衡量确权的成本与收益后，现有知识产权制度其实容忍了一定的权利存在的不稳定性。这意味着通过国家审查的知识产权也不能保证权利的万无一失，呈现一种推定有效的权利状态，等到发生诉讼之时才能最终确定权利之存在与否。

---

❶ 参见：张伯友. 知识产权质押融资的风险分解与分步控制 [J]. 知识产权, 2009 (2): 32.

❷ 参见：黄光辉, 朱雪忠. 知识产权证券化的风险研究：基于知识产权特性的分析 [J]. 科技管理研究, 2009 (12): 510.

❸ 参见：李永明, 吕益林. 论知识产权之公权性质：对"知识产权属于私权"的补充 [J]. 浙江大学学报（人文社会科学版）, 2004, 34 (4): 65.

（2）权利范围的不稳定性

由于知识产权具有非物质性，因此对于法律而言，"如何确定这个'超越陈述的事物'——非物质形态的权利对象的范围，这才是制度的重心"。❶ 登记制度以一种巧妙的方式替换了确定财产范围的方式，使得无体财产的范围确定不再追问本质而转向了文件的表达，法律的重点转向了对申请文件的规定上，并通过对申请文件进行限制从而限制法律对于无形财产的权利范围。❷ 但登记制度并未彻底解决无形财产权利范围稳定性的问题，什么是"作品"，什么是"创造性"，如何区分思想与表达，如何解释专利权利要求等问题，这些模糊的概念和原则虽然可以容纳不断出现的新类型、新场景，但是也导致了权利范围在事前的难以确定，因此使得知识产权的范围模糊不定。

（3）权利归属的不稳定性

权利归属的不稳定性一方面源于知识产权的可分割性。通过简单的合同约定，一项知识产权可以由多主体分享权利，且这种权利分享并不容易被非合同方所察觉，因而导致外界对权利归属的不确定。❸ 另一方面源于知识产权登记制度的分散。专利、商标、著作权各自登记机关不同，所以如果权利人拿来进行资本化的是打包了的各类知识产权，登记机关的复杂性、分散性在一定程度上扩大了权利归属的不稳定性。❹

2. 基于近似互替性的知识产权价值评估难

基于近似互替性的知识产权价值评估，也可称为市场比较法，是指以相同或类似的知识产权的交易价格作为对照物，根据评估对象的特点比对、调整，进而确定其价值的资产评估方法。除了该价值评估方法以外，目前常用的知识产权价值评估方法还有成本法、收益法；一些学者还提出

---

❶　参见：李琛. 论知识产权法的体系化 [M]. 北京：北京大学出版社，2005：58.

❷　参见：谢尔曼，本特利. 现代知识产权法的演进：英国的历程（1760—1911）[M]. 金海军，译. 北京：北京大学出版社，2012：69.

❸　参见：孔令兵. 知识产权证券化中可证券化资产的选择及风险防控 [J]. 科技与法律，2017（1）：74.

❹　参见：李增福，郑友环. 中小企业知识产权质押贷款的风险分析与模式构建 [J]. 宏观经济研究，2010（4）：60.

了实物期权法、综合评价法、机器学习方法等创新评估方法。❶

　　在市场法的应用上，中国资产评估协会印发的《资产评估执业准则——无形资产》第 23 条予以明确规定，通过从同类案例对比、信息收集等方面提出市场法的评估方式，为市场法的运用指明了一些方向，但置于当前知识产权发展环境中，其运用、实施仍存在诸多难题。

　　当前知识产权价值评估主观性强、价值评估具体标准不统一、价值评估机构不规范等是导致知识产权价值评估难的因素，但是通过制定相应的评估准则、控制评估过程等方式可以缓解、解决这些问题。知识产权价值评估更棘手的难点是如何确定市场认可的客观价值并在此基础上根据交易具体情况进行主观调整。❷ 一方面，由于知识产权的价值更多体现为应用价值，着眼于知识产权应用后的预期收益，其价值是"评估"出来的，即假定市场环境条件"评估"一个价值，这个价值并非知识产权的"自然价值"，而是一种"模拟价格"。既然是人为模拟出来的价格，与真实价值存在差距也在所难免。❸ 且由于知识产权价值的不稳定性，受到技术进步、市场形势变化以及权利有效期变化等诸多因素的影响，模拟价格和真实价值之间的差距可能波动更大。另一方面，市场法的运用是建立在一个公开、活跃的知识产权交易市场基础之上的，在这样的市场中，流动着丰富的参照物信息，如此才可以体现市场法背后比较、类比的精髓所在。但是当前我国知识产权交易市场并不发达，很多交易也并未对外公开，甚至有些知识产权的价值并不体现在交易上，一些权利人取得商标权、专利权是用于防御目的，以阻断竞争者进入特定市场。❹ 因此，在当前市场条件和信息条件都难以匹配的情况下，以市场法来评估知识产权价值难以施展。

　　3. 资本化运行要求权利稳定和权利人对财产权流动需求的冲突

　　资本具有逐利性质，然而知识产权资本化运行要求权利稳定性。追根

　　❶ 参见：朱荣，张亚婷，葛玲. 知识产权价值评估研究综述 [J]. 中国资产评估，2022 (1)：66.

　　❷ 参见：徐銋. 价值流转中的知识产权评估研究 [J]. 知识产权，2014 (6)：70.

　　❸ 参见：刘春霖. 知识产权价值构成基本范畴的制度诠释 [J]. 河北经贸大学学报，2013 (6)：146.

　　❹ 参见：刘运华. 专利权经济价值分析的相关研究梳理及评析 [J]. 科技管理研究，2016 (2)：150.

究底，这种稳定性需求是对知识产权预期资本收益的确保。资本化运行要求的权利稳定性和权利人对财产权流动性需求的冲突恰恰在于这种流动性可能会打破原本对预期收益的确保。一方面，由于知识产权的非物质性，对知识产权的占有不受空间的限制，同一知识产权在同一时间和空间可以为多个主体一并使用。这种状况并不违反知识产权的法律规定，甚至有些时候出于鼓励知识流动的目的而为法律所赞许。但是这种流动性在知识产权资本化运行过程中则会极大地影响预期收益的多少，因为独占和共享所带来的收益明显不同。另一方面，由于对知识产权价值的需求更多体现在使用价值，也就意味着知识产权本身并不创造收益，收益的实现必须依附于特定的知识产权运营团队且必须与一定的生产条件如生产设备、销售渠道及售后服务相结合才能产生稳定的现金流。❶ 这意味着：如果知识产权在资本化过程中出现易手，知识产权的使用方式、运行环境甚至价值取向都可能发生改变，这种原先预期收益所建基的人力和物质条件变化的风险将会使得收益变得极为不确定，资本化运行风险将大大提升。

正因为此，资本化运行要求权利的稳定性和权利人对财产权流动性的需求之间呈现出一种紧张状态。这种紧张状态在知识产权质押中体现得尤其明显：其他几类资本化运作方式中几乎都进行了权利的转移，致使权利人对于知识产权的掌控力度有所削弱；而在知识产权质押中由于知识产权不需进行转移，权利人对于知识产权控制较强，质押以后再处分的阻碍较小。那么在知识产权质押以后能否再次出质，能否进行转让？

关于知识产权质押以后能否再次出质的问题，《民法典》第 440 条明确规定债务人或者第三人有权处分的可以转让的知识产权中的财产权可以出质，但是就同一权利是否可以重复设定质权则没有明确规定，《专利法》《著作权法》等法律中也没有规定。下位法中，《著作权质权登记办法》《注册商标专用权质押登记程序规定》也没有明确是否可以重复出质。然而《专利权质押登记办法》第 11 条明确规定了专利权已被申请质押登记

---

❶ 参见：陈莹，宋跃晋. 知识产权质押融资的价值评估风险控制［J］. 区域金融研究，2012（7）：55.

且处于质押期间的，再次申请则不予登记——实际上否定了专利权多重质押的可能。综合来看，目前有关知识产权重复质押的规定，上位法规定模糊，下位法态度不一。

关于知识产权质押后转让、许可的问题，《民法典》第444条对知识产权中的财产权出质作了明确规定，而《专利法》《著作权法》等法律中则没有规定。在下位法中，《专利权质押登记办法》第18条进一步细化了专利权质押的实施条款，对于出质人和质权人之间的权利义务予以阐明；《著作权质权登记办法》第14条也有类似的规定。综合来看，在知识产权质押后进行转让、许可的问题上，上位法和下位法的规定较为一致，均设置了两个约束条件：一是需要质权人同意为前提，二是需要提前清偿或提存。需要出质人的同意尚可以认为是为了保持交易信息安全，然而提前清偿的规定却令人疑惑。质权的核心在于支配质物的交换价值，对于出质人不妨碍质物交换价值的转让或许可没有干涉的必要，不问具体情形仅以质权的存在就限制出质知识产权的转让、许可是不恰当的。❶ 若出质后的转让、许可行为并未损害知识产权质权的担保功能，并未导致担保财产价值降低，适用"提前清偿"规则的适当性则存在质疑。❷

（三）应对之策

合同理论以及价格理论作为解释知识产权交易运行的基础理论，其目的在于确保知识产权交易顺利实现以及为知识产权资本化运行难题提供合适的解决路径。对于知识产权资本化而言，其资本化过程中所存在的知识产权权利稳定性、价值评估以及权利要求等难题实则是影响知识产权交易双方利益博弈的关键因素。信息资源的不对称导致交易双方之间交易成本的增加，价值评估的不易随之引起知识产权资本化运行的潜在危机，而这种危机集中表现为对知识产权交易安全以及稳定性的影响。典型如知识产权资本化中的价值评估问题，权利人普遍希望自身权利以高价值姿态进入

---

❶ 参见：蒋逊明. 中国专利权质押制度存在的问题及其完善［J］. 研究与发展管理，2007（3）：81.

❷ 参见：陈珊. 已出质知识产权许可使用规则的规范解释与法律续造［J］. 西南民族大学学报（人文社会科学版），2022（7）：77.

知识产权资本化的运转中，以便获得知识产权利用的最大化，然而影响价值评估的因素是多元的❶，过高的市场价格并非知识产权资本化运转的有利因素，资本化运转的重要因素在于知识产权价值的合理确定。以合同理论和价格理论的视角观察知识产权资本化运行的难题，关键在于处理因信息因素差异和价格评估困难所导致的利益失衡，甚至避免因制度缺失而可能发生的市场失灵危机。因此，有必要完善相应的信息交流机制，在促进信息流转的同时提升交易的效率，同时完善相应制度构建以及理论研究，正确处理知识产权资本化过程中各方主体团体协作中的个体风险，为知识产权资本化提供稳定的制度环境以及理论研究基础。

1. 完善信息交流机制

基于上文所论述的知识产权资本化运行难点和痛点问题，可以发现：不论是权利的稳定性问题抑或是价值评估中市场法的适用难题，问题背后的原因都可以溯及信息获取不充分、不及时、不完善以及获取信息成本高上。当前我国尚未构建专门的、统一的知识产权资本化信息交流机制——登记制度是目前主要的信息交流架构。如果是小范围的交易，当下的知识产权登记制度其实已足够发挥作用。但是如果追求的是知识产权大规模交易、全链条交易，当下过于分散的登记制度则不足以满足市场信息需求，需要一个更综合、更有效率的信息交流制度。《国务院关于实施动产和权利担保统一登记的决定》将知识产权排除在外，是考虑到知识产权的特殊性和复杂性，将整合分散信息、提升融资效率的任务交给了知识产权相关部门和金融相关部门，下一步就需要相关部门努力去推动信息的整合。在整合方式上，基于大数据的快速发展，对接整合形成统一的登记平台具有可行性。除了整合现有信息以外，也要考虑是否收集、披露更多的交易相关信息。信息披露制度本身就是资本市场交易的基本制度之一，知识产权资本化既然是引导资本进入知识产权领域，那么，对接、调整以契合资本市场的基本制度有其必要性和正当性。特别是由于知识产权的无形性，知识产权资本化交易架构更为复杂，信息不对称情况更为严重，对知识产权

---

❶　THOMAS M. Heuristic Price Theory：A Model of Pluralistic Price Evaluations［J］. Consumer Psychology Review，2023，6（1）：75-91.

资本化信息披露制度的设计应要求更为严格。❶

2. 完善机构建设

知识产权资本化交易涉及多方主体，例如政府机构、银行机构、监管机构、企业、中介机构等。在各主体相互作用、相互配合的环境中，完善各个机构的制度建设将有助于降低团体协作中的个体风险。一方面是在现有制度基础上加强标准化管理。特别是针对一些知识产权价值评估机构，知识产权相关部门、金融相关部门可以制定相应的指导规则、流程标准、业务标准等，以降低知识产权价值评估中的主观性，增强价值评估的科学性和客观性。另一方面可以在现有制度基础上调整机构功能定位、作用性质。比如可以参考国外的经验，构建以政策性银行为主、商业银行为辅的知识产权资本化模式。❷ 此外，在考察现有制度的基础上，可以引进部分独立的第三方监管机构、风险预警机构——这是考虑到知识产权资本化的交叉性、专业性要求程度较高，政府部门因其职能定位，很难同时满足知识产权资本化交叉性知识的需求，而一些社会机构由于人员构成更为丰富，可以满足知识产权资本化的多元需求，可以参考当前一些知识产权保护中心的建设经验，构建知识产权资本化风险预警中心。

3. 加强理论研究

知识产权资本化运作的多个环节都需要理论的支持，如对知识产权价值原理就必须结合运用劳动价值原理和分配价值原理加以阐释。❸ 由于发展时间较短，当前知识产权资本化的理论基础还较为薄弱，理论和实践的结合应用还在探索之中。针对当前理论研究的不足之处，一方面需要在现有研究的基础上整合研究资源、细化研究方向。专利权、著作权、商标权等知识产权各子类具有各自不同的特性，这些特性也体现在了应用上，表现为不同的知识产权资本化运作模式，也就需要不同的理论来指导运作、规避风险。当前针对各类知识产权的研究虽有开展但缺乏整合，对实践中

---

❶ 参见：孔令兵. 知识产权证券化中可证券化资产的选择及风险防控［J］. 科技与法律，2017（1）：76.

❷ 参见：范晓宇. 知识产权担保融资风险控制研究［J］. 浙江学刊，2010（3）：160.

❸ 参见：王政贵，李青. 商标权质押融资价值评估难问题的分析及其对策［J］. 浙江金融，2011（3）：38.

的一些有益经验还未能提炼。另一方面，需要深化现有研究的广度和深度。由于知识产权和社会发展紧密关联，社会不断发展，知识产权也便变动不居，每一次技术的突破、每一次文化艺术表现形式的丰富都会使得知识产权的表现形式、涵盖范围不断丰富。知识产权的这种动态性，这种天然的不稳定性，对于理论提出了更高的要求。以知识产权价值评估理论为例，面对新业态、新模式，究竟是沿用较为成熟的市场法、成本法和收益法，还是启用实物期权法、综合分析法等新方法，抑或是创造一个全新方法，各种方法的具体评估指标、参数如何确定，都需要进一步的深入研究。此外，理论需要加强和实践的联系，要经得起实践的检验；实践要加强和理论的互动。以知识产权价值评估为例，当前众多理论研究采取的实证研究方式建立在现实数据之上，但是当前知识产权资本化信息流动并不通畅，理论研究能够使用的数据范围有限，结论的可接受性、普遍性也受到影响。未来需要加强理论和实践的交流，既丰富知识产权资本化的学术成果，提高研究质量，也为知识产权资本化实践提供更多理论储备资源以供使用。

五、本章小结

对知识产权市场交易行为过程的研究，实际上是对知识产权交易均衡价格博弈形成过程的研究。知识产权交易的进行伴随着大量的理论和实践问题。本章主要聚焦知识产权交易的具体类型，分析以知识产权为中心形成的交易市场中展现的市场属性。其不仅仅是私权的市场表达，更是促进社会创新、影响市场竞争的关键因素。知识产权正在逐步成为经济增长的重要推动力。我国逐步完善的知识产权政策体系和法律体系构成了与知识产权有关的制度体系，成为知识产权交易的规范保障。本章在逐一分析知识产权许可、转让、资本化等主要交易模式的基础上梳理了不同交易模式的具体法律问题，分析了在现有框架下的具体规制方法，并对现存的问题提出对应的完善建议。

第六章

知识产权交易中的反垄断问题

市场交易的顺利进行应当是自由的，如果出现市场失灵就应当介入规制。反垄断作为介入规制的重要手段，其承载着双重功能，即通过规制减少交易失败，促进交易持续进行，同时维护和重塑市场的竞争秩序。知识产权作为诞生之初就与垄断相伴相生的权利，对知识产权滥用的问题也常论常新。本章主要涉及对知识产权交易过程中产生的垄断问题进行行为和竞争效果的分析。延续前述章节对知识产权交易进行类型化，本章首先对知识产权交易产生的竞争和垄断问题进行阐述，在明确知识产权本身是一种具有垄断属性的权利的基础上，对知识产权交易产生的竞争问题行为进行具体分析，结合反垄断法规制垄断行为的基本原理，厘清知识产权交易领域的自由竞争和垄断行为的边界。同时，本章将重点观察知识产权许可限制、转让以及交易联合限制行为引发的反垄断规制问题。

一、知识产权交易中的竞争与垄断

新一轮科技革命和产业变革深入发展，经济发展要求已由高速增长转向高质量发展。同时创新驱动发展战略明确提出，科技创新是国家力量的核心支撑，为国家命运所系。在时代背景下，知识产权作为国家发展战略性资源和国际竞争力核心要素正发挥着越来越重要的作用，[1] 但知识产权

---

❶ 参见《知识产权强国建设纲要（2021—2035 年）》。

市场仍面临着不少问题和短板。❶ 本部分通过梳理、总结知识产权引发的交易竞争与反垄断有关问题，以期从竞争视角出发，对滥用知识产权排除、限制竞争问题进行分析和研究。

（一）知识产权交易引反垄断问题的基本认知

自 2007 年国家发展和改革委员会等六部门联合印发的《建立和完善知识产权交易市场的指导意见》提出要促进知识产权市场规范发展，构建多层次的知识产权交易市场体系以来，一系列包含知识产权保护、转让、许可使用、质押等规则的法律法规出台，为知识产权交易市场构建提供了有力支撑。同时，在市场的供给端，国家知识产权局的《知识产权统计简报》显示，2020 年我国的专利、商标的申请量同时达到了新高；在市场的平台端，我国目前的交易机构登记数量已超过上千家，综合化的交易市场也在不断完善和发展。❷ 二者为知识产权市场的构建打下了坚实基础。与此同时，相关产业的发展也面临一系列问题。调查显示，71.1% 的知识产权服务机构认为在发展中遇到的主要问题是市场恶性竞争。《中国反垄断执法年度报告（2021）》显示，腾讯音乐未经申报收购中国音乐集团股权，从而通过网络音乐独家版权获取网络音乐市场的垄断地位。或在半导体行业中，三星、SK 海力士、美光公司等现有巨头企业通过设置较高的技术壁垒，使得新进入者难以对其产生足够的竞争约束。❸ 这些现象都反映在现有市场中，知识产权成为企业获取市场竞争优势甚至垄断地位的重要工具。同时，根据执法报告以及影响较大的涉及知识产权的反垄断案件显示，滥用知识产权排除、限制交易的情形频发于知识产权多个领域，其中常见的涉嫌违反《反垄断法》的形式为滥用市场支配地位和经营者集中。

事实上，知识产权保护法与反垄断法均有激发市场主体的竞争行为的立法目的，以此提高市场资源配置效率，但二者对于推动竞争的方式却恰

---

❶　参见《"十四五"国家知识产权保护和运用规划》。

❷　参见：童鑫. 大力发展知识产权金融 助力科技成果转移转化 [J]. 产权导航，2022（1）：32.

❸　国家反垄断局. 中国反垄断执法年度报告（2021）[EB/OL]. （2022 – 06 – 08）[2022 – 08 – 11]. https：//www. samr. gov. cn/xw/zj/202206/t20220608_347582. html.

恰相反。反垄断法的立法目的在于排除并预防市场中的垄断行为，主要通过设立禁止性规范来维护市场秩序，从而推动公平竞争；知识产权法则是通过设立排他性权利（授权性规范）并加以保护，以合法限制竞争的方式引导市场主体在知识产权经济领域进行竞争。❶ 但从反面而言，知识产权运用与垄断行为也都存在限制、妨碍市场竞争的风险。2022 年新修正的《反垄断法》[以下简称"《反垄断法》（2022）"] 中新增"鼓励创新"立法目的，进一步确认了知识产权领域的创新与公平竞争秩序息息相关。

　　一方面，知识产权对竞争有促进作用。知识产权的本质是为维护创新而对自由的信息传播进行合法的垄断，但在宏观、动态上仍体现为对竞争的促进。❷ 这种复杂关系决定了知识产权在竞争法上地位的特殊性。知识产权制度最基本、最主要的目标是激励创新。如果知识创造者的智力创作成果及利益得不到保护，其他人可以任意、无偿使用，那么从长久来看将抑制智力创造的积极性从而最终阻碍科技进步，不利于社会经济发展。因此在形式上为知识财产创造者设立合法的垄断权是实现知识产权制度基本目标所必需的，可以视为国家通过相应的法律制度来解决知识产品的外部问题，从而避免出现复制、仿冒等无偿利用他人智力成果的"搭便车"行为，即在市场竞争中鼓励竞争者通过创新合法享有垄断利益，最终促进经济增长和社会进步。

　　另一方面，滥用知识产权对竞争有一定的限制作用。有学者认为，行使知识产权违反反垄断法是滥用知识产权行为的一种。❸ 其对知识产权滥用定义为"在行使权利时超出了法定边界，从而丧失权利行使的正当性，损害他人利益和社会公共利益的情形"。❹ 但也有学者认为，知识产权的垄断实质可分为正当性垄断和非正当性垄断，只有后者才构成知识产权滥

　　❶ 参见：王晓晔. 知识产权行使行为的法律规制：知识产权滥用行为的反垄断法规制 [J]. 法学，2004（3）：100 - 106.

　　❷ 参见：王先林. 竞争法视野的知识产权问题论纲 [J]. 中国法学，2009（4）：5 - 15.

　　❸ 参见：张世明. 滥用知识产权与滥用市场支配地位之辩 [J]. 人大法律评论，2020（2）：87 - 134.

　　❹ 参见：乔生，陶绪翔. 我国限制知识产权滥用的法律思考 [J]. 现代法学，2005（1）：112.

用。❶ 根据以上观点，限制或排除竞争并不符合知识产权法的立法目的和基本宗旨，因此也构成滥用知识产权的前提。《反垄断法》（2022）第 68 条的规定❷实现了反垄断法与知识产权法之间的衔接，构成协调两法冲突的外部体系核心，为我国的知识产权反垄断规制奠定了制度基础。❸ 与此同时，该条并无构成要件，因此在处理个案实体问题时不应直接适用该条，而应当依据《反垄断法》（2022）的第二章、第三章和第四章分别分析滥用知识产权行为是否构成该法所规定的垄断协议、滥用市场支配地位和排除、限制竞争的经营者集中。❹ 反垄断法对知识产权的适用，反映出知识产权的私权属性在市场经济环境下应当受到的制约。明确反垄断法与知识产权法适用的边界一直都是研究的重点，其根本原因就在于知识产权市场的竞争与垄断之间的界限难以廓清。

此外，以价格理论视角观察知识产权交易所引发的反垄断现象，本质是将知识产权交易引发的垄断行为确认定价的过程。将反垄断执法问题转化为定价问题，已逐步被学者们所关注，❺ 其目的在于通过价格理论确认知识产权交易的定价，以客观、公平判断因知识产权交易所引发的垄断行为。知识产权交易中的垄断行为的主要表现在于垄断价格的制定以及价格歧视的形成。垄断定价集中表现为不合理的垄断高价，权利人基于知识产权交易效益最大化的考虑，于知识产权交易市场中以不合理的高价许可相应权利。从分配的角度而言，垄断高价的实施会导致分配不均现象，造成社会整体福利的下降。另外，对于价格歧视引发的垄断现象，其目的在于

---

❶　参见：费安玲. 论防止知识产权滥用的制度理念［J］. 知识产权，2008（3）：5.

❷　《反垄断法》第 68 条："经营者依照有关知识产权的法律、行政法规规定行使知识产权的行为，不适用本法；但是，经营者滥用知识产权，排除、限制竞争的行为，适用本法。"

❸　参见：董笃笃. 中国《反垄断法》第 55 条的解释与适用［J］. 重庆理工大学学报（社会科学版），2012，26（5）：54−58.

❹　参见：王先林. 我国反垄断法适用于知识产权领域的再思考［J］. 南京大学学报（哲学·人文科学·社会科学版），2013（1）：34−43.

❺　参见例如：ORDOVER J A，WILLIG R D. An Economic Definition of Predation：Pricing and Product Innovation［J］. Yale Law Journal，1981，91（1）：8−53；BAUMOL W J，SIDAK J G. The Pricing of Inputs Sold to Competitors［J］. Yale Journal on Regulation，1994，11（1）：171−202；AL-BON R. Interconnection Pricing：An Analysis of the Efficient Component Pricing Rule［J］. Telecommunications Policy，1994，18，（5）：414−420.

权利人希望通过向不同的实施者制定不同的定价策略，以获得实施者全部剩余，实现效用最大化。然而，实现价格歧视的前提在于权利人基于所拥有的知识产权获得了市场支配地位，之后在获取实施者足够信息资源的基础上，制定差异化的定价策略。同时，如权利人的知识产权具备可替代性，则此种价格歧视现象愈发明显。实际上，竞争作为交易双方之间的互相讨价还价，其重在强调对供求关系的重新表述和信息解释，❶ 垄断行为的出现则破坏了正常的供求关系，遏制了竞争的有序发展。垄断行为作为市场竞争发展过程中的正常现象，立法者关注的不仅仅是如何监管垄断行为导致的公平问题，还关注如何实现市场有序竞争的效率问题，正确处理知识产权交易过程中的垄断现象成为知识产权运用与保护的一大难题。

　　综上所述，由于知识产权保护最终将以创新作为手段进入并促进市场竞争，因此鼓励知识产权发展应当是法律始终一贯的目标。但任何权利的行使均有边界，对滥用知识产权的行为应当予以规制。反垄断作为公平竞争政策的核心制度，对规制滥用知识产权行为起到重要作用。知识产权保护与反垄断的交叉之处主要体现在如何在反垄断制度体系下规制滥用知识产权排除、限制竞争的行为。

（二）知识产权反垄断基本分析框架

　　垄断作为一种经济现象，出现于资本主义社会，是竞争的对立物又是竞争发展的必然结果。反垄断视野下所规制的垄断是指滥用垄断状态排除、限制竞争的行为。《反垄断法》的立法目的可体现出我国反垄断制度的价值考量包括竞争价值、公平价值、创新价值等，与美国主要追求效率价值及欧盟主要追求竞争价值并不完全一致。尽管反垄断法与知识产权法具有共同的目标，即促进竞争和创新，维护消费者整体利益，但在知识产权保护的过程中难免存在一些情况使得经营者对知识产权的使用给市场竞

---

　　❶ INOUA S M, SMITH V L. Price Formation: Overview of the Theory［M］// INOUA S M, SMITH V L. Economics of Markets: Neoclassical Theory, Experiments, and Theory of Classical Price Discovery. Cham: Palgrave Macmillan, 2022: 39－92.

争带来负面影响，从而进入反垄断的规制视野。当然，反垄断法在规制知
识产权行使行为时会充分考虑知识产权的特殊性。难点在于，如何在反垄
断法规制知识产权行使行为时寻找、确定、把握一个合理的界限。

当代西方各学派对反垄断进行规制的思路逐步形成独立的学派体系，
主要代表有哈佛学派、芝加哥学派和后芝加哥学派。❶ 他们分别从结构主
义、行为主义以及策略主义的角度长期影响了判断反垄断规制的具体
思路。

美国反托拉斯法在规制垄断协议行为的过程中，产生了本身违法原则
与合理原则两项非常重要的原则。这两项原则虽最初适用于规制垄断协议
行为，但后来被广泛运用于对所有的反竞争行为的规制。本身违法原则起
源于美国 1911 年 "Dr. Miles 案"❷ 该案一审判决认为纵向固定价格协议会
严重限制销售商间的竞争，其效果与销售商联合订立价格卡特尔一直，因
此应当被禁止。美国联邦最高法院在 1980 年的 "California Retail Liquor
Dealers 案" 中再次明确纵向固定价格协议适用本身违法原则。❸ 然后，美

---

❶　哈佛学派的主要理论观点可以用 SCP（structure – conduct – performance）范式来概括。按
照这个范式，市场结构决定了市场行为，而在一个给定的市场结构中，市场行为又决定了市场绩
效。在这个范式中市场结构处于因果关系链的源头，被视为外生的因素，而这一因素在市场有效
运行中起着决定性的作用。产业组织理论的研究重点是关于市场势力和市场竞争的关系，特别是
关于市场结构、市场行为、市场结果三个方面的关系，并由此提出了评价市场有效竞争的市场结
构、市场行为和市场结果的三个标准。在这三个标准中，产业组织理论研究的重点是市场结构。
参见：HOWARD M C. Antitrust and Trade Regulation：Selected Issues and Case Studies ［M］. Upper
Saddle River，NJ：Prentice – Hall，1983：12.

芝加哥学派的主要理论观点认为反托拉斯政策的最终目的是最大限度地满足消费者的需求，
特别是博克提出反托拉斯机构在评价一个案件时，主要考虑两个方面的效率：一是资源配置效率，
即社会资源是否实现了优化配置；二是生产效率，即生产企业的资源是否得到了有效利用，是否
使用了规模经济，或是否节约了交易成本。参见：BORK R H. The Antitrust Paradox：A Policy at War
with Itself ［M］. New York：Basic Books，Inc.，1978：91.

后芝加哥学派认为芝加哥学派的经济理论过于简单，而现实的经济生活却要比这个学派想象
的复杂得多，竞争理论上调和了芝加哥学派和哈佛学派的观点。后芝加哥学派的竞争理论也被称
为新产业组织理论，认为，企业不是被动地对给定的外部条件作出反应，而是试图以策略行为去
改变市场环境（如进入壁垒、市场中实际和潜在竞争对手的数量、行业的生产技术和竞争对手进
入该行业的成本、速度、市场需求的偏好等）来影响竞争对手的预期。参见：HOVENKAMP
H. The Antitrust Enterprise：Principle and Execution ［M］. Cambridge，MA：Harvard University Press，
2005：38 – 39.

❷　Dr. Miles Medical Co. v. John D. Park & Sons Co.，220 U. S 373（1911）.

❸　California retail Liquor Dealers' Ass'n v. Midcal Aluminum，Inc.，455 U. S. 91（1980）.

国联邦最高法院在 2007 年 "Leegin Creative leather products 案" 中以 5 : 4 的结果推翻了在 1911 年 "Dr. Miles 案" 中确定的固定转售价格协议适用本身违法原则的规定。合理原则是指对某些竞争的限制比较模糊的行为是否可构成违法必须在慎重考察经营者目的、行为的方式及后果等因素后才能作出判断。虽然该原则在对限制竞争行为进行违法性判断时更为公平合理，但该原则赋予反垄断执法机构较大的自由裁量权，可能会面临增加反垄断执法成本、阻碍反垄断执法、降低司法效率、降低对违法行为的可预见性等问题。因此在适用合理原则的同时，也会有相应的规范性文件对常见的情形进行类型化总结以提高执法效率和企业的可预见性。

合理原则同样适用于判断是否存在滥用知识产权排除、限制竞争的行为。例如在美国，反垄断执法机构即用合理原则对专利联营行为的整体效果进行评价。美国的《知识产权许可的反托拉斯指南》及其相关判例均认为，专利联营行为导致联营作为一个整体在相关市场上具有市场支配地位时，行为人有义务签发专利许可。❶ 我国虽然没有明确确立合理原则与本身违法原则，但根据《反垄断法》（2022）的条文表述以及 2020 年《〈反垄断法〉修订草案（征求意见稿）》（以下简称《反垄断法征求意见稿》）的细化规定依然可以体现出合理原则的身影。

（三）知识产权反垄断的具体规则

1. 法律法规及政策

TRIPS 第 8 条第 2 款规定："只要此类措施与本协定条款相一致，可能需要采取适当措施以防止知识产权权利持有人滥用知识产权或防止采取不合理地限制贸易或对国际技术转让造成不利影响的做法。"其第二部分第八节专门规定了对协议许可中限制竞争行为的控制，具体规定在第 40 条第 2 款："本协定中的任何条款不得阻碍各成员在其立法中规定在特定情况下可构成对知识产权的滥用而对相关市场中的竞争产生不利影响的许可行为或条件。"由此可见，即便 TRIPS 是在以美国为首的西方国家主导下形成，

---

❶ 参见：王先林. 知识产权与反垄断法：知识产权滥用的反垄断法问题研究 [M]. 修订版. 北京：法律出版社，2008：291.

其依然对知识产权的滥用进行了限制和规范。我国作为世界贸易组织成员势必根据 TRIPS 相关条款修改我国法律规范。

我国对知识产权滥用规制的法律起源于技术垄断规制的法律规范，而第一部出现"滥用知识产权"表述的法律是 2008 年施行的《反垄断法》第 55 条的规定。在此之后，原国家工商行政管理总局于 2015 年 4 月 7 日正式公布《关于禁止滥用知识产权排除、限制竞争行为的规定》，该规定于 2015 年 8 月 1 日生效。后续国家市场监督管理总局于 2023 年 6 月 25 日公布了修改后的《禁止滥用知识产权排除、限制竞争行为规定》（2023 年 8 月 1 日起施行）。前后两版均明确了"保护市场公平竞争和激励创新"的目的。这一点被《反垄断法》（2022）吸收采纳。于 2022 年修正的《反垄断法》（2022）在总则第 1 条立法目的中增加了"鼓励创新"，且相比之前，修正案全文共增加 5 处"创新"表述。由此可知，在反垄断视角下研究知识产权的滥用行为对规制知识产权的滥用行为以及促进创新具有重要意义，如何理解市场竞争与创新共同推动市场经济发展值得深思。此外，《反垄断法》（2022）以及《禁止滥用知识产权排除、限制竞争行为规定》（2023）在原有基础上对知识产权领域的反垄断制度体系进行了进一步的完善，对涉及知识产权垄断案件较多的典型领域、典型行为予以重点关注。

2. 反垄断规制的知识产权交易行为类型

虽然反垄断法对滥用知识产权排除、限制竞争行为的规制具有特殊性，但滥用知识产权排除、限制竞争的行为并非独立于垄断协议行为、滥用市场支配地位行为、经营者集中行为之外的一种独立形态。正如前文所述，《反垄断法》（2022）第 68 条仅为一般性规定，在个案中无法直接适用。经营者滥用知识产权排除、限制竞争的行为，根据行为性质或表现形式的不同，可能会分别或者同时构成《反垄断法》（2022）所规定的垄断协议行为、滥用市场支配地位行为、排除限制竞争的经营者集中行为。这一点在《禁止滥用知识产权排除、限制竞争行为规定》（2023）第 3 条得以佐证。下文对《反垄断法》（2022）及《禁止滥用知识产权排除、限制竞争行为规定》（2023）有关滥用知识产权部分进行详细梳理和说明。

首先，《反垄断法》（2022）并未在条文内容层面对原《反垄断法》

第 55 条进行修改，也未调整该条在整部法律中所处的位置，只是一如前述将"鼓励创新"写入《反垄断法》（2022）的立法目的。其次，《禁止滥用知识产权排除、限制竞争行为规定》（2023）相较于 2015 年的规定则作出了较多改动，除在相关市场界定中新增"创新（研发）"市场之外，还针对知识产权的特殊性，就专利联营、标准必要专利、著作权进行了专门规定。

（1）专利联营

专利联营也称联合许可，是指拥有专利或者其他技术的企业相互许可对方或者共同许可第三方使用其专利或者技术的安排。❶ 这种专利联营行为实际采取的行为多种多样，比如为此目的专门成立合资公司或者委托某一联营成员或独立的第三方实体来组织联合许可。专利联营行为在促进互补性技术一体化、降低交易成本、消除障碍性专利等方面具有积极作用；但在某些情况下，专利联营行为往往会对未加入联营的竞争性技术产生不利影响，可能具有排除、限制竞争的效果，需要反垄断法对其进行必要规制。❷《禁止滥用知识产权排除、限制竞争行为规定》（2023）所反映出对专利联营的规制趋势主要体现在第 17 条增加"以不公平高价许可联营专利"，在排他性回授条款及不竞争条款中增加"没有正当理由"表述。其一方面从实质层面对排除、限制竞争效果进行考量，认为不公平高价本质上是一种拒绝行为；另一方面引入合理原则，强调对行为产生的竞争影响进行分析考量。

（2）标准必要专利许可

制定标准并实施有利于实现不同产品及服务之间的兼容性和通用性，对技术规范的统一有利于保证产品质量，维护消费者利益。但是，如果一项标准包含专利技术并被广泛实施，无疑会提高其他可替代技术进入该标准的成本，从而产生专利阻碍效应。因此，专利权人在标准制定和实施过程中，行使专利权的行为产生或可能产生排除、限制竞争的效果时，应当

---

❶　王晓晔. 反垄断法［M］. 北京：法律出版社，2011：179.

❷　参见：王先林. 论我国反垄断法在知识产权领域的实施［J］. 上海交通大学学报（哲学社会科学版），2019（6）：19.

通过反垄断法予以规制。

现有规范中对标准必要专利问题的规制主要体现在专利法中，但《禁止滥用知识产权排除、限制竞争行为规定》（2023）第 18 条和第 19 条在原有基础上，对利用标准必要专利排除、限制竞争的行为进行了拓展和细化，具体包括：①在垄断协议方面，罗列了利用标准的制定和实施从事排除、限制竞争行为的具体情形；②在标准必要专利领域滥用市场支配地位的行为中，增加了不公平高价、差别待遇情形。以上修改和细化有助于进一步对在标准制定和实施过程中行使专利权行为产生或可能产生排除、限制竞争效果的行为予以规制。

（3）行使著作权的垄断

《禁止滥用知识产权排除、限制竞争行为规定》（2023）第 21 条规定："经营者在行使著作权以及与著作权有关的权利时，不得从事反垄断法和本规定禁止的垄断行为。"可以看到，相较于国家市场监督管理总局 2022 年 6 月 27 日发布的该规定征求意见稿，正式发布的版本在规制"行使著作权的垄断"方面抽象了许多。《禁止滥用知识产权排除限制竞争行为规定（征求意见稿)》（2022）第 17 条将行使著作权的反垄断规制直接指向了著作权集体管理组织，其第 1 款规定："著作权集体管理组织不得在开展活动的过程中滥用知识产权，排除、限制竞争。"但在 2023 年公布的正式规定中，条文内容发生了如前所示之变化。对此，笔者认为，《禁止滥用知识产权排除限制竞争行为规定（征求意见稿)》（2022）的规定具有强烈的针对性，甚至还对著作权集体管理组织不得实施的"滥用市场支配地位排除、限制竞争的行为"进行了列举，但这样的条文安排也存在弊端，即令人产生"著作权法领域仅有著作权集体管理组织会滥用市场支配地位"的误解，从而不恰当地限缩了反垄断法在著作权法领域的适用范围。实际上，在软件产业、数字内容产业中，市场主体利用著作权展开竞争时常常会产生反垄断规制的问题。

虽然同为《禁止滥用知识产权排除限制竞争行为规定》（2023）中的规定，但针对著作权行使的反垄断规制相较于"专利联营""标准必要专利"来说更为原则化。笔者认为其意义不可忽视，因为长久以来很多人都有"著作权行使不会引发反垄断规制"的错误认知，而前述规定明确向人们宣示了著作权行使与市场竞争之间可能存在的紧密关系。在数据驱动竞争已成为社会经济发展的基本形态的今天，这一认知对于促进竞争、保护创新尤为重要。

二、与知识产权许可有关的反垄断规制

（一）知识产权许可引发反垄断规制的具体表现

知识产权作为法律明确规定的排他性权利，最鲜明的特点之一就是其具有的专有性，知识产权权利人可以通过合同等书面形式许可他人使用自己的智力成果，● 权利人是否许可、如何许可，原则上应属于交易领域内的意思自治。但同时，由于知识产权权利人在市场竞争中天然享有优势地位，因此其许可行为也将极大可能地带来限制或排除竞争的垄断风险。结合《反垄断法》（2022）以及《国务院反垄断委员会关于知识产权领域的反垄断指南》的相关规定，并参考美国、欧盟的规范经验，可对反垄断规制的知识产权许可行为作以下分类。

1. 拒绝许可

知识产权拒绝许可，对应着《反垄断法》滥用市场支配地位一章中的经营者无正当理由拒绝交易行为，指知识产权权利人基于巩固和加强垄断地位的目的，拒绝将自己的知识产权授予或许可给竞争对手使用，从而排除或限制了他人竞争的行为。● 尽管在反垄断法中没有对知识产权拒绝许可的内涵予以明确规定，但是将许可方利用优势地位、为自己独占市场而拒绝许可，从而达成设置市场壁垒和排挤竞争对手之目的的行为，纳入拒绝交易行为的规制范畴在比较法上已有先例。如欧盟对知识产权拒绝许可的反垄断规制，实际上是将《欧洲共同体条约》第 82 条中所规定的拒绝

● 《著作权法》第 26 条第 1 款规定："使用他人作品应当同著作权人订立许可使用合同，本法规定可以不经许可的除外。"《专利法》第 12 条规定："任何单位或个人实施他人专利的，应当与专利权人订立实施许可合同，向专利权人支付专利使用费。被许可人无权允许合同规定以外的任何单位或者个人实施该专利。"《商标法》第 43 条第 1 款中规定："商标注册人可以通过签订商标使用许可合同，许可他人使用其注册商标。"

● 参见：王先林. 知识产权与反垄断法：知识产权滥用的反垄断问题研究 ［M］. 3 版. 北京：法律出版社，2020：300.

交易行为的范围和供应产品的义务，延伸到了知识产权领域。❶ 所谓正当理由，国家市场监督管理总局《禁止滥用市场支配地位行为规定》第16条❷采取"列举+兜底"的立法模式对其内涵作了周延的表述。不难看出，在认定知识产权拒绝许可构成垄断时应采取审慎的态度，坚持合理原则，只有具体分析某一行为的目的和后果后才能确认其是否存在违法性。尽管在近几十年，美国境内始终有针对拒绝交易提起的私人诉讼，但美国政府已经很少对拒绝交易提起诉讼，而且与之相关的判例以行为人意图为判断行为违法性的标准。❸

　　以拒绝许可的内容为标准，可以将其分为注册商标权的拒绝许可、专利权的拒绝许可和著作权的拒绝许可。由于专利技术在生产过程中的许可使用较多，而且更容易成为竞争者进入某个竞争领域的技术障碍，因此专利权的拒绝许可是主要类型。❹ 随着互联网技术和平台经济的深入发展，版权数字化和软件著作权的专利化已是势在必行。以拒绝许可的范围为标准，可以将其分为狭义的拒绝许可和广义的拒绝许可。❺ 广义的拒绝许可又称条件式拒绝许可，因其在包含不附带条件与要求的纯粹的拒绝许可之外，还包括以拒绝许可为要挟，迫使被许可方接受诸如价格歧视等不合理的交易条件的情形。❻ 本章所指应为狭义的拒绝许可，除此之外，还有横向拒绝许可和纵向拒绝许可、单方拒绝许可和联合拒绝许可、自始的拒绝许可和中止正在进行的许可协议等。

　　2. 以不合理高价进行许可

　　根据《反垄断法》（2022）第22条第1款第（1）项规定，具有市场

---

❶　参见：刘义程. 知识产权拒绝许可的反垄断法研究：以专利权的拒绝许可为中心［D］. 上海：华东政法学院，2006：4-15.

❷　《禁止滥用市场支配地位行为规定》第16条列明的正当理由包括："（一）因不可抗力等客观原因无法进行交易；（二）交易相对人有不良信用记录或者出现经营状况恶化等情况，影响交易安全；（三）与交易相对人进行交易将使经营者利益发生不当减损；（四）交易相对人明确表示或者实际不遵守公平、合理、无歧视的平台规则；（五）能够证明行为具有正当性的其他理由。"

❸　参见：孔祥俊. 反垄断法原理［M］. 北京：中国法制出版社，2001：575；王先林. 知识产权与反垄断法：知识产权滥用的反垄断问题研究［M］. 3版. 北京：法律出版社，2020：301.

❹　参见：袁小荣. 知识产权拒绝许可的反垄断法规制［D］. 上海：华东政法大学，2008：4.

❺　参见：袁小荣. 知识产权拒绝许可的反垄断法规制［D］. 上海：华东政法大学，2008：3.

❻　参见：王先林. 知识产权与反垄断法：知识产权滥用的反垄断问题研究［M］. 3版. 北京：法律出版社，2020：301.

支配地位的经营者实行垄断性定价属于滥用市场地位行为。垄断性定价既包括以不公平的高价销售商品，也包括以不公平的低价购买商品。在知识产权许可中，许可方系权利的持有方，并可以通过许可协议向被许可方收取其使用知识产权的费用，因此只可能存在前一行为。不公平高价，又称超高定价、不合理高价，是经营者在正常竞争条件下本无法获得的，但因经营者具有市场支配地位而获得的远超公平标准的价格。❶ 判断定价是否合理或公平，并非单纯根据价格的绝对数值就可以直接得出结论。市场主体天然具有逐利本性，设定高价一方面是市场经济的本质所在，另一方面也可以激励经营者加大研发和投资的力度，❷ 因此美国不论是理论上还是反托拉斯法中都没有规制不公平高价。而欧盟尽管制定了不公平高价制度，但在认定价格是否过高时依然需要考虑产品价格与其经济价值之间是否存在合理关系。❸

当这一问题出现在知识产权许可中就变得更为复杂，因为考虑到知识产权的创新之难和成本之高，权利人设定较高的许可费似乎也无可厚非。因此在分析和规制知识产权许可的定价问题时既要协调好知识产权与反垄断，又要将视角聚焦于反垄断法最根本的立法宗旨，即该行为是否破坏或妨碍了市场的充分有效竞争。《国务院反垄断委员会关于知识产权领域的反垄断指南》在第 15 条规定了以不公平的高价许可知识产权的情形，并且提供了判断许可费是否构成不公平高价的五项考虑因素。❹ 此外，以标准必要专利为许可对象的，还可以考虑符合相关标准的商品所承担的整体

---

❶　参见：王先林. 知识产权与反垄断法：知识产权滥用的反垄断问题研究 [M]. 3 版. 北京：法律出版社，2020：339.

❷　美国联邦最高法院的大法官斯卡利亚在 2004 年的"Trinko 案"中表示："仅仅是拥有垄断力量并索取垄断价格的行为不能被认为违法。"参见：Verizon Communications v. Law office of Curtis v. Trinko，540 U. S. 398（2004）.

❸　参见：United Brands，27/76［1978］ECR.

❹　《国务院反垄断委员会关于知识产权领域的反垄断指南》第 15 条第 1 款："具有市场支配地位的经营者，可能滥用其市场支配地位，以不公平的高价许可知识产权，排除、限制竞争。分析其是否构成滥用市场支配地位行为，可以考虑以下因素：（一）许可费的计算方法，及知识产权对相关商品价值的贡献；（二）经营者对知识产权许可作出的承诺；（三）知识产权的许可历史或者可比照的许可费标准；（四）导致不公平高价的许可条件，包括超出知识产权的地域范围或者覆盖的商品范围收取许可费等；（五）在一揽子许可时是否就过期或者无效的知识产权收取许可费。"

许可费情况及其对相关产业正常发展的影响。有学者认为，认定标准必要专利许可费的公平性与合理性，需要比较特定专利技术在进入标准前后的许可价格差异，以及同一标准必要专利授权给不同实施主体的价格差异，等等。❶

3. 捆绑销售、搭售许可模式

搭售行为是指经营者在提供商品或者服务的交易过程中利用自己取得的市场支配地位，违反购买者的意愿搭配销售或提供购买者不需要的另一种服务的行为。在交易市场中，搭售行为并不罕见。作为一种销售策略，在特定情况下可降低交易成本，带动销售量，从而提高效率。但对于具有市场支配地位的经营者而言，搭售也可以成为其将竞争优势延伸到被搭售产品市场上的手段。在司法实践中，该种被认定违法的搭售行为的构成要件也逐渐得到明晰并被反复采纳。❷ 捆绑销售行为与搭售概念紧密相联，但欧盟和美国都对二者的内涵作了区分。美国 2007 年《反托拉斯执法与知识产权：促进创新与竞争》中，将搭售理解为卖方或者租赁方对买方或承租方赋予条件，要求其同时购买或者租赁另外的产品或者服务；将捆绑销售理解为一种对产品固定搭配模式下的销售方式。欧盟 2004 年《欧共体条约第 81 条关于技术转让协议适用指南》中针对技术许可的搭售和捆绑销售也有类似的理解。❸

如上所述，卖方能够搭售的情形下其搭售产品必然具有一定的市场力量，使得买方无法轻易转换需求放弃购买，而产品中包含某种知识产权通常就是形成卖方市场力量的关键因素。❹ 在知识产权的搭售交易中，被许

---

❶ 参见：周梅. 反垄断法规制滥用标准必要专利行为之边界探究［D］. 北京：北京外国语大学，2021：4.

❷ 构成要件包括：（1）搭售产品和被搭售产品是各自独立的产品；（2）搭售者在搭售产品市场上具有支配地位；（3）搭售者对购买者实施了某种强制，使其不得不接受被搭售产品；（4）搭售不具有正当性，不符合交易惯例、消费习惯等或者无视商品的功能；（5）搭售对竞争具有消极效果。具体论述可参见西安市中级人民法院（2015）西中民四初字第 00261 号民事判决书。

❸ 转引自：宁立志. 专利搭售许可的反垄断法分析［J］. 上海交通大学学报（哲学社会科学版），2010（4）：5-6.

❹ 参见：王先林. 知识产权与反垄断法：知识产权滥用的反垄断问题研究［M］. 3 版. 北京：法律出版社，2020：320.

可方若拒绝搭售，则无权使用或实施该项知识产权。❶ 美国《知识产权许可的反托拉斯指南》中对确认搭售协议给出指引，明确在许可合同中，被许可方获得知识产权许可的条件中一般包括接受所不需要的其他知识产权、货物或者服务项目；而且认为要考虑搭售安排所带来的不利于竞争发展的影响以及能够促进竞争发展的有利因素。可见其逐渐弱化对本身违法原则的适用，适用合理原则将是总的趋势。

4. 其他附加不合理的许可条件

知识产权许可构成垄断的情形，除了上述滥用市场支配地位的行为，还包括通过达成垄断协议限制竞争的行为，即许可方在许可协议中附加交叉许可、回授、固定价格等不合理的限制性条款。

交叉许可，是指许可双方通过合同约定对方可以相互使用自己的技术。❷ 这种许可方式一般见于存在依赖关系的知识产权之间，如原专利和从属专利的专利权。《国务院反垄断委员会关于知识产权领域的反垄断指南》第 8 条指出，交叉许可可以通过降低知识产权许可成本，促进知识产权的实施与运用，但在特定情形下也会对市场竞争产生排除、限制影响。在对交叉许可分析时可以考虑：①该许可是否具有排他性；②是否对第三方进入市场形成壁垒；③是否对下游市场产生排除、限制竞争效果；④是否提高了相关商品的成本。

回授条款又称反向许可、反向授权，其在许可的同时，约定被许可人应授权许可人使用改进技术。❸ 根据条款的内容，可分为排他性回授、非排他性回授，有偿回授、无偿回授，单方回授、相互回授。该条款属于纵向垄断协议中的非价格限制，所以一般对其适用合理原则或者准予豁免，需要综合分析其对竞争的积极影响和消极影响。一方面，回授条款有助于促进不同知识产权人在竞争中加强合作，分摊风险与成本，而且互通改进技术有利于产品的更新换代，最终实现消费者福利。但另一方面，许可方约定回授条款的目的往往是希望自己始终拥有领先技术，因此可能导致许

---

❶ 参见：郑昱. 知识产权搭售许可的反垄断分析 [J]. 中山大学学报论丛，2007（4）：171.
❷ 参见：王晓晔. 反垄断法 [M]. 北京：法律出版社，2011：179.
❸ 参见：王先林. 知识产权与反垄断法：知识产权滥用的反垄断问题研究 [M]. 3 版. 北京：法律出版社，2020：254.

可方对某一市场具有实际控制力，同时无偿回授的要求也将降低被许可方的创新积极性。《国务院反垄断委员会关于知识产权领域的反垄断指南》第 9 条❶规定了排他性回授和独占性回授❷应当遵循合理原则，在认可其推动对新成果的投资和运用的作用的同时，对其排除、限制竞争的认定明确了参考因素。

固定价格，是作为纵向关系中的价格限制，《反垄断法》第 18 条确认了涉及维持转售价格的纵向垄断协议的规制必要性，包括固定向第三人转售商品的价格和限定向第三人转售商品的最低价格。纵向价格限制对竞争的负外部性集中体现在：①削弱了品牌内部的价格竞争；②损害消费者福利；③剥夺下游经营者的定价自由。此外，纵向价格限制还可能产生横向效果，并减弱品牌间的竞争。❸ 知识产权领域的固定价格，较为典型的情形是知识产权权利人在出售了含有知识产权的产品后，依然限制购买人转售该商品价格的行为，其本质属于"纵向交易关系（合同）中一方对另一方的下一步交易条件（价格）的限制"。❹

（二）传统分析框架的运用

目前知识产权许可涉及反垄断的情形主要包括权利人在许可时滥用市场支配地位（知识产权作为专有权本身就为经营者占据市场优势地位提供了重要作用，尤其是许可的对象涉及标准必要专利的，被许可方很难有其他的选择），以及许可协议因约定了不合理的许可条件而可能构成垄断协

---

❶ 《国务院反垄断委员会关于知识产权领域的反垄断指南》第 9 条第 2 款中规定："分析排他性回授和独占性回授对市场竞争产生的排除、限制影响时可以考虑以下因素：（一）许可人是否就回授提供实质性的对价；（二）许可人与被许可人在交叉许可中是否相互要求独占性回授或者排他性回授；（三）回授是否导致改进或者新成果向单一经营者集中，使其获得或者增强市场控制力；（四）回授是否影响被许可人进行改进的积极性。"

❷ 有学者认为独家回授条款（也即独占性回授条款）具有以下特点：无条件、无偿性与非互惠性（参见：王勉青. 我国专利权滥用法律调整的规定性［M］//国家知识产权局条法司. 专利法研究：2006. 北京：知识产权出版社，2007：394）。

❸ 参见：许光耀. 纵向价格限制的反垄断法理论与案例考察［J］. 政法论丛，2017（1）：3－13.

❹ 参见：王先林. 知识产权与反垄断法：知识产权滥用的反垄断问题研究［M］. 3 版. 北京：法律出版社，2020：244.

议。而许可协议构成垄断协议只是知识产权领域涉及垄断协议问题的一种情况，将在本章第四部分进行详细论述。认定经营者滥用市场支配地位的传统分析思路，遵循着以下逻辑：①界定相关市场；②认定是否具有支配地位；③判断行为是否滥用市场支配地位。

1. 相关市场的界定

相关市场指的是经营者在特定时期内就特定商品、服务（以下统称"商品"）进行竞争的市场范围，具体包括商品范围和地域范围。❶ 在经营者竞争的市场范围不易确定时，可以运用"假定垄断者测试"（SSNIP）的思想实验来界定相关市场。实践中往往以与案件相关的最小商品和最小地域为目标商品和目标地域，分别从需求替代和供给替代角度去分析是否存在对目标商品或目标地域构成紧密替代的其他商品或地域。如果将市场范围界定得过宽，竞争者密度便被人为地增高了，在分析中会减少本已具有市场支配地位的竞争者的市场份额，从而可能导致其逃脱反垄断法的规制；如果将市场范围界定得过窄，则会夸大对市场份额和市场支配力的认定，可能使更多企业被确认违法。

界定相关市场的核心因素是商品和地域，但在实践中，尤其是涉及知识产权领域时，法院还应该结合个案的实际情况确定考量因素。《国务院反垄断委员会关于知识产权领域的反垄断指南》第4条规定，对相关市场的界定通常应依据《关于相关市场界定的指南》，但如果仅界定相关商品市场难以实现全面评估竞争影响时，还可以界定相关技术市场。此外，在知识产权领域尤为重要、不可忽视的专有权保护期限也决定了在界定相关市场时还应考虑时间性。由此可见，知识产权领域的反垄断规制中，不仅要界定相关商品市场和相关地域市场，还要界定相关技术市场，同时要体现时间因素等与知识产权特点密切相关的因素。

2. 市场支配地位的认定

市场支配地位可以理解为经营者在特定市场上所具有的某种程度的支配或控制力量。❷ 知识产权虽然属于垄断权，但并不必然导致其拥有者具

❶ 参见：孟雁北. 反垄断法［M］. 2版. 北京：北京大学出版社，2017：68.
❷ 参见：孟雁北. 反垄断法［M］. 2版. 北京：北京大学出版社，2017：146.

有市场支配地位，这一点在《国务院反垄断委员会关于知识产权领域的反垄断指南》的第 2 条与第 14 条规定中得到了反复强调。因此，分析经营者在相关市场中是否具有市场支配地位，应当参考《反垄断法》（2022）第 23 条和第 24 条所规定的因素，按照定性和定量相结合的方法，对经营者在相关市场内是否具备支配地位予以综合评估。市场份额通常是指一定时期内经营者的特定商品销售额、销售数量等指标在相关市场上所占的比重。美国反托拉斯机构和法院，以及欧盟委员会，在评估市场支配地位时都是从分析企业的市场份额开始的。虽然具有市场支配地位的企业往往在市场中占据较高的份额，但是高市场份额本身不足以形成市场支配地位。因此还需要结合实际竞争的情形和其他因素来认定企业是否具有市场支配地位。

竞争者进入市场的难易程度是另一重要因素。通常来说，其他经营者进入相关市场主要需要考量资金、技术和监管等因素。❶"门槛"越低，竞争者就越容易进入市场，说明某经营者在特定相关市场内还不具有支配地位。其他经营者对某经营者的依赖程度也能用以证明该经营者是否具有市场支配地位。然而，需要明确的是，交易关系的一方对另一方有一定依赖性、一方相对于另一方有优势地位，这在交易关系中并不鲜见。如果在有依赖性的交易关系中，都以交易双方已有的交易范围确定相关市场，则很容易得出被依赖一方。在该相关市场内具有支配地位的结论。这与我国反垄断法对市场支配地位的界定不符，也会导致很多本属于合同法或其他民事法律关系框架内的争议被纳入反垄断法的范畴，这亦与反垄断法保护竞争秩序、维护消费者权益和社会公共利益的立法目的不符。一般而言，其他经营者对某经营者在交易上的依赖程度，需要考虑二者间的交易量、交易关系的持续时间以及其他经营者转向其他交易相对人的难易程度等。

3. 竞争效应的分析

判断某一知识产权许可行为是否构成滥用市场支配地位（或说具有被反垄断法规制的必要性），必须在相关市场范围内进行竞争效应分析，也即通过分析和比较其对市场竞争的积极作用和消极作用，结合知识产权保

---

❶　参见：孟雁北. 反垄断法［M］. 2 版. 北京：北京大学出版社，2017：156.

护创新的特性认定该行为是否构成排除、限制竞争的效果，如影响对技术的传播利用和对资源的利用效率等。

以回授条款为例进行竞争效果分析，促进竞争、提高效率的效果首先体现在其有助于使技术得到最充分有效的应用。因为回授条款可以使许可方及时掌握更新、改进后的技术，降低许可方被排挤出市场的可能性，则许可方更乐于向他人授权使用知识产权，在被许可方掌握了全面有效的技术信息后，又将刺激市场提高产品质量，从而使消费者获利。排除、限制竞争的效果主要是，单方的回授将进一步加强许可方的市场地位，而且将削弱被许可方的创新动力。即便是看似公平的相互、双方回授，也存在当许可协议双方存在横向竞争关系时双方都丧失创新积极性的可能。美国司法部和联邦贸易委员会主要通过两个方面来权衡回授条款的垄断性：一方面是看许可方是否具有市场支配地位，许可人的市场控制力越强，则回授条款排除、限制竞争的效果越大；另一方面是看回授促进市场竞争的程度有多大、效果有多明显。❶

（三）传统分析框架的难点与突破

1. 现有分析思路的困境

数字经济是继农业经济、工业经济之后的主要经济形态，是以大数据、智能算法、算力平台三大要素为基础的一种新兴经济形态。❷ 国务院印发的《"十四五"数字经济发展规划》指出"以数字技术与实体经济深度融合为主线""到 2025 年，数字经济迈向全面扩展期，数字经济核心产业增加值占 GDP 比重达到 10%"。可见，中国已经全面迈入数字经济时代，并且数字经济促进中国经济持续发展的作用不断加强，具有重要的战略意义。而平台经济作为驱动数字经济发展的重要一环，对其进行反垄断规制是推动经济高质量发展的应有之义，但平台经济的特殊性导致不能简

---

❶ 参见：惠从冰. 知识产权许可中的竞争法问题研究 ［D］. 北京：对外经济贸易大学，2006：48 - 50.

❷ 参见：王志东. 数字时代：认识数字经济产业现状 ［EB/OL］.（2022 - 04 - 19）［2022 - 07 - 23］. https：//new. qq. com/omn/20220419/20220419A01PBL00. html.

单套用传统单边市场的竞争理论解释平台的竞争行为。❶ 首先，平台经济领域下，企业提供产品和服务的行为表现出双边甚至多边市场的特征。双边市场最显著的特征，就是企业同时面向两个或两个以上具有关联性的消费群体，而互联网不断地进步更新，无疑使互联网平台成为绝佳的媒介，为双边市场的发展和平台经济的蓬勃提供了优厚的外部条件。而且，双边市场下，基础产品或服务往往是低价甚至是免费的。其次，互联网行业内创新竞争超过了价格竞争，❷ 而这一特点在涉知识产权的企业竞争中将表现得更为明显，一般来说，率先推出新产品或者拥有领先技术的企业更可能具有市场支配地位。最后，平台经济的盈利模式具有网络效应和用户锁定效应，这将使具有支配地位的企业更容易将其垄断力量传递到其他市场。这些特殊性都决定了平台经济领域相关市场的界定方法不宜简单套用过去传统产业相关市场界定所运用的需求替代法与供求替代法，因为替代分析是建立在价格分析的基础上的，忽略了创新因素对需求交叉弹性的影响。

相似地，同样适用于传统行业的 SSNIP 方法在平台经济领域也难以"从容施展"。2013 年 3 月，广东省高级人民法院针对奇虎诉腾讯反垄断案作出一审判决。这一判决的创新之处在于广东省高级人民法院突破性地将适用于传统行业的 SSNIP 方法运用到互联网行业，并发展出"数量不大但有意义且并非短暂的质量下降"（SSNDQ）的方法，界定了即时通信产品市场这一相关商品市场，以及全球市场这一相关地域市场。❸ 不管是 QQ、微博还是其他被广东省高级人民法院纳入即时通信产品的软件或网站，都是免费向用户提供基础服务。免费的互联网产品无法把握涨价的幅度，即

---

❶ 参见：张平. 全球互联网法律观察（2020—2021）［M］. 北京：中国法制出版社，2021：106.

❷ 参见：孟雁北. 互联网行业相关市场界定的挑战：以奇虎诉腾讯反垄断案判决为例证［J］. 电子知识产权，2013（4）：42–45.

❸ 参见最高人民法院第 78 号指导案例。广东省高级人民法院在界定相关商品市场时，既考虑假定垄断者通过降低产品质量或者非暂时性的小幅提高隐含价格（如广告时间）会否获取利润，也考虑一旦假定垄断者开始小幅度地持续一段时间收费，会否产生大量的需求替代；同时，广东省高级人民法院基于互联网的开放性和互通性，认为经营者和用户均无国界，所以相关地域市场应当是全球市场。

便收费的幅度再小，对于免费的产品来说也是一个巨大的涨幅。❶因此在采用 SSNIP 方法分析时，即便是极其微小的价格（即便是隐含价格）涨幅也会对用户的需求选择产生极大的影响，广东省高级人民法院认定 QQ 和微博存在替代关系的原因便显而易见了。但是，因为互联网行业的用户锁定效应和网络效应，消费者的价格敏感度已明显降低，SSNDQ 的方法被认为更适合平台经济。结合即时通信的定义❷可知，即时通信软件可根据功能作不同的细分，这些功能对应于消费者的不同需求，因此决定产品是否具有需求替代性的最主要因素是产品功能，而微博、电子邮箱等软件的主要功能并不是其附带的即时通信功能（且附带的即时通信功能较为单一）。因此，当知识产权垄断发生在平台经济领域内，如何界定相关市场是第一大困境。

第二，网络化、数字化知识产权产品的出现和兴起是数字经济时代的应有之义。世界知识产权组织于 2022 年 4 月发布的《2022 年世界知识产权报告》表明，数字化创新在截至 2020 年的 20 年内翻了两番，平均年增长率为 13%。❸比较典型的有电子期刊、游戏直播和数字音乐等。近年来我国数字音乐市场授权的主要类型为"独家版权 + 转授权"的商业模式。所谓数字音乐独家版权，是指下游的网络音乐服务提供商因与上游的音乐唱片公司达成了专有性的授权许可协议而享有的独占使用和传播特定的音乐资源的权利。❹但是，在实践中，即便音乐服务提供商已经签订了"独家协议"，协议本身都会包括转授权条款，使其无法真正独占性使用数字

---

❶ 参见：陈双全. 互联网产业中相关商品市场界定：以奇虎 360 诉腾讯滥用市场支配地位案为例 [J]. 宜春学院学报，2013，35（11）：31.

❷ 中国互联网络信息中心对即时通信的定义如下：即时通信是指互联网上用以进行实时通信的系统服务，其允许多人使用即时通信软件实时的传递文字信息、文档、语音以及视频等信息流。参见：中国互联网络信息中心. 中国即时通信用户调研报告：2009 年度 [R/OL]. [2022 - 07 - 24]. https://www.zhiyanbao.cn/index/partFile/1/cnnic/2021 - 12/1_21975.pdf.

❸ 转引自：金叶子. 世界知识产权组织：数字化创新在 20 年内翻了两番 [N]. 第一财经日报，2022 - 05 - 13（A06）.

❹ 参见：蒋一可. 数字音乐著作权许可模式探究：兼议法定许可的必要性及其制度构建 [J]. 东方法学，2019（1）：147 - 160.

音乐版权，因此将其理解为"信息网络传播权独家代理"更为妥当。● 但学界对于独家版权的理解还存在很多分歧，也衍生出了不同的学说，从而使对数字音乐独家版权的反垄断规制难度增大。因此，如何规制以数字音乐为代表的、与互联网相结合的知识产权产品，是现有分析思路下的另一困境。

第三，知识产权许可的表现形式随着社会经济的发展而逐渐丰富，如交叉许可和专利池（patent pool）许可等。专利池许可又被称为打包许可，并且根据专利所有人是否许可第三人使用池内专利，可以进一步细化为封闭型的专利池和开放型的专利池。● 专利池，又称专利联盟或专利联营，是专利统一联合行使的产业形式。因为"打包"这一统一的许可模式，专利使用的难度和成本都大大降低，但由于专利池本身就是专利的联合，存在限制竞争的内在属性，而专利权人一旦共同支配市场，即可排除其他竞争者。在形式上，很难直接认定企业间达成垄断协议，但是单个企业又不足以具备市场支配地位，因此在实践中也有一定的难度。概言之，如何规制知识产权不断更新的许可模式，是现有分析思路下的又一困境。

2. 最新理论的发展和完善对策

针对困境一，由于平台经济中涉知识产权的竞争以技术创新和产品创新为主，每一次创新都会影响对相关商品市场边界的清晰划定，对此，有学者认为对相关市场边界的界定可以适当模糊化，为创新即将带来的新产品留下适当的弹性空间。而且在界定相关地域市场时也要认识到互联网本身并不是一个地理位置，互联网的互通无法消除语言偏好和使用习惯等因素带来的竞争约束。● 杨明则从平台经济的竞争结构出发，认为有必要构建"价格分析 + 有效竞争衡量"的二元分析框架，以期实现竞争与创新之间的均衡。具体"要强调对动态效率的分析，……分析平台特定的商业策

● 参见：辜凌云. 数字音乐独家版权模式反垄断法问题研究［D］. 北京：北京外国语大学，2020：3 - 6.

● 参见：张联庆. 论专利权交叉许可及专利池许可模式的反垄断规制：美国的理论与实践［D］. 北京：对外经济贸易大学，2003：8 - 9.

● 参见：孟雁北. 互联网行业相关市场界定的挑战：以奇虎诉腾讯反垄断案判决为例证［J］. 电子知识产权，2013（4）：42 - 45.

略使得竞争对手之间是否有达成纳什均衡的可能；如果不能形成互为最优反应的策略组合，即可考虑被诉之商业策略是不利于有效竞争的"❶。杨东认为平台经济领域内竞争的核心可能不是具体的某一个传统市场，而是围绕平台、数据、算法、时间等多要素多维度的资源和市场的竞争，并倡导构建市场支配地位和相对优势地位双层规制体系。❷ 外国学者的讨论也非常丰富，金斯伯里（Kingsbury）从分析路径出发，肯定了在知识产权领域适用垄断分析框架分别对版权保护、商标权保护和专利权保护的利处，并认为过去法院对知识产权领域下的竞争市场作狭隘解释产生了贸易保护主义，因此可以套用垄断法下的市场界定内涵，为削减这种保护提供理论依据，从而维护消费者和社会公众的福利，也有利于未来的创新。❸ 凯普洛（Kaplow）则剑走偏锋，认为目前没有、未来也不可能有一个有效的公式计算得出某公司在相关市场的市场份额，在此前提下我们无法作出市场力量的判断，界定市场也就变得不可能。❹

　　因此，目前通说并没有完全摒弃传统分析框架，而是从优化分析方法的角度出发，或是参考除了价格以外的其他因素（如产品功能、创新程度，甚至还有隐私条款对个人信息保护的程度等），因而不必执着于按照传统方法界定出边界明确的相关市场，或者强调除了竞争结构还要关注有效竞争，实际上也是紧扣反垄断立法宗旨作出的分析。至于"必要设施规则"在数字经济领域的应用，美国保持了比较谨慎的态度，而欧盟并没有否定其实用性，我国也表现出开放的态度，坚持关注竞争本质和个案分析的原则。

　　针对困境二，其实我国监管层早已意识到独家授权模式会对竞争带来极大的遏制，并已经多次采取措施，于 2017 年、2018 年先后就数字音乐

---

❶　参见：杨明. 平台经济反垄断的二元分析框架［J］. 中外法学，2022（2）：381–383.

❷　参见：杨东. 论反垄断法的重构：应对数字经济的挑战［J］. 中国法学，2020（3）：214–215.

❸　参见：KINGSBURY A F. Market Definition in Intellectual Property Law：Should Intellectual Property Courts Use an Antitrust Approach to Market Definition?"［J］. Marquette Intellectual Property Law Review，2004，9（1）：64–92.

❹　参见：KAPLOW L. Market Definition：Impossible and Counterproductive［J］. Antitrust Law Journal，2013，79（1）：361–379.

著作权问题约谈音乐平台。2021 年，国家市场监督管理总局认定腾讯收购 CMC 股权的行为是违法实施经营者集中行为，在处罚决定中责令腾讯解除网络音乐独家版权、停止高额预付金等版权费用支付方式等。❶ 腾讯的著作权集中，其实是当前内容平台采取纵向一体化的经营策略的体现。所谓纵向一体化，是指企业在现有业务的基础上，向现有业务的上游或下游发展，形成供、产、销的一体化，因而具有强烈的排他性。在华多诉网易滥用市场支配地位及不正当竞争一案中，广东省高级人民法院认为相关商品市场应当为网络游戏服务市场而非《梦幻西游 2》服务市场，因此最终判决网易不具有市场支配地位。❷ 网易是典型的采用纵向一体化经营策略的企业，该案探讨的经济实质应为"如何理解网络游戏著作权的市场控制力"，❸ 广东省高级人民法院的判决体现了静态分析的思维惯性，无法揭示市场竞争从产权控制向平台控制演进的趋势。

　　同理，在应用数字音乐的著作权保护时，进行反垄断分析也应抓住平台纵向一体化的实质，如果在"无法通过反垄断法予以规制的前提下，回归版权保护领域寻求救济实属良策"❹。也就是说，要从数字音乐著作权的授权源头进行规制。所以为了避免独占许可，推动数字音乐著作权的广泛授权，发展数字音乐集中许可模式的观点逐渐产生。但这种观点在事实上忽略了我国著作权集体管理组织长期存在的缺位问题。我国管理音乐著作权和录音制品制作者权的集体管理组织只有中国音乐著作权协会和中国音像著作权集体管理协会，不仅设立和运作由政府主导，而且普遍采用一揽子的概括许可模式，由此引发了我国音乐著作权集体管理组织的垄断性质疑。所以有学者提出了在音乐著作权中引入法定许可模式的观点。❺

---

❶ 参见国家市场监督管理总局《腾讯控股有限公司收购中国音乐集团股权违法实施经营者集中案行政处罚决定书》（国市监处〔2021〕67 号，2021 年 7 月 24 日发布）。

❷ 参见广东省高级人民法院（2018）粤民终 552 号民事判决书。

❸ 参见：杨明. 如何看待平台的纵向一体化策略？［EB/OL］.（2022 - 07 - 19）［2022 - 07 - 25］. http：//tech. hexun. com/2022 - 07 - 19/206392841. html.

❹ 参见：辜凌云. 数字音乐独家版权模式反垄断法问题研究［D］. 北京：北京外国语大学，2020：59.

❺ 参见：蒋一可. 数字音乐著作权许可模式探究：兼议法定许可的必要性及其制度构建［J］. 东方法学，2019（1）：147 - 160.

　　针对困境三，我国《关于相关市场界定的指南》是在参考了欧盟和美国的经验后制定的、针对传统产品经济的相关市场界定方法。那么，即便某竞争行为涉及知识产权，只要其符合传统框架，对其所引发的反垄断纠纷还是可以适用现有的分析框架。如中国稀土永磁产业技术创新战略联盟诉日立金属株式会社（以下简称"日立金属"）滥用市场支配地位、封锁中国钕铁硼出口欧美案中，日立金属拒绝向中国企业进行专利授权，使众多企业产品无法出口欧美。这就是一个典型的传统框架下知识产权滥用所引发的垄断纠纷。宁波市中级人民法院在界定相关市场时结合专利权保护的要求，确立了相关市场的时间跨度为 2013 年 7 月至一审法庭辩论终结日，相关下游市场为烧结钕铁硼市场，上游市场为被告拥有的烧结钕铁硼基本专利许可市场，相关地域市场为全球市场。宁波市中级人民法院援引"必要设施规则"，认定日立金属拒绝许可的行为构成我国反垄断法所规制的拒绝交易行为。由此可见，"必要设施规则"应用于知识产权领域已在我国理论界和司法实践中取得共识。除此之外，由知识产权许可引发的反垄断规制还是以传统框架进行分析。如美国联邦贸易委员会诉高通滥用标准必要专利案中，美国联邦贸易委员会认为高通公司拒绝对竞争性芯片制造厂商许可制造芯片所必需的标准必要专利技术的行为违反了反垄断法。一般情况下《谢尔曼法》允许单边拒绝许可行为，因为企业没有理由帮助竞争对手，拒绝许可一般在"联合抵制许可"情形下会被认定为违法。该案中，因为高通公司在标准必要专利供应市场上具有支配地位，所以其可以向下游企业收取垄断性超高许可价格；同时，高通公司拒绝许可的行为将直接消除标准必要专利供应市场的竞争，下游企业因无法从其他渠道获取标准必要专利，而只能进一步接受高通公司的超高价格。因此高通公司的单边拒绝许可行为应当受到反垄断规制。❶ 专利池许可在原料药领域十分常见，例如，2022 年 3 月，日内瓦药品专利池组织宣布其已与 35 家药企签署协议，允许其生产辉瑞新冠口服药 Paxlovid 成分之一的奈玛特韦

---

❶ 参见：石巍，任天一. 创新效率视角下 SEP 拒绝许可行为的反垄断法责任分析：以 FTC 诉高通案为切入 [J]. 科技管理研究，2020，40（17）：133 - 141.

（nirmatrelvir）原料药或制剂。❶实际上我国也是结合具体案情适用传统分析框架，并不是直接认定专利池许可就必然归属于何种垄断形式。如扬子江药业集团有限公司许可药品批发商、零售药店等下游企业销售药品，2015年至2019年，该公司涉及通过签署合作协议、下发调价函、口头通知等方式，与药品批发商、零售药店等下游企业达成固定药品转售价格和限定药品最低转售价格的协议等行为，违反了《反垄断法》的规定，因此被国家市场监督管理总局处以罚款。

三、与知识产权转让有关的反垄断规制

与知识产权转让有关的反垄断规制主要集中在经营者集中领域，认定经营者之间关系的性质需要考虑行使知识产权行为本身的特点。在具体案件中，同样需要根据滥用知识产权行为所涉及的垄断行为类型不同，结合不同类型构成要件分别进行考量。本部分将着重分析当滥用知识产权行为违反经营者集中申报时的情形。

（一）知识产权转让引发反垄断规制的具体表现

经营者的知识产权取得行为是知识产权自由交易的一种表现形式。知识产权的自由交易在总体上有利于技术的传播，有利于促进竞争和创新。但在特定情况下，经营者集中可能会对技术进步或者创新活动产生不利影响。常见的涉及知识产权交易可能构成经营者集中的有以下几种情形：

（1）特定高新技术产业中具有技术领先地位的经营者之间的集中可能会降低该产业技术进步和创新的速度。

（2）特定产业中已经具有市场支配地位的经营者对技术创新的经营者的收购可能会对该产业中的技术进步或者创新活动产生不利影响。

（3）通过知识产权转让或者约定独占性许可取得其他经营者的关键知识产权，并以此对其他经营者产生控制力或者能够对其他经营者施加决定

---

❶　参见：黄华. 药品专利池授权仿制辉瑞新冠口服药成分，5 家中国药企获许可［EB/OL］（2022－03－17）［2022－07－25］. https：//finance. sina. com. cn/chanjing/cyxw/2022－03－17/doc－imcwipih9019709. shtml.

性影响。在此情况下，经营者应根据反垄断法规定，在达到经营者集中申报标准时向反垄断执法机构进行申报。

对于滥用知识产权排除、限制竞争行为的规制，需要在垄断行为的三种具体类型框架下进行。当针对知识产权的交易或者包含知识产权的商业行为触及经营者集中的规制范围时，企业依然需要按照经营者集中申报的规定进行申报；反垄断执法机构在对涉及知识产权的经营者集中案件进行审理的过程中，虽然要对知识产权的特殊性进行考量，但依然要遵循对经营者集中这一类垄断行为的审查路径。

在具体实践中，与知识产权转让有关的经营者集中表现为知识产权的直接转让，或通过控制企业来间接获取、限制或利用知识产权。当知识产权成为商业交易的主要目的或者对商业交易有实质性影响，可能产生排除、限制技术研发、产品创新甚至未来技术创新竞争时，即应进入反垄断的视野。

（二）传统分析框架的运用

根据《反垄断法》（2022）第33条的规定❶，对经营者集中的审查本质上是对未来竞争的一种预判，因此需要有固定化的审查步骤和确定的考量因素范围。总体而言，涉及经营者集中的知识产权交易分析主要涉及两个部分：是否构成集中的知识产权交易，以及在附加限制性条件批准的情形下应当如何设置附加条件。

1. 构成集中的知识产权交易

对经营者集中进行申报或对经营者集中进行审查，首先应当判断是否属于《反垄断法》（2022）第25条规定所定义的经营者集中行为。其次，在对《反垄断法》（2022）规制的经营者集中行为进行审查时，反垄断执法机构需要对经营者集中后可能产生的竞争影响作出客观的判断。《反垄

---

❶ 《反垄断法》（2022）第33条："审查经营者集中，应当考虑下列因素：（一）参与集中的经营者在相关市场的市场份额及其对市场的控制力；（二）相关市场的市场集中度；（三）经营者集中对市场进入、技术进步的影响；（四）经营者集中对消费者和其他有关经营者的影响；（五）经营者集中对国民经济发展的影响；（六）国务院反垄断执法机构认为应当考虑的影响市场竞争的其他因素。"

断法》（2022）第 33 条从多个维度列举了考量因素，但基于知识产权本身的特殊性，在界定相关市场、判断经营者在相关市场的控制力以及经营者集中对市场进入或技术进步的影响等方面都需要特别考量。国家市场监督管理总局 2023 年 6 月 25 日公布的《禁止滥用知识产权排除、限制竞争行为规定》（2023）第 15 条依旧并未对上述内容进行明晰，并且这一点在 2022 年 6 月 27 日公布的《国务院关于经营者集中申报标准的规定（修订草案征求意见稿)》中也未提及。

因此，《国务院反垄断委员会关于知识产权领域的反垄断指南》中列明的考虑因素目前仍具有参考意义。这些考虑因素包括：①知识产权是否构成独立业务；②知识产权在上一会计年度是否产生了独立且可计算的营业额；③知识产权许可的方式和期限。❶ 根据《国务院反垄断委员会关于知识产权领域的反垄断指南》，受让构成独立业务的知识产权可能构成经营者集中，若该部分知识产权产生的营业额超过申报标准，则该交易可能需要完成经营者集中申报。

2. 附加限制性条件

在反垄断执法机构进行综合考量认定构成集中的知识产权交易后，面临的难题为是否需要附加限制性条件批准集中以及如何设置限制性条件。附加的限制性条件主要分为结构性条件和行为性条件。结构性条件即对知识产权所涉及的业务进行剥离。在之前多个经营者集中案件中，商务部/国家反垄断局都附加剥离了研发项目/产品的限制性条件。❷ 行为性条件是指强制知识产权许可、保持知识产权相关业务的独立运营、对知识产权许可条件进行约束、收取合理的许可使用费等。在一些电子行业并购案中，商务部也曾对相关专利许可附加行为性救济条件。❸

《禁止滥用知识产权排除、限制竞争行为规定》（2023）新增了第 16

---

❶　参见《国务院反垄断委员会关于知识产权领域的反垄断指南》第 20 条。

❷　参见商务部《关于附加限制性条件批准贝克顿 - 迪金森公司与美国巴德公司合并案经营者集中反垄断审查决定的公告》（公告 2017 年第 92 号），决定原文来源：http：//fldj. mofcom. gov. cn/article/ztxx/201712/20171202691390. shtml。

❸　参见商务部《关于附加限制性条件批准微软收购诺基亚设备和服务业务案经营者集中反垄断审查决定的公告》（商务部公告 2014 年第 24 号），决定原文来源：http：// www. mofcom. gov. cn/article/b/e/201404/20140400542508. shtml。

条，专门就附条件批准问题进行了规定，提出批准涉及知识产权的集中时可能施加的限制性条件既包括结构性救济，也包括行为性救济，具体有：①剥离知识产权或者知识产权所涉业务；②保持知识产权相关业务的独立运营；③以合理条件许可知识产权；④其他限制性条件。

根据《国务院反垄断委员会关于知识产权领域的反垄断指南》，其他限制性条件还可能包括强制知识产权许可、要求收取合理许可使用费等。再结合近年来附条件批准的经营者集中案件，上述限制性条件在相关经营者集中审查决定中基本均有体现。

（三）传统分析框架的难点与突破

1. 相关市场的界定困境

当知识产权交易涉及反垄断的经营者集中情形时，首先需要界定相关市场才能进一步判断是否属于反垄断法规制下的禁止经营者集中情形。但是当此类经营者集中案件涉及知识产权时，由于知识产权的特殊性，往往会在第一步界定相关市场时即面临困难。这方面除了需要界定一般意义上的相关商品市场与相关地域市场外，通常还可能涉及界定相关技术市场，甚至在某些情况下还可能需要界定相关创新市场或者单独考虑创新因素对相关市场界定的影响。[1]

涉及知识产权的相关商品（包含服务）往往表现为不同的情况，有的表现为使用知识产权制造的产品或者提供的服务，有的表现为知识产权（如相关的技术等）的单独许可或者转让，还有的表现为有关新技术或者新产品的研发等创新活动。基于此，在知识产权领域进行相关市场的界定，首先需要按照相关市场界定的一般原则进行，但同时也需要考虑知识产权领域的某些特殊问题。这样，一方面如同在其他领域一样要从两个基本的维度分别界定出相关商品市场和相关地域市场，另一方面也需要专门分析其中涉及的特殊情况。

《禁止滥用知识产权排除、限制竞争行为规定》（2023）第5条提出了

---

[1] 参见：王先林. 知识产权领域反垄断中相关市场界定的特殊问题［J］. 价格理论与实践，2016（2）：49－53.

相关市场界定要考虑技术创新等因素的影响，但从执法实践层面来说，仅给出概念但缺少界定方法是不够的。

（1）相关创新（研发）市场在理论层面存在巨大争议

创新市场的思想起源于1984年美国《国家合作研究法案》中的研发市场概念。该法案首次将反托拉斯执法中的市场界定与企业的研发活动联系了起来，要求在恰当界定的相关市场中对合作研究的竞争效果进行评价，并提出相关市场的范围应该包括研发、产品、生产工艺以及服务市场。研发市场的再次出现是在1988年美国《国际经营活动中的反托拉斯执法指南》中。该指南对研发合资进行了相关规定，要求不仅要就其涉及的技术以及下游产品进行反托拉斯分析，还要就合资对研发市场产生的竞争效果进行相关分析。虽然这些法案/指南将企业的研发活动、创新与反托拉斯分析联系在一起，但是并没有对研发市场进行严格的界定，也没有提供具体的操作说明。

创新市场的正式概念来源于1995年美国司法部和联邦贸易委员会联合发布的《知识产权许可的反托拉斯指南》，具体指企业之间就特定领域中未来新技术或者新产品的研发进行竞争所形成的市场。

创新市场的界定是从动态的角度来考虑反垄断问题的新思路。它要求执法者意识到创新作为非价格竞争手段对社会福利的促进作用，并以此阻止垄断对创新的消极影响。创新市场作为一个新的概念同传统产品市场相比有着鲜明的特点。其特点主要包括：①不具有交易行为；②追求投入最大化；③不关注市场份额；④单边效应；⑤难以确定最优的创新市场结构；⑥知识外溢。

相关创新市场分析的重点是当前尚未生产相关产品的研发活动，而且关注的是研发投入的最大化，因而市场份额往往难以确定。这是因为经营者在其研发活动中出于保密的需要，通常不愿意公布其研发投入；即使予以公布，但该等投入因为缺乏公允的价值评判，其真实可靠程度也值得怀疑。因此，能否界定以及如何界定，是适用相关创新市场首先应解决的问题。

（2）创新（研发）相关市场在执法实践层面存在困境

《禁止滥用知识产权排除、限制竞争行为规定（征求意见稿）》（2022）

第 4 条第 3 款对"相关创新（研发）市场"给出了定义，其是指经营者就未来新技术或者新商品的研究与开发进行竞争所形成的市场。但在该规定正式公布时删除了这一定义，想必是为了避免不周延的定义反而限制了相关市场的界定。根据国外已有实践以及我国反垄断执法机构的实践，对相关创新市场的界定应当考虑一系列知识产权研发的投入要素，具体包括研发成本、关键研发设施、相关资产等，以及兼具研发能力和动机的核心技术研发人员数量、购买者和市场参与者的评价等。

　　但在界定相关市场实践中，考量创新因素与引入相关创新市场概念是两回事：创新因素是综合认定的考量因素之一，而相关创新市场作为与相关商品市场、相关地域市场并列的概念，需要有更为清晰的界定方法。虽然实践中对创新因素已有考量，但并未形成一种可以在实践中反复适用的通用方法。在此情形下，反垄断执法机构可能因为没有清晰的界定标准而拥有过大的自由裁量权；而对经营者来说，执法行为将不具有可预见性和稳定性。

　　2. 最新的理论发展和完善对策

　　《反垄断法》（2022）第 26 条、《禁止滥用知识产权排除、限制竞争行为规定》（2023）第 15 和 16 条、《国务院关于经营者集中申报标准的规定（修订草案征求意见稿）》第 3~5 条共同组成了现有经营者集中审查的规范基础，主要规制通过涉及知识产权交易对交易相对方实现经营控制或者影响的行为。同时，对经营者的集中行为要求进行申报审核，对存在可能排除、限制竞争的行为要进行实质调查，也要求经营者负有提交证据证明不具有或可能不具有排除、限制竞争效果的责任。

　　根据上述法律及征求意见稿规定可以看出，知识产权交易在经营者集中这种垄断行为项下面临的主要法律风险是对取得控制权或能够施加决定性影响进行判断的标准，以及满足前述要件情形下如何对具有或可能具有排除、限制竞争效果进行界定。这两个要点也是反垄断执法机关在进行经营者集中审查时的难点。

　　对经营者集中的审查本质上是对竞争问题的预判。根据 2023 年 3 月 10 日国家市场监督管理总局公布的《经营者集中审查规定》第 5 条中规定的判断经营者是否通过交易取得对其他经营者的控制权或者能够对其他经营者施加决定性影响的八大因素❶，对于"是否通过交易取得对其他经营者的控制权或者能够对其他经营者施加决定性影响"的判断可以总结为以下三个方面：①交易动机、目的；②交易方式；③知识产权本身的问题。对交易动机和目的层面的考察主要是为了判断知识产权是否构成经营者集中的实质性组成部分。当知识产权构成经营者集中的实质性组成部分时，在经营者集中审查过程中则需要考虑知识产权的特殊性。在交易方式方面，合并、合营企业和股权收购等不同交易方式所涉及的知识产权问题也不尽相同，需要根据案件情况进行具体考量。

四、知识产权交易中联合限制竞争行为的反垄断规制

本部分对应的是反垄断法调整的垄断协议。本部分所讨论的联合限制竞争的垄断协议和第二部分的区别在于：后者主要是涉及许可行为，即涉及垄断协议和滥用市场支配地位；本部分不涉及许可，主要表现为知识产权联合限制竞争的交易行为。

（一）知识产权交易中联合限制行为引发反垄断规制的具体表现

联合限制竞争行为就是两个或两个以上的企业通过签订协议等形式约定共同对特定市场的竞争加以限制的行为❷，因此表现为经营者达成并实施垄断协议的行为。《反垄断法》（2022）第 16 条规定，垄断协议是指排除、限制竞争的协议、决定或者其他协同行为。该行为可根据参与联合限制竞争的企业之间的相互关系被分为横向联合限制竞争行为、纵向联合限制竞争行为和混合联合限制竞争行为。横向关系是指企业间具有直接竞争关系。纵向关系是指两个或两个以上的企业因处于同一产业的不同阶段而

---

❶　参见《经营者集中审查规定》第 5 条第 1 款："判断经营者是否通过交易取得对其他经营者的控制权或者能够对其他经营者施加决定性影响，应当考虑下列因素：（一）交易的目的和未来的计划；（二）交易前后其他经营者的股权结构及其变化；（三）其他经营者股东会等权力机构的表决事项及其表决机制，以及其历史出席率和表决情况；（四）其他经营者董事会等决策或执行机构的组成及其表决机制；（五）其他经营者高级管理人员的任免等；（六）其他经营者股东、董事之间的关系，是否存在委托行使投票权、一致行动人等；（七）该经营者与其他经营者是否存在重大商业关系、合作协议等；（八）其他应当考虑的因素。"

❷　参见：曹士兵. 反垄断法研究［M］. 北京：法律出版社，1996：206.

具有买卖关系。❶ 根据行为的表现形式还可对其分类如下：协议型联合限制竞争行为、决议型联合限制竞争行为和其他协同行为。由于在上一部分中已经归纳了知识产权领域下纵向联合限制竞争行为的情形，本部分结合《反垄断法》（2022）第 17 条中对横向垄断协议的规则，总结出了知识产权领域下值得关注的横向联合限制竞争行为的类型。

1. 限制生产或销售数量

《反垄断法》（2022）第 17 条之规定，限制商品的生产数量或者销售数量是横向垄断的典型形式。这一行为又称数量卡特尔，是指具有竞争关系的经营者共谋限定商品的生产和销售数量，间接控制商品价格的垄断协议行为。❷ 经营者限制生产或销售数量的行为将破坏市场正常的供求关系，导致价格上涨，并使固定价格得以长期实施，不仅减少了消费者的选择，还可能会劣币驱逐良币，使产品质量高的企业被参与了数量卡特尔的劣质企业所排挤。对知识产权领域涉及数量限制的垄断协议，也遵照反垄断法的分析方法。尽管在知识产权许可中双方当事人一般是处于纵向关系，但是由于这种协议常常也会涉及横向关系，❸ 因此限制生产或销售数量出现在知识产权许可协议中也是普遍现象。在知识产权许可协议中需要重点关注的是限制最高生产数量或销售数量的情形。因为数量卡特尔的危害在于人为地造成了市场紧张，价格功能失调，而限制一个最高数量就极有可能减少知识产权产品的市场供给。❹

2. 分割知识产权销售市场

根据《反垄断法》（2022）第 17 条之规定，分割销量市场或者原材料采购市场是横向垄断的另一典型形式。分割市场的行为是指竞争者之间共同划定或者分割地域市场、客户市场或者产品市场的行为。❺ 在知识产权领域，一般是分割销售市场。区别于限制生产或销售数量及固定价格，分

---

❶ 参见：李小明，粟欢. 反垄断法中联合限制竞争行为的比较研究 [J]. 法学论坛，2007，22（5）：62.

❷ 参见：孟雁北. 反垄断法 [M]. 2 版. 北京：北京大学出版社，2017：108.

❸ 参见：王先林. 知识产权与反垄断法：知识产权滥用的反垄断问题研究 [M]. 3 版. 北京：法律出版社，2020：224.

❹ 参见：时元龙. 知识产权领域反垄断问题研究 [D]. 济南：山东大学，2013：10.

❺ 参见：孟雁北. 反垄断法 [M]. 2 版. 北京：北京大学出版社，2017：109.

割市场对价格是一种间接的控制，因为企业之间约定了各自的销售范围以避免相互竞争。欧盟对涉知识产权的分割市场进行反垄断规制时所秉持的原则即是禁止许可条件产生绝对的地域保护，因为这将使一个市场与竞争相隔离，违反《欧洲共同体条约》第81条的规定。

3. 联合抵制交易

根据《反垄断法》（2022）第17条之规定，联合抵制交易亦是横向垄断的典型形式。该行为又称集体拒绝交易行为，是指竞争者之间联合起来，共同拒绝与其他竞争对手、供应商或者客户进行交易的行为。[1] 联合抵制交易剥夺了其他经营者参与竞争的选择，破坏了市场竞争规则。以许可行为为例，单个知识产权权利人的拒绝行为对市场竞争的负面影响或许可以忽略不计，但是多个知识产权权利人的联合拒绝许可行为显然会限制竞争，而且几乎没有促进竞争的效果。

（二）传统分析框架的运用

本身违法原则和合理原则起源于英国的限制贸易协议管制制度，其在美国联邦最高法院运用《谢尔曼法》的第1条和第2条规定对"标准石油案"以及"美国烟草公司案"进行裁判时被正式确立。[2] 这两条原则最初用于规制垄断协议行为，但之后被广泛运用于所有反竞争行为，而且二者之间的差别不再泾渭分明，而是可以看作整体分析的两个部分。[3]

1. 通过本身违法原则的认定

本身违法原则是指针对市场上的某些排除、限制竞争行为，不必考虑其行为的具体情况和后果即可直接认定行为损害了竞争、构成违法而应予以禁止。[4] 这其实是一种基于经验出发的认定原则。由于这些限制竞争行为（如价格卡特尔、数量卡特尔）对市场竞争造成的负面影响程度很深，而且其破坏性明确、稳定，一般不会因外部因素产生实质改变，所以对这些限制竞争行为可以免去竞争效果分析的环节而直接认定违法。该原则意

---

[1]　参见：孟雁北. 反垄断法［M］. 2版. 北京：北京大学出版社，2017：112.
[2]　参见：孟雁北. 反垄断法［M］. 2版. 北京：北京大学出版社，2017：134.
[3]　参见：王先林. 竞争法学［M］. 北京：中国人民大学出版社，2009：246－247.
[4]　参见：王保树. 经济法原理［M］. 北京：社会科学文献出版社，1999：230－231.

味着"存在即违法"。由此看来，本身违法原则的侧重点在于对事实的定位。❶

　　本身违法原则主要有以下优点。①事先对垄断行为作类型化处理，因此适用简单，能大大节约执法和司法资源。同时，因为节省了执法机构和法院调查和取证的程序，也能减少当事人的时间和金钱投入，避免因漫长琐碎的诉讼过程耗时耗力。而相关机构尽快作出裁决也将缩短市场遭到破坏的时间，有利于及时拨乱反正，使市场竞争重回正轨。②体现了法律安全价值。因为在具有确定性的行为准则的指引下，经营者能明确预见到自己从事某行为的后果。一方面，当企业从事的行为需要适用本身违法原则时，企业对自己需要承担的责任（如罚款金额）有一定的合理预期，可以避免其他争议和纠纷的产生；另一方面，企业可以在本身违法的竞争行为之外尽可能地去尝试和创新其他的竞争手段，有利于调动市场积极性、促进技术进步等。③具有事先预防的作用。基于此原则，一旦证明了适用本身违法原则的行为存在，经营者就必然承担违法责任，从而倒逼经营者规范自身经营，避免从事此类行为。

　　本身违法原则的缺陷主要在于可能损害竞争、牺牲经济效率。本身违法原则从经验出发对显著危害市场竞争的行为进行规制，但只要是经验就必然有例外。本身违法原则采取的简明标准可能因略过竞争效果分析而使部分行为在缺乏充分证明的情况下被视为违法，因此不利于维护公平和正义。而这种因为没有充分考虑到经济行为的复杂性所产生的失误也将不利于经济效率的提升。

　　基于以上的分析，各国对本身违法原则的适用作出了调整。如近年来美国法院已经产生了两种不同的本身违法原则，即纯粹的本身违法原则和修正的本身违法原则。同时，对市场占有额小的垄断协议行为不再当然适用本身违法原则，而是适用合理原则。❷ 而我国则在反垄断法中采取了"禁止＋豁免"的立法模式。知识产权许可协议中如果包括明显超过知识产权范围的限制性条款，如本部分（一）中所述限制生产/销售数量、分

❶　参见：陈翠翠. 知识产权滥用的反垄断规制研究［D］. 上海：复旦大学，2012：16.
❷　参见：孟雁北. 反垄断法［M］. 2 版. 北京：北京大学出版社，2017：137.

割知识产权销售市场、联合抵制交易这些典型的横向限制行为，则构成典型的共谋垄断行为。另外，纵向垄断协议中的价格限制行为通常可以适用本身违法原则予以认定。

2. 通过合理原则的认定

合理原则，又称弊害禁止原则，是指某些竞争行为或状态对竞争的限制比较模糊，无法确定其本身一定违法，因此必须在完成对经营者的主观目的、行为方式及后果等因素的考察后才能作出判断。该原则要求主观上企业存在谋求垄断的意图，客观上并未基于"正当手段"，且造成对竞争实质性限制的情况下，其行为才构成违法。❶ 而企业的意图是否正当、实现意图的途径是否合理，都需要依靠法官的自由裁量。欧盟法院在适用合理原则时一般会结合经营者市场占有率、市场地位、财务资源、产品范围、贸易量、进入壁垒、行为影响范围等因素。

合理原则的优点主要有：①弥补了本身违法原则经验有余而说理不足的缺陷，从而使得对违法性的判断更具公正性；②合理原则赋予执法机构和法院自由裁量权，因此它们在规制竞争行为时能够全面地考虑实际情况，有利于实现社会整体利益、保障经济效率。合理原则的缺陷主要有：①增加了执法和司法的成本，审理过程也会变长；②自由裁量权的扩大使人们对公共政策的公正性产生担忧，而囿于人类知识的局限性和文字解读的多义性，公共决策者无法避免地有错误行使或滥用自由裁量权的可能性；③适用合理原则增加了企业行为的盲目性。知识产权许可协议中存在相关的限制条款或不合理条件，既有某些合理的因素，但也可能被滥用，因此一般适用合理原则予以认定和处理。

（三）传统分析框架的难点与突破

1. 现有分析思路的困境

我国借鉴美国和欧盟的经验，目前针对垄断协议的规制已经确立对经营者间的横向固定价格、限制产量、分割市场、联合抵制协议及纵向维持转售价格协议适用本身违法原则，而且并非将所有会对价格产生影响的协

---

❶ 参见：孟雁北. 反垄断法［M］. 2 版. 北京：北京大学出版社，2017：138.

议都认定为本身违法。《反垄断法》（2022）第 20 条规定充分说明：对于那些为达成有益目的的团体和组织进行的一些协同行为可以不受反垄断法的规制，至于何种协议符合法定情形则需要适用合理原则加以判断。总之，本身违法原则不断向合理原则转变已经是普遍趋势。必须承认合理原则的优越性在反竞争行为形态越发多样和隐蔽、反竞争效果越发强烈和持久的今天是十分明显的，尤其在与知识产权相关的反垄断问题中适用合理原则更具科学性。知识产权的实现体现了动态效率（dynamic efficiency），因为即便知识产权人在某刻具有相关市场中的支配地位，也必然会在未来的某个时间点被新的创造性产品所替代，因此熊彼特将其称为动态竞争，❶故而需要动态分析和价值判断。而本身违法原则却是一种直接结果论❷，讨论的是不需要价值判断的事实问题。

但合理原则的适用也存在一些困难并衍生了新的问题。例如合理原则将提高合规、防止寻租等方面的制度成本。❸首先，在私人诉讼中举证十分困难。2013 年奇虎诉腾讯滥用市场支配地位一案中的原告诉求就因相关市场界定不清和市场支配地位的认定错误而被法院驳回，这样的论证工作对于原告来说其实是非常严苛的，也导致我国《反垄断法》实施头 5 年几乎没有原告胜诉的案件。这一"零的突破"直到 2013 年 8 月 1 日北京锐邦涌和科贸有限公司诉强生（上海）和强生（中国）两家公司达成限制最低转售价格协议一案判决原告胜诉才得以实现。其次，在公共执行中，虽然反垄断法执法机构的调查举证能力更强，但是也对执法人员的分析能力，尤其是预测相关行为对竞争产生的危害这一能力，有着极高的要求。❹最后，合理原则被认为是反垄断法领域中最为模糊、开放的规则❺，而法

---

❶ 参见：SCHUMPETER J. Capitalism, Socialism, and Democracy [M]. London：Routledge, 1976：84.

❷ 参见：张世明. 结果论与目的论：垄断协议认定的法律原理 [J]. 政法论丛, 2020 (3)：5.

❸ 参见：李剑. 制度成本与规范化的反垄断法：当然违法原则的回归 [J]. 中外法学, 2019 (4)：1012.

❹ 参见：杨亦晨. 合理原则在与知识产权相关的反垄断问题中的适用：理论上的合理性及执行中的困难 [J]. 天府新论, 2017 (1)：136.

❺ 参见：ROBERTSON E L. Does Antitrust Regulation Violate the Rule of Law? [J]. Loyola Consumer Law Review, 2009, 22 (1)：109.

律普适性要求法律具有一定的抽象性、确定性和可预期性，因此合理原则可能与法律的规范性并不十分契合。这种不协调性一方面削弱了反垄断法的威慑作用，可能使经营者在利益驱动下产生投机心理，另一方面会产生法律规制成本/收益上的偏差。因此，合理原则本身适用的诸多问题也正在逐步引发更进一步的思考。

2. 最新的理论发展及完善对策

针对上述问题，伊斯特·布鲁克法官提出了错误成本分析理论，将限制竞争的行为认定为合法（假阴性成本）和将良性的行为认定为违法（假阳性成本），而且由于现实因素无法完全消除以上错误成本，但是假阴性成本可以被接受，因为绝大多数的市场行为是有益的，而且经济系统对垄断的纠正比对司法错误的纠正更容易。❶ 这一理论与合理原则的扩张相契合。但学界也有其他观点。李剑认为法律规制普适性的前提在于抽象化规制对象，从而找到最核心的属性，而面对现实多样性时，应当逐步完善好类型化的工作，而且规则的反复适用可以降低制度成本；目前对本身违法原则的适用不足就是因为类型化还不够深入和细致。❷ 兰磊肯定了类型化的重要性，但认为目前理论和实务对合理原则的认知还停留在过去一百年的粗糙形态，因此存在畏难情绪，并不是因为反垄断法中存在法律规范的模糊性而不得不适用合理原则，而是规制垄断行为必然需要付出高昂的成本，且法律规范的模糊性也并非只存在于反垄断法中。❸

垄断行为合法性分析始终是反垄断法中最棘手的问题，学者关于本身违法原则和合理原则的争论其实最终围绕的核心都是在分析过程中要紧扣竞争行为的本质，即强调垄断行为在特定情形下也可能产生积极意义，不应当只要判断存在消极效果就认定其必然违法，而是需要进一步分析该垄断行为是否能够得到豁免。目前存在着一种平衡经验性判断和经济性效率分析的折中做法，即快速审查原则——它并不是一种独立的产物，而是在

---

❶ 参见：EASTERBROOK F H. Limits of Antitrust [J]. Texas Law Review, 1984, 63: 1.

❷ 参见：李剑. 制度成本与规范化的反垄断法：当然违法原则的回归 [J]. 中外法学，2019 (4)：1018 – 1019.

❸ 参见：兰磊. 重估合理原则的制度成本：兼评《制度成本与规范化的反垄断法 [J]. 经贸法律评论，2020 (3)：102 – 126.

相关司法经验缺失情况下的一种有关举证责任的阶段性解读，可以在一定程度上缓解原告举证难的问题。

五、本章小结

本章以对知识产权交易产生的垄断行为进行规制为对象展开论述，在知识产权交易引发的垄断应当被矫正这一基本认知的基础上，由于知识产权保护最终将以创新作为手段进入并促进市场竞争，因此在法律规定的知识产权保护范围内应鼓励知识产权发展，但任何权利的行使均有边界，对滥用知识产权的行为应当予以规制。反垄断作为公平竞争政策的核心制度，对规制滥用知识产权行为起到重要作用。知识产权保护与反垄断的交叉之处主要体现在如何在反垄断制度体系下规制滥用知识产权排除、限制竞争的行为。

同时，在对知识产权交易行为进行类型化梳理的基础上，本章还逐一有针对性地进行了对垄断问题的研究，分别就其可能造成的垄断现象、现有反垄断法律规则的运用以及现有分析框架下认定行为性质和确定规制内容的难点进行了详细的论述，并对如何突破困境提出了自己的建议。知识产权许可、转让、联合限制竞争行为在现有反垄断规制框架下存在规则适用模糊以及遭遇互联网网络效应冲击的困境，但现有法律框架的应对能力和新近诸多理论学说的发展使得规制新型垄断行为依然是有的放矢的。

结　语

一

认识人类社会经济行动的科学方法有很多，但有意思的是，"传统认识论的主要缺陷在于忽视了人的行动方面"❶，所以米塞斯批评传统认识论者把思维与人的活动的其他表现相隔绝。❷ 笔者对于这句批评颇有感触，纵观法学界有关知识产权问题的一些研究，不正是把逻辑探究和思维的实际内容脱节开来吗？结果反倒是缺乏逻辑的。本书的初衷就是不想落入知识产权制度研究的窠臼，试图还原到人的行动层面，也即所谓的从行为主义的视角出发，分析知识产权制度如何引导市场主体从事知识财产创造和运营活动，从而切实地感受知识产权制度本质上是一项经济机制，并验证法律人的制度设计是否能够契合"知识产权只能在市场中产生，也只能在市场中实现"。

归纳起来，本书就是想回答：研发者、利用者为什么均能从知识产权获益？知识产权法律制度为保障双方的效用最大化追求又是如何进行制度供给的？知识产权为什么能产生收益，这个问题看起来非常简单，因为知识财产帮助权利人可以相同的价格、较低的成本来出售产品；❸ 但是，该问题其实较为复杂，因为"竞争"和"对利润的追求"会驱动知识财产的

❶❷　米塞斯. 经济科学的最终基础：一篇关于方法的论文 [M]. 朱泱，译. 北京：商务印书馆，2015：6.

❸　格林哈尔希，罗格. 创新、知识产权与经济增长 [M]. 刘劭君，李维光，译. 北京：知识产权出版社，2017：126.

外溢，❶ 是以知识产权并不是权利人可以完全地单方控制。故而我们不仅
要从产权人的角度看待问题，还要从利用者的角度出发；不仅涉及短期效
应，还要兼及长期。

概言之，只有从"制度—市场—行为"这一多维度融合的、体系化的
分析框架入手，才能厘清制度运行与市场运行之间的内在逻辑，进而得以
探究知识产权制度的运行效果，回答知识产权可以为整个社会带来收益的
问题。基于此，本书立足于知识产权交易与知识产权法律制度之间的交互
性，通过条析知识产权交易的具体运行行为，揭示制度对主体行为的影
响，并最终落脚在对我国现行知识产权制度进行反思，给出提高知识产权
制度设计合理性、制度运行效率的有关建议。

二

本书首先研究了知识财产创造的产权诉求问题，通过对知识财产创造
过程中市场主体的行为选择展开一场思想实验，揭示现行知识产权法在赋
权方面的制度安排会如何影响人们的经营活动，以便在市场竞争中取得优
势地位。而在知识产权保护对累积性创新的影响方面，本书从知识产权保
护的长度和宽度的视角，回答了知识产权赋权如何在权利人的自由利用与
社会公众的接触渠道之间实现平衡。

紧接着本书指出，对于知识产权这种产生于市场且只能在市场中存在
的制度，孤立地展开所谓制度研究是有显著缺陷的，因为知识产权制度与
知识产权交易是相互因应的。所以，必须从行为主义的视角出发，采用
"制度—市场—行为"的体系化分析框架，研究"制度 - 交易"这一综合
体，才能更好地理解我们所观察到的制度运行效果，从而检视制度设计的
合理性。

由于合同是知识产权交易的基本制度形态，因而通过合同理论可以解
释知识产权交易中所会面临的各种问题。本书关注了缔约过程中所可能面
临的各类问题及其对缔约的影响，以对合同理论的原理与体系的讨论为基

---

❶ 此处笔者参考了鲍莫尔关于这两个因素促使企业传播新技术的观点，参见：鲍莫尔. 创
新：经济增长的奇迹 [M]. 郭梅军，唐宇，彭敬，等译. 北京：中信出版集团，2016：74 – 79.

础，再从合同理论这一视角出发，结合知识产权交易的特点，分别从立法层面与司法层面探寻知识产权交易中对合同理论的应用。

知识产权交易的核心问题是定价，这也是知识财产与有形财产的重要区别。价格理论是对定价问题最为直接的理论研究，其不仅揭示了价格的形成过程和变动规律，更是对价格所产生的影响进行了系统性的总结。本书通过对价格理论的研究，尝试帮助知识产权法学界深刻理解知识产权交易中价格的形成过程，从而有助于司法裁判中从容地应对定价问题。为此，本书首先梳理了价格理论的基本体系，进而在此基础上，讨论了该理论在知识产权交易中的具体适用。

在有关合同理论和价格理论的研究之后，本书开始聚焦不同类型的知识产权交易，在展开交易的具体过程中，尝试着凸显"制度—市场—行为"的分析逻辑。本书想强调的是，对市场交易行为的研究，实际上是对知识产权交易均衡价格博弈形成过程的研究。所以，在分析知识产权许可、转让、资本化等主要交易模式的基础上，本书梳理了不同交易模式的具体法律问题，分析了在现有框架下的具体规制方法，并对现存的问题提出了对应的完善建议。

知识产权交易的目标和结果是知识财产资源的分配与再分配，和市场竞争是紧密相关的。知识产权人拥有足够强的议价能力，有动机滥用自己的市场地位，通过交易安排来实现在相关市场中排除或限制竞争，因此，研究知识产权交易是不应当忽视竞争法问题的。在前文对知识产权交易行为进行类型化梳理的基础上，本书还逐一针对性地进行了垄断问题的研究，分别就其可能造成的垄断现象、现有反垄断法律规则的运用以及现有分析框架下认定行为性质和确定规制内容的难点进行了详细的论述，并对如何突破困境提出了自己的建议。

三

总体而言，本书是以市场为视角、从行为选择理论出发，探讨知识产权交易基本理论和运行机制，旨在透过制度运行的外在形式，深入理解市场竞争是如何展开的。当然，笔者也很清楚，"市场协调和社会效率的实现之间的关系从来都不那么简单"❶，虽然本书努力作了不少尝试，但囿于视野和方法论，缺陷和错误在所难免，惟愿从理论和实践两方面对知识产权制度之经济机制本质所作的浅薄解读，能够给知识产权学界同人带来些微的启示。

---

❶ 柯兹纳. 市场过程的含义［M］. 冯兴元，景朝亮，檀学文，等译. 北京：中国社会科学出版社，2012：15.